CB048483

# A casa das mil palavras

Copyright by © Petit Editora e Distribuidora Ltda., 2019-2022
3-10-22-2.000-12.000

Coordenação editorial: **Ronaldo A. Sperdutti**
Projeto gráfico e editoração: **Juliana Mollinari**
Capa: **Juliana Mollinari**
Imagens da capa: **Shutterstock**
Assistente editorial: **Ana Maria Rael Gambarini**
Revisão: **Isabel Ferrazoli**
Impressão: **Assahi Gráfica**

Dados Internacionais de Catalogação na Publicação (CIP)
(Câmara Brasileira do Livro, SP, Brasil)

```
Daniel (Espírito)
    A casa das mil palavras / pelo espírito Daniel ;
[psicografado por] Cristina Censon. -- Catanduva, SP
:
Petit Editora, 2019.

    ISBN 978-85-7253-352-2

    1. Espiritismo 2. Ficção espírita 3. Psicografia
I. Censon, Cristina. II. Título.

19-30992                                    CDD-133.9
```

Índices para catálogo sistemático:

1. Ficção espírita : Espiritismo    133.9

Maria Alice Ferreira - Bibliotecária - CRB-8/7964

Prezado(a) leitor(a),
Caso encontre neste livro alguma parte que acredita que vai interessar ou mesmo ajudar outras pessoas e decida distribuí-la por meio da internet ou outro meio, nunca deixe de mencionar a fonte, pois assim estará preservando os direitos do autor e, consequentemente, contribuindo para uma ótima divulgação do livro.

# A CASA DAS MIL PALAVRAS

**CRISTINA CENSON** PELO ESPÍRITO **DANIEL**

petit ®
editora

Av. Porto Ferreira, 1031 | Parque Iracema
Catanduva-SP | CEP 15809-020
17 3531.4444
www.petit.com.br | petit@petit.com.br
www.boanova.net | boanova@boanova.net

# ÍNDICE

# PREFÁCIO

Aqui estamos em eterno aprendizado. Cada vida que renascemos é uma nova oportunidade de aprender as lições desprezadas em outras ocasiões. E, quando assim conseguimos, caminhamos para nossa evolução. Tal é a lei do progresso a que todos nós estamos predestinados!

Nesse ir e vir, estabelecemos novos laços de afeto, e também de desafeto; reencontramos companheiros amados, e aqueles a quem desvirtuamos ou fizemos sofrer; colocamos nossas potencialidades em ação, ou as relegamos à ferrugem da ociosidade. Enfim, nossa existência é nosso patrimônio e dela fazemos o que nos aprouver. Podemos escolher caminhar com a luz ou com as sombras. Essa opção nos pertence! É uma concessão divina, que também oferece a continuidade, tornando-nos responsáveis por nossas ações, sejam elas quais forem! E assim, vamos vivendo, dando um passo por vez.

A única coisa que sabemos é que nosso destino será a felicidade. A nossa única fatalidade! A morte rompe apenas as algemas que nos prendem a um corpo físico, de matéria densa, que
nos é emprestado para colocar em ação o planejamento realizado antes de reencarnarmos. Não significa fatalidade. A felicidade, no entanto, é a meta estabelecida por todos nós quando
aqui retornamos. Nós a buscamos de todas as maneiras, e nem
sempre da forma como deveríamos. Mas será o foco de nossa
encarnação, seja em qual condição estivermos. Nascemos para
ser felizes e, se ainda isso não ocorre, busquemos as respostas
aos nossos sofrimentos. O que significam? Apenas que estamos
caminhando de forma equivocada. É o sinal de alarme, nos chamando a repensar nossas ações, procurando corrigir os desvios
de rota. Assim devemos encarar...

Porém, nem sempre isso ocorre. Na maioria das vezes, dese-
jamos a felicidade tal qual a idealizamos, sem respeitar as condições que a vida nos impõe. Nosso querer, baseado em uma
condição de total imperfeição, nos torna refratários ao que é
justo e correto, ao que é certo e lógico. Assim, caminhamos
por vales sombrios, onde a materialidade ainda irá imperar
acima das  nossas reais necessidades. Aqui viemos em busca
do aprendizado do amor, da simplicidade, da compaixão, do
entendimento, da lealdade, valores esses esquecidos quando
nosso orgulho prevalece.

Só poderemos conquistar os valores a que nos determina-
mos e, se a meta é ser feliz, o que estamos fazendo para que
essa conquista se concretize?

O que estamos efetivamente buscando? Emoções, sensações, ou aprimorar nossos reais sentimentos? Essa é a primeira
escolha a fazer, porém nem todos estão aptos a perceber a diferença entre sensação e sentimento, falindo desde que recomeça
sua trajetória. Triste constatação que, na maioria dos casos, só
nos conscientizamos quando se faz tarde, e as oportunidades

vão se reduzindo, a ponto de encerrarmos a encarnação com a sensação de ter desperdiçado toda uma existência.

Isso não é regra geral, mas a maioria, infelizmente, a ela se submete, perdendo a preciosa oportunidade da encarnação produtiva. Porém, o Pai é misericordioso e propõe a cada filho, rebelde às suas leis, uma nova oportunidade de aqui estar, colocando em ação seu potencial criador, modificando o panorama espiritual em que se situa.

Assim ocorre com esta nova história, em que nossos personagens, ainda imperfeitos, nascem e renascem para que suas ações possam ser renovadas, buscando a paz de suas consciências e, porque não dizer, a verdadeira felicidade, que a traça não corrói, e que seguirá conosco eternidade afora.

O local onde tudo irá se processar é uma casa onde as histórias são vividas por eles, registrando em sua atmosfera todas as energias desprendidas pelas ações de cada um. Mais de cem anos serão registrados nessa edificação material e espiritual, onde os eventos ocorreram, marcando profundamente cada personagem.

Sabemos que viver significa aprender e podemos efetuar um aprendizado por formas diversas, seja pela dor, seja pelo amor. Como crianças rebeldes às leis de Deus, escolhemos sempre o caminho mais tortuoso, e não seria diferente com eles.

Que essa nova história, produzida a quatro mãos, possa tocar seu coração, mostrando-lhe que poderia ser qualquer um de nós a estar lá, participando ativamente daqueles momentos, vivenciando emoções, dramas, alegrias e decepções, aprendendo, ou não, a arte de bem viver!

O aprendizado das lições sublimes deve ser a meta de todos nós, a todo momento. Jamais devemos nos descuidar de oferecer ao mundo nossa melhor parte, pois receberemos, em qualquer situação, conforme aquilo que dermos.

Assim será também com nossos personagens em sua viagem de aperfeiçoamento, reencontrando afetos e desafetos, mas, essencialmente, aproveitando cada lição do caminho.

Daniel
31/8/2017

# CAPÍTULO 1

# LEMBRANÇAS...

A viagem estava sendo longa o suficiente para que sua mente divagasse por todos os eventos ocorridos nos últimos dois meses. Sentia-se estranhamente leve, como se houvesse apaziguado sua mente e seu coração, como há muito tempo não ocorria. Um sorriso iluminou seu rosto jovial e delicado. Havia nela um ar de aristocracia, assim os amigos a definiam. Uma certa elegância clássica, com gestos sempre apurados e suaves – assim era Sophie. Outro sorriso emoldurou seu rosto; isso sempre a divertia. Não se via dessa forma em nenhuma circunstância, mas os demais assim o afirmavam, e já fazia parte de seu currículo de jornalista. Podia dizer que, em determinadas situações, havia sido esse seu jeito aristocrático que a auxiliara. A mãe lhe dizia que o usasse quando necessário.

A simples recordação de sua mãe fez com que seu semblante se fechasse e se entristecesse. Onde ela estaria naquele momento?

Nem sequer comparecera ao enterro da própria mãe, sua avó. Isso a chocara, mais uma vez. Corine, assim sua mãe se chamava, a deixara aos cuidados da avó há muito tempo, seguindo sua missão maior, como assim definira, que era cuidar dos desvalidos do mundo. Ela ficaria bem com sua mãe, melhor do que sob seus cuidados, segundo alegara. Berthe, sua mãe, avó de Sophie, jamais concordara com os ditames da filha, mas amava intensamente a neta, da qual jamais se apartaria nesta vida. Ela as deixara assim que a filha começava a dar os primeiros passos nessa existência e, a visitava, sempre que possível. É certo que eram encontros esparsos, que não duravam mais do que algumas semanas, mas a criança os aproveitava intensamente, sem saber quando se repetiriam.

Quando avisou a mãe sobre a doença de Berthe, já havia sido tarde, pois ela fora mais agressiva do que se esperava e, em questão de poucos meses, o coração da avó, tão intenso quanto sua existência havia sido, deixou de bater, extinguindo-se a vida. Ela pouco sofrera e estivera em companhia de Sophie todo o tempo. Assim havia sido a vida dessas duas mulheres por tanto tempo!

O rosto de Sophie se iluminou quando recordou da amada avó, basicamente sua mãe nesta existência. Eram tão unidas, confidentes, companheiras – uma sabia tudo sobre a outra. Sentiria saudades dessa cumplicidade, mas Berthe pedira-lhe algo que jamais deixaria de cumprir: que não derramasse lágrimas de tristeza por ela, nem uma que fosse, pois faria seu coração ficar amargurado e infeliz. Ela se despedira com um "até logo", pois dizia que não existiam separações eternas, apenas breves despedidas, os reencontros ocorreriam no tempo e no espaço. Ela, que brindara a vida e a vivera em todo o seu esplendor, não poderia partir com o coração em desalinho. Fizera sua vida valer a pena em todos os sentidos e partia radiante, com a certeza do dever cumprido. A neta perguntava como ela tinha tanta certeza e seu olhar se apascentava, com ares de serenidade intensa:

– Pois eu vivi intensamente minha existência, realizando as tarefas que me competiam com alegria e aceitação, visando o bem comum e a paz de minha consciência, do que iria me arrepender?

Seu olhar se enternecia e era visível a paz contida nele, fazendo Sophie se assegurar de que ela fora feliz. E assim partiria dessa vida, com a certeza de que realizara suas tarefas conforme se programara.

A neta se perguntava intimamente como ela poderia ter tanta certeza, mas desistia de questioná-la, pois ela parecia tão feliz assim. Talvez os únicos momentos em que se abalava eram quando notícias chegavam-lhe do Brasil, sua terra natal, da qual partira ainda muito jovem trazendo consigo seu filho pequeno, de apenas três anos. Benoit, assim ele se chamava. Morrera muito jovem, de uma doença inexplicável. Logo depois, Berthe havia se casado novamente e tivera Corine. Thierry, seu marido, morrera na guerra, sendo um revolucionário. Depois disso, jamais tivera outro homem em sua vida. Dizia que depois de Thierry, nenhum homem o suplantaria e a faria feliz como fora nos poucos anos de convivência ao seu lado. Restavam apenas fotos amareladas com ambos sorrindo e felizes. Berthe guardava-as como seu precioso tesouro.

Sophie sempre fora uma jovem de mente aguçada e curiosa, fazendo incessantes perguntas sobre seu passado. Fazia questão de inquirir a avó sobre o Brasil e os motivos de ter vindo embora sozinha, deixando toda a família para trás. Berthe sorria com um jeito matreiro e respondia que no tempo certo contaria toda a história que lá deixara. O tempo foi passando, e as respostas não chegavam, até que Berthe adoeceu, para desespero da jovem, que temia pela separação. Falou com a mãe quando soube da trágica notícia, mas ela se declarou impossibilitada de se afastar naquele momento. A avó, quando soube, apenas sorriu e finalizou:

— Não se entristeça, Sophie, sua mãe pertence ao mundo, assim como Thierry. Eu os entendo e não os julgo. O que desejo é que ela seja feliz, onde estiver. Você está aqui comigo, e é só isso que me importa, meu amor! Você é minha neta querida e amada, uma filha que Deus colocou em meu caminho para me ensinar tantas coisas! Só tenho gratidão ao Pai por ter me permitido criá-la durante todo esse tempo. Tenho tanto orgulho de você! Se puder estar ao meu lado em meus derradeiros instantes, serei a pessoa mais feliz deste mundo. Mas entenderei se seus compromissos assim não o permitirem.

— Pare com isso, vovó! Sabe que jamais me perdoaria se não estivesse aqui a seu lado. Eu a amo tanto! Não queria que fosse assim... — e lágrimas escorreram, mas Berthe apressou-se em abraçá-la, dizendo:

— Não quero que chore, minha querida! Não quero amarguras ou ressentimentos, apenas gratidão eterna a tudo que juntas vivenciamos. A vida me foi tão generosa; nada há que possa fazer para mudar isso. Então, brindemos à vida!

Essas lembranças fizeram com que os olhos de Sophie marejassem e a saudade falasse mais forte. Foi assim que se lembrou de seus propósitos e de sua viagem. Pouco antes de morrer, Berthe lhe entregou uma caixa repleta de cartas e um caderno de veludo claro com uma insígnia na frente. Sophie recebeu os objetos com estranheza e por fim perguntou:

— São as lembranças de sua outra vida? No Brasil?

— Sim, Sophie. Quero que veja isso quando eu não estiver mais aqui. Porém, antes, gostaria de lhe contar uma história. Venha, sente-se aqui. — E por mais de duas horas, com a emoção instalada na voz e no semblante, Berthe contou tudo o que a neta sempre ansiara conhecer, mas que era um segredo protegido a sete chaves. Após o relato, ambas choravam abraçadas, e foi a avó quem primeiro se manifestou: – Quero que conheça sua família, minha querida. A que restou naquela terra abençoada, mas que para mim assim não foi. Quero que reconheça seus direitos, conforme os documentos que hoje você tem em suas mãos. Você será uma pessoa rica, apesar de isso pouco importar a você, pois a conheço muito bem. Mas é seu direito pleitear sua parte na herança, não posso mais omitir isso de você. Eu deixei tudo para trás para viver minha vida em sua plenitude, com a liberdade de pensar, falar, decidir o que me aprouvesse. E não me arrependo de nada, a não ser de ter omitido essa história por todos esses anos. Sua mãe jamais teve interesse em tudo o que lhe contei, pedindo que falasse a você quando assim desejasse. O momento é agora, Sophie. Vá ao encontro das respostas que há tempos você busca. Escreva um livro sobre suas memórias, vai ser um sucesso, escritora fantástica que se tornou. Faça isso por mim. Conheça seu lado brasileiro. Eu sempre falei em português com vocês para que jamais se esquecessem de seu idioma. Você nasceu na França, mas sua descendência é brasileira, nunca se esqueça disso. Vá para lá e redescubra suas origens. Sei que será uma viagem interessante, repleta de descobertas. E jamais me culpe pelas decisões que tomei. Foi o que eu sabia fazer naquele momento, e precisava preservar minha integridade e sanidade – e baixou o olhar. Nesse momento, Sophie a abraçou.

– Jamais poderei julgar sua atitude, vovó. Eu a conheço tanto! Sei que tomou a melhor decisão. Era assim que tinha que ser! – e, assim, ficaram abraçadas por vários minutos.

Uma semana depois, ela partiu serena e leve, deixando a neta sozinha, mas decidida a enfrentar sua história. Corine, quando soube, ligou para a filha, e ambas choraram a partida da pessoa que mais amaram nessa vida. Que ela ficasse em paz! Mas não veio ver a filha, pois seus compromissos a impediam de deixar o acampamento, e também não chegaria a tempo para o enterro. Sophie já se acostumara a resolver tudo sozinha!

Nos dois meses que se seguiram, cuidou de ocupar o tempo com seu trabalho no jornal, tentando liberar-se para as férias vencidas há anos e jamais tiradas. Conversou com seu editor e explicou que faria uma viagem, precisando de dois meses para resolver suas pendências no Brasil. Era muito importante para ela e, caso ele se recusasse a liberá-la, ela teria de sair por própria conta. Como era competente e necessária, o chefe não quis abrir mão de seu trabalho, e aproveitou o ensejo da viagem, colocando em suas mãos uma matéria sobre o país. Ela sorriu e agradeceu pela confiança nela depositada.

E lá estava, no avião, com destino ao Brasil. E as lembranças não paravam de assomar...

Estava ansiosa com o que iria encontrar, embora não soubesse sequer por onde começar. Em poucas horas estaria em terra firme e decidiu focar nas próximas resoluções. Tirou alguns papéis da bolsa, seu planejamento realizado, que continham nomes e cidades, um ponto de início.

Sua mente arguta a auxiliava a observar cuidadosamente o que era essencial para dar seguimento ao projeto inicial. Decidiu se instalar em São Paulo, onde o avião aterrissaria e, depois, ligaria para um telefone que a avó lhe deixara. Era de uma criada que a conhecera e ainda estava viva. Era ela seu contato durante todos esses anos, mantendo-a informada de tudo o que lá ocorria. Era a única ligação com aquela família!

Lembrou-se do relato da avó sobre sua fuga do Brasil e os motivos que a levaram a tal atitude. Ela tivera muita fibra e coragem, tinha que admitir. Conseguira sair do país com apenas uma maleta com algumas roupas e o filho pequeno a acompanhá-la. Não permitiria que ele fosse maculado com aquelas ideias preconceituosas e cruéis, com as quais jamais compactuara. Não permitiria! E assim fez, partindo quando pôde, deixando para trás toda a fortuna e títulos que nunca valorizou! Levou consigo a liberdade de ser e pensar conforme sua consciência ordenava. E não se arrependeu de suas escolhas! Levou seu mais valioso tesouro: seu filho, que fatalmente a vida lhe tiraria alguns anos depois.

Enfim, seu destino! O aviso de que o avião aterrissaria em instantes soou. A ansiedade a dominou. O que a esperaria naquela terra estranha? Iria descobrir...

Era um dia quente de verão, e a cidade parecia caminhar em um ritmo frenético. O trânsito era intenso e custou a chegar ao hotel. Já instalada, decidiu caminhar pelas ruas repletas de transeuntes, em um ir e vir acelerado, como há muito não via. Gostava da agitação das grandes metrópoles e se perguntava como jamais visitara São Paulo.

No final do dia, retornou ao hotel, decidindo fazer a ligação para a fazenda. Uma senhora atendeu ao telefone, e ela teve certeza de quem era.

— Boa noite, Madalena. — A pessoa do outro lado ficou calada, avaliando de quem seria aquela voz jovial, com um sotaque tão familiar.

— Sim! Com quem eu falo? — Via-se que estava curiosa.

— Sou Sophie, neta de Berthe. Tudo bem? Minha avó falou muito de você.

— Você é a famosa Sophie. Já ouvi falar muito de você. Como está Berthe? Está melhor?

Só naquele momento se deu conta de que deixara de contar a ela sobre a avó. Será que ela saberia da doença? Bem, já era tarde e teria de contar tudo.

— Infelizmente, minha avó faleceu. Sinto lhe contar pelo telefone, mas julguei que já soubesse. Sinto muito. — O silêncio se instalou.

— Eu também; amava muito sua avó. Ela partiu em paz? — A pergunta a atingiu de forma inesperada. Por que ela perguntaria isso?

— Creio que sim. Mas por que a pergunta? Ela tinha motivos para não estar em paz?

– Perdoe-me a indiscrição, minha jovem. Falei sem pensar. E sua mãe, Corine? – Ela queria mudar o rumo da conversação.

– Vovó deve ter falado sobre minha mãe. Está como sempre esteve: em seu próprio mundo. Isso nunca vai se alterar.

– Cada um vive como sabe e pode, não é mesmo? E você? Parece que está tão perto.

– E estou. Acabei de chegar a São Paulo e gostaria de visitar-lhes. Como faço isso? Pode me ajudar? – perguntou a jovem. E novamente, o silencio se fez entre elas. Após alguns instantes, Madalena perguntou:

– Pretende vir até aqui?

– Para isso vim ao Brasil. Quero conhecer a família de minha avó, aliás, a minha. Vê algum problema nisso? – Era ela quem agora estava surpresa.

– Sabe que sua avó nunca manteve relacionamento com os que aqui ficaram. Não estou aqui para julgá-la, pois acompanhei cada passo dessa estrada e sei tudo o que ela vivenciou aqui. Mas já faz tanto tempo! A maioria já se foi. Aquela família que ela deixou praticamente não existe mais. Parece que uma maldição se instalou por aqui após sua partida. Sei que esperava notícias mais alvissareiras, porém elas não o são. Sinto muito.

– Mesmo assim, pretendo conhecer minha família, ou o que dela restou. Minha decisão já foi tomada quando decidi vir até aqui. Foi um pedido de minha avó, e jamais recusei algo a ela. Poderia me ajudar, Madalena? – A respiração ofegante do outro lado denunciava o mal-estar que ela sentia com as notícias.

– É claro que farei o que me pede, porém devo alertá-la de que talvez a recepção não seja a que esperava receber. O ambiente aqui anda tenso demais, devo adverti-la. Por outro lado, uma alma nova a inspirar velhas recordações... creio que será interessante. Posso imaginar o que Berthe lhe falou – e Sophie percebeu que a outra parecia menos tensa, podendo antever um sorriso. – Sua avó sempre gostou desse tipo de situação e deve estar se divertindo em seu novo hábitat. Quando você chega, minha menina?

Sophie percebeu que ela já se descontraíra e respirou aliviada.

— Pretendo ir amanhã logo cedo. Vê algum problema?

— Nenhum. Vou lhe dar as indicações necessárias — e passou a explicar como ela poderia chegar à fazenda, próxima a uma cidade do interior. — Viu? Não é difícil. Quando chegar à cidade é só perguntar pela fazenda dos franceses, que todos a conhecem. O nome correto é Busson-Carvalhal. Peça que lhe tragam até a sede da fazenda, que é onde eu me encontro. Quando chegar, conversaremos. Estou ansiosa para isso!

— Imagine como eu me encontro! Amanhã nos falamos, então. Boa noite, Madalena!

— Boa noite, Sophie. Rezarei pela alma de sua avó. Que a paz a acompanhe, onde ela estiver. Sentirei sua falta!

— Eu também! Até amanhã — e desligou o telefone com a sensação de que teria muitas surpresas ao longo dessa viagem. Sentiu seu corpo estremecer e não gostou das sensações que experimentou. Apesar do calor que fazia, sentiu frio, o que a deixou tensa.

Tentou dormir, mas a sensação a acompanhava, sem que pudesse entender o que aquilo significava. O que iria encontrar? Sua intuição lhe dizia que teria muitas surpresas, e que estas não seriam as esperadas. Respirou fundo e dedicou-se à oração que a acalmava e confortava, assim sua avó lhe orientara por toda sua vida.

— Recorra a ela quando tudo parecer confuso e quando quiser agradecer; enfim, utilize-a em qualquer circunstância."

Sorriu, lembrando-se da avó. Quanta saudade sentia! Ela estaria bem? Seu coração dizia que sim, e isso a consolava. Fechou seus olhos e fez uma sentida prece a Deus, pedindo que a orientasse em seu novo caminhar. Em instantes, adormeceu. Isso sempre acontecia!

Na manhã seguinte, tudo estava pronto para a partida. Tomou o ônibus com destino a uma cidade próxima da fazenda,
imaginando que seriam horas de muito desgaste físico pelo calor
que fazia já àquela hora da manhã. Chegou à cidade por volta
das duas horas da tarde, , já exausta. Conforme Madalena lhe
orientara, saiu da rodoviária com destino à fazenda em um táxi,
cujo motorista estava curioso para conhecer a visitante. Sophie
falou pouco, para desespero do homem, que queria saber o
motivo da viagem. Ela apenas disse ser uma jornalista preparando uma matéria para seu editor. O homem insistiu:

— Você não parece brasileira. Estou correto? — questionou.

— Sou francesa, mas falo a língua fluentemente. Estou aqui a
trabalho. Falta muito para chegar? — perguntou ela, mudando
de assunto. — O lugar é muito bonito!

— É uma das regiões mais belas aqui do interior. Creio que vá
gostar de conhecer a fazenda. Ela esconde mistérios indecifráveis.
Muitas lendas sobre ela você irá se deparar. — Em seguida, ele
se calou, como se lembrasse de algo.

— Não entendi o que disse — falou Sophie.

— Você irá descobrir por si só, não é uma jornalista? — e decidiu se calar até chegar ao seu destino.

Uma imponente entrada, foi o que ela se deparou, deixando-
-a extasiada. Eles deveriam ser muito poderosos para ostentar
tanto. O caminho até a sede não durou mais que alguns minutos, e o palacete surgiu à sua frente. Parecia um castelo de seu
país, com uma arquitetura que não condizia com as edificações
locais. Era muito antigo, embora parecesse ter sido restaurado
muitas vezes. Era suntuoso e deveria ter sido luxuoso no período em que fora construído. Apesar do tempo, mantinha as ca-
racterísticas elegantes, e Sophie imaginava o que iria encontrar
em seu interior.

Uma senhora de pele morena a aguardava na frente da casa
com um sorriso.

— Sophie, você se parece tanto com Berthe! É como se o tempo não tivesse passado... Ela tinha apenas vinte e seis anos quando saiu daqui. E você?

— Acabei de fazer vinte e sete. Madalena? — e deu-lhe um abraço caloroso. Era como estar com sua avó. Muito estranho!

— Bem-vinda, minha menina. Sinta-se em casa. Desculpe o mau jeito ontem. É que foi uma surpresa seu contato e seu interesse por tudo aqui. Venha, entremos.

— Eu que peço desculpas, pois deveria tê-la avisado antes da visita. Estar aqui foi o último pedido de minha avó e não poderia recusá-lo.

— Berthe foi uma mulher inigualável, de uma coragem e tenacidade que pouco vi em minha extensa vida. Foi também uma grande amiga, e jamais a esquecerei. Mesmo distante, esteve sempre presente nos momentos em que dela necessitei. Uma relação que nem o tempo nem a distância impediram que frutificasse. Creio que ela lhe contou tudo.

— Você é quem vai me dizer — disse a jovem com um radiante sorriso.

— Esse sorriso é de Berthe — e lágrimas escorreram por seu rosto cansado. — Alberto jamais perdoou a fuga dela do Brasil, levando Benoit consigo. Mas essa é uma longa história. O que sabe sobre isso? — Seu olhar parecia perdido nas recordações.

— Minha avó protelou por toda sua vida a contar-me o que realmente aconteceu. E, quando decidiu fazê-lo, foi um breve relato, apesar de carregado de emoções. Sei que ela sofreu muito também, pois, apesar de tudo, ela deixou aqui pessoas a quem amava.

— No entanto, esse amor não foi suficiente para que ela aqui permanecesse. Não a julgo, Sophie, pois compreendi seus motivos. Porém, tem de convir comigo que aqueles eram tempos difíceis para uma mulher com a personalidade dela. Submeter-se aos desmandos de Alberto, uma pessoa inflexível e autoritária, não foi a escolha que ela realizou. E ele jamais a perdoou! Poderia ter ido atrás dela, mas...

– Qual é o nome que se dá a essa atitude? – A pergunta de Sophie pairou no ar, sem uma resposta...

– Madalena? – O chamado as interrompeu.

# CAPÍTULO 2

# RECORDANDO O PASSADO

A senhora esboçou um sorriso e avisou:

— Vamos conhecer o que restou da família. Entremos, minha menina. Sinta-se em casa. Peço apenas que não fale que Berthe morreu. Lucille ainda não sabe. Venha comigo !

Sophie lembrou-se do nome da irmã caçula de sua avó, dez anos mais nova que ela. Teria hoje 75 anos. Estava ansiosa por conhecê-la.

— Lucille ficou cega ainda jovem, pouco tempo depois que sua avó partiu. Essa é uma das tragédias que se abateram sobre nós. — Seu rosto se contorceu, mas procurou esconder as emoções que predominavam. — Ela gostará de conhecê-la; é uma pessoa adorável.

A jovem adentrou a residência imponente, verificando que o luxo dominava também o interior. Pensou no quanto eram ricos e sua avó jamais se importara em deixar tudo para viver uma nova vida, sozinha, em um país distante. Ela tinha muita coragem e determinação, tinha de admitir.

Quando ouvira o relato sobre a motivação para sua fuga, julgara-o procedente, mas sentiu que algo não se encaixava na história. Existia algum segredo? Questionara a avó, no entanto, ela tinha sido vaga nas explicações, dizendo que tudo havia sido como deveria ser – e isso lhe bastava! Ponto-final nas argumentações e, dias depois, Berthe partira definitivamente dessa existência. Seu segredo seguiria com ela, se assim houvesse. Ou quem sabe Madalena poderia contá-lo a ela. O tempo diria, mas sua mente arguta não parava de pensar em tudo o que hoje vivenciava.

Era um imenso palacete, de dois andares, mas o quarto de Lucille localizava-se no piso térreo, em vista das dificuldades de locomoção que ela portava. Passaram por um longo corredor, com muitos quadros emoldurando as paredes, com pinturas de artistas renomados. Madalena abriu uma porta e entrou com Sophie.

– Lucille, quero que conheça uma pessoa muito especial. É neta de Berthe. Seu nome é Sophie – e conduziu a jovem até uma poltrona em que uma senhora de cabelos grisalhos e feições suaves estava sentada. Seu olhar se iluminou ao falar de Berthe e estendeu as mãos para a jovem, que se aproximou com um sorriso.

– Sophie! Como esperei conhecer você! Aproxime-se, deixe-me tocar seu rosto. – A moça então se aproximou, permitindo que os dedos de Lucille analisassem com vagarosidade todo o seu semblante. – Era como eu imaginava! Você se parece com Berthe. Linda como ela sempre foi! Sinto tanto não ter me despedido dela... – e algumas lágrimas assomaram.

As duas mulheres se entreolharam, sem saber a que ela se referia. Talvez por não ter se despedido quando ela fugira do Brasil, assim pensaram.

— Ela esteve aqui antes de partir. Por isso não tentem me esconder nada. Eu e Berthe éramos muito próximas, mesmo com milhares de quilômetros de distância a nos separar. Sei que ela não está mais aqui entre nós, mas sei também que ela ficará bem em sua nova morada. Parem com esses olhares! Sei o que falo e posso garantir que a morte não é o fim de tudo, como pensam. Há muitas moradas na casa do Pai! Mas isso é assunto para outra ocasião. Berthe me disse que você viria me visitar e estou muito feliz em conhecê-la. Sinto em você a mesma energia que ela ostentava. É como se ela estivesse aqui novamente! Senti tanto sua ausência! Era um sol a iluminar minha existência, repleta de vicissitudes. Madalena, faça-nos um refresco e depois junte-se a nós. Temos muito a conversar.

— Primeiro, vamos ser boas anfitriãs e acomodá-la. Sophie ficará conosco e teremos tempo suficiente para as conversações. O que acha? A jovem sorriu.

— Sophie, me perdoe. Estou ansiosa há tempos para conhecê-la. Mas Madalena tem razão. Vá descansar um pouco e nos reunimos mais tarde no jantar. O que acha?

— Perfeito, Lucille. Posso chamá-la assim ou prefere tia Lucille?

— Não, apenas Lucille. Gosto de ouvir seu sotaque. É como se o tempo voltasse e Berthe falasse comigo. Senti tanto a falta dela! — Seu olhar ficou distante e triste. — Somente ela me compreendia... Bem, de que adianta remexer o passado, pois ele não vai voltar. Descanse, minha querida. Nos encontraremos no jantar. Madalena, providencie que seja especial. Mais alguém jantará conosco?

— Quem sabe, Lucille? Aguardemos... Vou acompanhar nossa hóspede a seus aposentos.

– Sophie, quero que saiba que é bem-vinda a esta casa – e um sorriso genuíno apresentou-se no rosto cansado.

– Agradeço a recepção cordial, Lucille. Vovó disse que eu gostaria de você. Ela sempre acertou em seus prognósticos.

– Ela auxiliou a tantos com seu generoso coração. Às vezes me pego pensando se ela realmente fez a coisa certa. Ela foi feliz? – a pergunta soou quase inaudível.

Sophie ficou emocionada com a pergunta e foi até ela, abraçando-a.

– Se isso a conforta, ela foi feliz sim. Dizia que tinha realizado tudo a que veio e isso significava que sua vida valera a pena. – As lágrimas já eram abundantes agora. Lucille permaneceu nesse abraço afetuoso, compartilhando a mesma emoção.

Madalena olhava as duas, e as recordações afloravam. Lembrou-se do que motivou Berthe a fugir do marido. Teria ela contado toda a história para a neta? Saberia no tempo certo. Sophie acabara de chegar, tinha tanto a conhecer! Ela própria tiraria suas conclusões.

– Lucille querida, cuidado com suas emoções. Lembre-se das recomendações médicas.

– Fique tranquila, meu coração é forte. Minha hora ainda não chegou. E já lhe disse que saberei quando isso acontecer – disse com um sorriso matreiro.

– Lá vem você novamente com essa conversa. Já lhe pedi que não me comunique quando isso acontecer. – Pareciam duas amigas se divertindo com um assunto trivial, mas era na verdade uma antiga discussão acerca do momento derradeiro, a respeito do qual Lucille afirmava que teria prévio conhecimento.

– Sobre o que estão falando? – Sophie intrometeu-se na conversa.

– Deixa pra lá, minha querida. É um tema que você não aprovaria. Venha comigo!

As duas mulheres saíram do quarto, deixando Lucille entretida com seus pensamentos longínquos. Ela se lembrava de

Alberto e de toda a fúria que o acometera quando Berthe foi embora. Eram sentimentos ambíguos, que devastaram sua vida de forma plena. Custara a se recuperar do golpe perpetrado pela esposa. Mas ele havia merecido, assim Lucille pensava. Por tudo o que praticara contra a irmã.

Alberto era quinze anos mais velho que Berthe e de uma família tradicional da cidade, porém amargava dívidas homéricas em função de colheitas comprometidas de safras anteriores. A união entre as famílias havia sido decidida sem a anuência de Berthe, uma jovem liberal e com ideias modernas demais na opinião de sua família.

Marcel Busson, pai de Berthe, ficara viúvo muito jovem, restando-lhe as três filhas pequenas: Celine, Berthe e Lucille. Não se casara novamente, dedicando-se a elas integralmente. Havia sido um pai amoroso, porém flexível demais com as filhas, tendo permitido que crescessem com ideias inatas de liberdade, ausência de preconceitos e respeito à individualidade. Fizera um excelente trabalho, incutindo senso crítico e ponderação na atitude de todas elas. No entanto, tornara-as detentoras de ideias próprias o que era inaceitável para os padrões da época, na qual as mulheres sequer tinham o direito ao voto. Mas eram ricos e representavam o poder e a riqueza na região; sendo assim, não eram questionados nem afrontados.

Berthe, a mais velha, casara-se muito jovem; tinha apenas vinte anos, sepultando tantos sonhos de estudar e ter uma carreira. Submetera-se à imposição do pai, que temia pelo seu futuro caso suas ideias se intensificassem. Alberto, por sua vez, conservador ao extremo, no afã de conquistar a rica herdeira, ofertara-lhe a possibilidade de realizar seus desejos liberais, que ela cegamente acreditou. Pura ilusão!

Assim que o casamento foi consumado, a primeira providência de Alberto foi levá-la para sua fazenda, mantendo-a distante do pai, seu grande confidente e amigo. Sua vida fora um extenuante

martírio, em que ela convivera com um ser dotado de um temperamento difícil, retrógrado e, por vezes, insensível. Se havia
respeito no início, ele foi esquecido nos anos que se sucederam.
Nesse clima de desamor nasceu Benoit, um lindo garoto que
passou a ser a luz da vida de Berthe. Isso apenas comprometeu
ainda mais a delicada relação, e o intenso ciúme que Alberto nutria pela relação da esposa com o filho afastou-os definitivamente.

Berthe, nesse ínterim, pediu a separação de corpos, o que
para a conservadora família de Alberto era algo inadmissível.
Marcel tentava apaziguar o coração da filha, que se encontrava
inflexível em sua decisão. O golpe fatal ocorreu com a morte de
Marcel, vitimado por um problema cardíaco repentino. Pouco se
soube sobre os motivos para que isso ocorresse; soube-se apenas,
pela língua leviana de uns poucos, que uma traição ocorrera na
família, e isso colaborara para a saúde do pai se deteriorar. Só
não se sabia da parte de qual cônjuge isso ocorrera.

Como a fama acompanha aquele que a constrói, Berthe foi
acusada de tal gesto e teve sua vida devassada de forma cruel
e desumana. Em respeito ao pai, permaneceu no casamento a
contragosto, apenas para manter as aparências, até que o povo
esquecesse tal incidente. Berthe jamais assumiu a traição di-
vulgada e permaneceu calada, sofrendo a dor da morte do pai.
Meses depois, inconformada com a vida que o esposo lhe oferecia, decidiu-se pela fuga, levando o filho consigo e afirmando
que ele era apenas seu, desde que o pai o rejeitava de forma
tão enfática. Planejou de forma cuidadosa e sem chances de ser
impedida. Partiu então para a França, terra de seus antepassados, com a certeza de que seria acolhida em sua pátria. Jamais
se arrependera de tal decisão, assim dissera a Sophie.

Lucille, entretanto, sempre soubera que algo mais havia
ocorrido entre a irmã e o cunhado, mas que jamais foi divul-
gado. Esse era o segredo de Berthe! E respeitava a irmã, mais
do que tudo, afinal, ela sempre fora seu exemplo, seu modelo

de ética e moral. Jamais acreditara nas baixezas que a ela imputavam. Não Berthe. O pai, por outro lado, tivera algo mais colaborando com seu problema de saúde. Uma cena de que jamais se esqueceria fora a visita de Alberto ao pai, semanas antes de sua morte. Os dois ficaram trancados no escritório e pudera ouvir os gritos do pai carregados de fúria. O que teria acontecido entre eles? Outro segredo que ela jamais revelaria. Não importava mais!

E a vida foi passando, célere para todos eles. Seguir em frente era o que restava àquela família. Ela, Lucille, fora acometida por uma doença degenerativa ocular, perdendo gradativamente a visão, algo que nem toda a riqueza que possuíam pudera conter. Nada havia a ser feito, disseram os médicos, pois não sabiam com exatidão do que se tratava. Aos trinta anos, ela ficou completamente cega, o que não a impedira de continuar com seus projetos pedagógicos que acalentara por toda a vida. Era uma mulher de fibra, diziam todos. Além de cuidar do patrimônio da família, dedicara-se à construção de escolas de alfabetização em toda a região, utilizando recursos próprios. Era o mínimo a ser feito em contrapartida ao muito que os humildes colonos, descendentes de escravos, haviam realizado pela manutenção da ostentação e riqueza obtidas a tão alto custo. A escravidão fora uma grande afronta às regras básicas da civilização, e muitos foram coniventes com isso, gerando dívidas morais de significativo teor. A consciência de cada um responderia, no tempo certo.

A família Busson fora grande defensora da liberdade e dos direitos do ser humano; em suas terras, tudo havia sido diferente. Marcel, o pai, nascera antes de a Lei Áurea ser assinada, o que pouca diferença fez, pois em suas fazendas o regime adotado não era compatível com a crueldade vigente nas demais localidades.

Lucille adorava a história de sua família e estava ansiosa para que Sophie a conhecesse, pois só assim ela conseguiria

compreender as motivações da própria avó. Era algo que todos traziam em seu íntimo e que ninguém seria capaz de lhes
tirar. Sorriu, lembrando-se de todos os entraves que tivera de
superar ao longo de sua existência, o que só fora possível por
essa força inaudita que trazia em seu ser. Tinha apenas um arrependimento, e esse seria o segredo que carregaria consigo
quando fosse chamada a prestar contas. Sabia que as escolhas
lhe pertenciam, assim como a responsabilidade por elas. Assim
aprendera muitos anos atrás. Talvez sua vida tivesse ganhado
um rumo diferente, mas não poderia ter deixado Celine naquele momento. Não após tudo o que acontecera com ela. Fizera a escolha que julgara adequada, mesmo que a irmã jamais
a compreendesse. Que seu coração estivesse em paz, era o que
pedia em suas preces. E se ela tivesse ido embora? Quem cuidaria daquelas crianças? Apesar de desprovida da visão material, tinha um profundo sentido da existência e sabia o que era
essencial realizar. Mesmo que isso custasse a não realização de
um lindo sonho de amor!

Lembrou-se de Francesco, e seu coração se enterneceu. Os
poucos meses que ele participara de sua existência foram os melhores vividos. Essas lembranças lhe pertenciam; ninguém jamais
as tiraria dela. Soubera, anos depois, que ele morrera na Itália,
porém sem saber os detalhes. Uma vida intensa, porém, curta. E
se estivessem juntos, o que teria acontecido? Como saber...

Lucille suspirou profundamente, depois levantou-se e caminhou pelo quarto, pegando uma pequena caixa de veludo
com uma insígnia na frente. Abriu, revirou o conteúdo e pegou
um pequeno camafeu incrustado de brilhantes. Segurou-o nas
mãos, e algumas lágrimas escorreram. A saudade bateu com
força, e procurou controlar a emoção. Em seguida, guardou-o
na caixa e disse a si mesma:

— O passado não volta, Lucille. Temos de seguir em frente! A
vida me trouxe um presente que não esperava: Sophie. Não sei
se mereço, Pai querido! Mas agradeço!

Em seu quarto, no primeiro andar, tão luxuoso como os demais aposentos da casa, Sophie estava a refletir em tudo que ora acontecia. Olhou em derredor e sentiu uma energia estranha envolvê-la. Sentia-se parte integrante daquela casa, sem entender como isso acontecia. Parecia já ter estado lá, como se conhecesse cada canto daquele lugar. Deitou-se na cama e sorriu, imaginando o que sua avó lhe diria.

— Por que me ocultou tudo isso, vovó? Do que tinha medo? — Essas eram as questões que passavam por sua cabeça. Berthe escondera seu passado com um propósito, e ela iria descobrir qual era. Confiava em sua intuição!

Sentiu-se cansada demais e adormeceu. Teve um sonho estranho, no qual corria por toda a casa, escondendo-se de alguém. E assim permanecia, silenciosa, para não ser descoberta. Até que uma porta se abriu de forma violenta, e ela se apavorou. Quando alguém se aproximava dela, acordou sobressaltada.

Já havia anoitecido e decidiu tomar um banho. Ouviu alguém à porta avisar que o jantar seria servido em instantes. Deveria ser uma criada, assim pensou.

A sala de jantar era suntuosa, assim como as demais dependências. A mesa era comprida, apropriada para grandes banquetes, mas apenas dois lugares estavam postos. Lucille já estava acomodada à cabeceira, e sua percepção apurada lhe avisou que Sophie acabara de adentrar o recinto.

— Espero que tenha descansado, minha jovem. Sente-se ao meu lado. Tenho tantas perguntas a lhe fazer, mas, como Madalena já insinuou, e eu acato, quase sempre, suas orientações, vou deixar isso para os próximos dias. Hoje vamos brindar a este magnífico encontro, que o universo conspirou para que assim ocorresse. Madalena, junte-se a nós.

A senhora sorriu, mas recusou o convite:

— Sei o meu lugar, Lucille. Voltarei para a cozinha e ajudarei Rosa. Sophie, se precisar de algo mais tarde, é só pedir. Bom jantar às duas jovens! — e, com gestos calculados e discretos, saiu, sob os protestos de Lucille.

— Ela é praticamente da família, mas recusa-se a agir como tal. Somos tão poucos a usufruir de todo esse luxo. Mas a compreendo! Está conosco desde que nasceu, compartilhou tudo o que vivenciamos, entre alegrias e tragédias. Como não se sentir parte integrante desta família? Cuida de mim como minha mãe o faria, é minha confidente, tal qual Berthe seria, e ainda é responsável pela manutenção desta casa, fazendo-o com distinção. Sei que faz tudo isso por amor. No entanto, diz que cada um tem o lugar que lhe compete e que jamais usurparia algo que não lhe pertence de fato. Uma pessoa que merece ser conhecida a fundo, Sophie. Aprendo algo com ela todos os dias de minha vida.

— Minha avó disse o mesmo sobre ela. Creio que esta será uma estadia proveitosa e útil, em todos os aspectos — e sentou-se ao lado da tia, conversando sobre assuntos triviais.

No meio do jantar, a porta da frente se abriu ruidosamente e um homem entrou de forma intempestiva. Aparentava a idade aproximada de sessenta anos, com uma vasta cabeleira grisalha e um olhar aristocrático. Viu Lucille acompanhada de alguém e se deteve:

— Desculpe, Lucille. Não sabia que estava com visitas. Perdoe minha entrada — e olhou curioso para a visitante, para logo em seguida encarar a senhora e inquirir: — Philipe passou por aqui? Preciso falar com aquele moleque impreterivelmente hoje. — Parecia furioso com ele.

— Gilles, querido, acalme-se! Philipe não esteve aqui hoje. Não fique tão agastado; acredito que resolverá qualquer problema que tenha. Assim tem sido até hoje. Junte-se a nós e aproveite para conhecer Sophie. – O olhar do homem fixou-se no da jovem.

– É francesa? Sua amiga, Lucille? – Ele estava curioso, sentindo-se avaliado por ela.

– Farei as apresentações oficiais. Gilles é meu sobrinho, assim como de Berthe. – A simples menção ao nome da tia deixou-o tenso. – Sophie é neta de Berthe, minha amada irmã. Ela veio nos conhecer, a única família que lhe restou.

– Muito prazer, Gilles. – Com gestos educados, Sophie estendeu a mão para o cumprimento, que ele não pôde recusar.

– Pretende ficar muito tempo? – perguntou de forma ríspida, o que contrariou Lucille.

– Meu sobrinho, esta não foi a educação esmerada que recebeu. Gostaria que fosse mais polido e recebesse Sophie como ela merece. Não vou tolerar esse tipo de comportamento. Ela é uma de nós, é uma Busson. – falou, irradiando uma energia incompatível com a delicadeza que até então ostentara. – Berthe fez o que tinha de fazer e não está sendo julgada pelos seus atos pretéritos. Em tempo algum! Respeitamos cada um pelo que é, jamais se esqueça dessa verdade.

– Você sabe todas as implicações geradas em função de seu gesto. Não se pode simplesmente fazer com que os fatos desapareçam. Cada ação gera uma reação de igual teor, não é isso que sempre me ensinou? Berthe assumiu o risco por seus atos, porém não estava aqui para responder pelas consequências. A fuga foi providencial e a manteve distante de tudo. Não sei que nome dar a esse gesto falho. Colocou nosso nome em situação delicada e custou para que tudo fosse esquecido. Sei que não aprecia esse assunto e não vou contrariá-la. – Fez uma reverência e ia sair, quando Sophie o interpelou:

– Você conheceu Berthe? Sabe que ela abdicou de tudo pela sua liberdade? Ela jamais cogitou pedir auxílio àqueles que aqui deixou, caso você não tenha ciência disso. Lucille enviava-lhe dinheiro com regularidade, que foi devolvido integralmente durante mais de cinquenta anos. Como você definiria um ser humano capaz desse gesto altruísta? Ela foi uma mulher de fibra, excepcional, e sinto lhe dizer que o mundo ficou mais triste após sua partida. Pena não a ter conhecido; iria gostar dela! – Seus olhos ficaram marejados, e ela pediu licença para se retirar.

– Não, Sophie, você fica. Gilles, caso nada mais tenha a dizer, peço que nos permita continuar com nosso jantar. Lembre-se de que ainda sou a matriarca desta família. Você é o filho que a vida me entregou e o amo mais do que tudo. No entanto, sinto que nem todas as lições e orientações foram por você assimiladas. Seu coração ainda se encontra em sombras e tenho de alertá-lo de que isso só irá conduzi-lo a mais infelicidade.

# CAPÍTULO 3

# RECONHECIMENTO DE TERRENO

A tensão continuava no ar. Gilles estava com a cabeça baixa, remoendo as palavras de Lucille, sempre tão certeiras e contundentes quando necessário. Seu mundo íntimo carregava grande amargura e todos sabiam disso, mas ninguém se habilitava a ser direto o suficiente para que ele estancasse o veneno que costumava destilar. Lucille, contudo, conseguia fazer isso com tanta naturalidade, atingindo todo o seu ser e fazendo-o repensar sua enfadonha e pífia vida. E a amava por isso! Por se preocupar com ele, quando todos já haviam desistido. Queria que sua vida fosse diferente, mas para isso teria de ser alguém com posturas diferenciadas. Essas, ele ainda não estava pronto a oferecer.

— Lucille, como sempre, rendo-me a você. Perdoe meu destempero. Philipe foi o responsável por isso...

— Pare, Gilles, não continue se justificando. Você e seu temperamento é que são os responsáveis. Philipe foi apenas o estopim de hoje. Falarei com ele, se isso for relevante. Aliás, há dias ele não me visita. Farei com que isso chegue até ele. É um bom rapaz; lembre-se de tudo por que ele já passou. – Lucille não viu a sombra que se estabeleceu em seu olhar, mas sentiu que adentrara um caminho tortuoso ao relembrar eventos trágicos. – E Hector?

Gilles continuou calado, tentando administrar as próprias emoções. Nada disso passou despercebido por Sophie, atenta a cada palavra.

– Nada se modificou. Continua recluso em sua casa, praticamente um eremita. Logo ele! – Um médico habilidoso que decidiu enterrar seu talento. Madalena visita-o regularmente, talvez a única ligação dele ainda existente com o mundo exterior. Quando foi a última vez que o encontrou? – o olhar de Gilles já se suavizara.

– Há três meses, pedi que Madalena o trouxesse aqui por mim. Foi um pedido irrecusável, e ele aqui esteve. Ficou pouco tempo, mas o suficiente para que eu percebesse a intensa mágoa que ainda o acompanha. Ele é tão jovem, tem tanto a viver, porém precisa superar essa tragédia. Fugir em nada o auxiliará a lidar com as perdas decorrentes do evento traumático. Ele precisa de ajuda, não podemos negar-lhe isso! – disse Lucille sensibilizada.

Sophie nada compreendia do que lá se passava, mas teria tempo para as perguntas no decorrer da semana.

– Peço desculpas mais uma vez. Sophie, creio que já conheceu meu lado sombrio e indelicado. Prometo que me esforçarei para que a primeira impressão causada seja alterada. Você me parece uma jovem inteligente e sensata. Dê-me um voto de confiança. Lucille, me ajude com isso! – e esboçou um sorriso.

– Vou me esforçar para que isso se concretize – disse Sophie. – Não guardo mágoas nem me fio na primeira impressão. Sou jornalista e preciso estar com todos os meus sentidos aguçados o tempo todo. Isso me auxilia em minha profissão.

— Você poderia escrever um livro a respeito de nossa família. Talvez uma tragédia grega em terras brasileiras. Dramas não nos faltam! Lucille, posso dormir aqui hoje?

— Esta casa é sua, meu querido! Seu quarto será preparado. Enquanto isso, aprecie nossa companhia. Já estávamos na sobremesa. Rosa, peça para prepararem o quarto.

— Sabe que não gosto de vir sem avisar antes. Particularmente, não quero ficar sozinho hoje. Mas não quero falar sobre isso. Quer que eu conte o que Philipe aprontou desta vez, Lucille? Ele tem se superado... — e contou as últimas ações do filho.

— Sophie, aos poucos compreenderá todos os eventos desta complexa família. Há muito desisti de chorar a cada problema, cada drama, cada tragédia. Parece existir uma maldição sobre nós; já me conscientizei disso e procuro não me submeter às energias inferiores que nos perseguem, cobrando-nos ações a todo instante. Procuro olhar a vida com confiança e serenidade, afinal, nada acontece por acaso. Se precisamos passar por tantas vicissitudes, existe um aprendizado a ser realizado. Essa constatação me impulsiona a seguir em frente. É o que me resta! Perdoe Gilles, minha jovem. Nem sempre ele é essa companhia grosseira tal qual presenciou hoje — e sorriu levantando-se da mesa. — Vamos tomar um café na varanda e apreciar a majestosa noite. — Gilles pegou o braço da senhora e conduziu-a para fora, com Sophie a acompanhá-los.

A lua, imponente no céu, derramava seus raios magnéticos desenhando sombras nas paredes, preenchendo todo local com uma energia intensa.

— É noite de lua cheia — proferiu Lucille, sentindo todo o magnetismo que dela emanava.

— Sim, Lucille — disse Gilles, com uma sombra no olhar. Mistérios ocultos, reminiscências do passado afloraram com toda a sua força.

– A visão material parece não lhe fazer falta alguma, Lucille. Suas percepções, por si sós, já fazem toda a leitura do que ocorre ao seu redor. – Sophie estava curiosa.

– A vida nos ensina a superar nossas deficiências, despertando talentos ocultos que sequer imaginamos possuir. Feche os olhos e procure imaginar seus sentidos comprometidos, em especial a visão. Depois, estabeleça a conexão com essa energia que se encontra presente, preenchendo cada espaço deste local. Aos poucos, perceberá que existe algo mais, no início quase imperceptível, mas que gradativamente verá que é capaz de controlar. Aprendi a ver com outros sentidos além daqueles de que meu corpo físico antes era detentor. É possível sentir as energias provenientes da natureza, em especial quando a lua exerce todo o seu esplendor. Espero que não me julgue uma pessoa insana – e deu uma risada leve e contagiante.

– Jamais! Você e Berthe são muito parecidas – e seu olhar distanciou-se por instantes.

– Tivemos a mesma criação, Sophie. Papai foi uma pessoa especial e fez um belíssimo trabalho com as filhas. Partiu cedo demais, infelizmente.

Gilles ia fazer um comentário, mas Lucille disse simplesmente:

– Cautela e bom senso, Gilles. Não ouse proferir algo que jamais se comprovou sua veracidade. Muitos já sofreram com isso, meu filho. Deixemos no passado! Pensemos que estamos tendo uma nova chance de refazer os caminhos equivocados de outrora. Quantas mentiras não foram perpetuadas? Quantos equívocos e erros de julgamento? A verdade é soberana e todos com ela se defrontarão, cedo ou tarde.

A jovem absorvia cada palavra, mesmo que incompreensível. Quantos mistérios lá ocultos!

Gilles tomou o café em silêncio, refletindo nas sábias palavras da tia. Em seguida, beijou-a carinhosamente e, estendendo a mão para Sophie, disse:

– Estou muito cansado. Vou deixar as meninas sem minha presença. Boa noite! E, mais uma vez, perdoe-me se fui deselegante. Você faz parte desta família e espero, apenas, que a maldição que esta casa abriga não a atinja.

– Pare com isso, Gilles. Vai assustar Sophie! Não o leve a sério, minha jovem. A casa não é responsável pelos atos de cada habitante que por aqui viveu. Vá dormir, Gilles, e procure descansar. Sua primeira tarefa amanhã será encontrar Philipe e trazê-lo até aqui. Sem críticas ou julgamentos, assim espero. Controle suas emoções!

– Prometo que vou tentar... – e saiu sem muita convicção de que conseguiria assim proceder.

As duas mulheres observaram Gilles se afastar, e Sophie foi a primeira a quebrar o silêncio:

– Gilles é filho de Celine?

– Sim, assim como Fabrice e Camille. Eu os criei quando Celine nos deixou. Berthe contou-lhe as circunstâncias? – e seu olhar se entristeceu.

– Contou-me apenas que ela morreu muito jovem, deixando os filhos ainda crianças. Disse que você os acolheu como seus próprios filhos, o que a deixou mais tranquila. Distante que estava, impossibilitada de voltar, isso foi o que a tranquilizou. Apenas isso!

– Foi uma sucessão de eventos que culminou neste trágico desfecho. Não poderia me esquivar das responsabilidades que surgiram. Era minha irmã! Papai morreu de forma súbita, deixando-nos entregues à própria dor. Em seguida, a fuga de Berthe, para consolidar o quadro funesto que se apresentava. Em poucos meses, nossa vida se transformou em um caos, com emoções em desalinho, com todos os compromissos profissionais inerentes e sem um pulso firme para gerir tudo. Confiamos em pessoas erradas, tenho que admitir, mas não sabíamos como proceder. O marido de Celine, Augusto, então braço direito de papai nos negócios, assumiu o controle e a gestão de todo o patrimônio. O que poucos sabiam é que ele acumulava dívidas de jogo e que tinha uma vida dupla. Celine sempre foi uma mulher doce e frágil, dependente emocionalmente de papai e depois do marido que a esposou. Imersa em seu mundo fictício e desprovido de problemas, custou a admitir o que estava visível a todos os que nos rodeavam. Alberto, nesse ínterim, marido de Berthe, aliou-se a Augusto, e ambos deram início ao golpe, cuja pretensão era se apoderar de todos os nossos bens. Como ninguém está definitivamente só nesta existência, e todos, sem exceção, possuem anjos de guarda a lhes proteger, eis que um antigo e leal funcionário de papai me procurou, relatando a fatídica situação que se apresentava. Disse, com todas as letras, que algo terrível aconteceria se nada fizéssemos. Nessa época, eu era muito jovem, acabara de fazer dezoito anos e pouco entendia de negócios. O restante da família, e aos poucos vai conhecer cada personagem dessa lamentável ocasião, apenas se contentavam em gastar o dinheiro que nossos antepassados tanto empenho e trabalho tiveram em adquirir. Enfim, precisei assumir os negócios, com a orientação desse fiel empregado de papai. Descobrimos que o rombo havia sido muito maior que o previsto e tivemos que afastar Augusto definitivamente dos negócios. Ele, furioso com minha decisão, desviou toda a fúria para Celine, desprezando-a e colocando-a em situação de extremo constrangimento perante a sociedade local. Para encurtar a situação, ele a deixou após um soberbo acordo que tivemos que oferecer para que ele se distanciasse das empresas. Minha irmã jamais aceitou esse fato e passou a definhar, literalmente. Toda a doçura e fragilidade abriram espaço para uma derrocada ladeira abaixo. Em poucos meses, ela adoeceu gravemente e nada fez para que esse quadro se alterasse, morrendo um pouco a cada dia. Nem os filhos foram capazes de elevar seu padrão emocional, fechando-se em seu mundo sombrio e infeliz. Não posso afirmar que ela cometeu suicídio, porém qual nome damos quando alguém desiste de viver? Celine partiu quando tinha apenas vinte e seis anos, deixando filhos com seis, quatro e dois anos, respectivamente. Uma nova tragédia abatia-se sobre nossa família, uma das muitas ao longo de nossa história desde que aqui chegamos. As crianças não tinham mais uma mãe, o pai as desprezava e as relegou ao abandono, fazendo com que eu assumisse a guarda delas e cuidasse deles como meus filhos. Gilles pouco se recorda da mãe; ele tinha apenas quatro anos quando tudo isso ocorreu. Não é de todo mal, Sophie, posso assegurar, afinal, eu o criei conforme meu pai assim fez comigo e minhas irmãs.

A jovem ouvia atentamente o relato, que a avó fizera questão de ocultar. Entendia Berthe, pois, se tomasse conhecimento de todos esses trágicos incidentes, talvez recuasse em sua visita ao Brasil. A avó a conhecia tão bem! A narrativa a deixara tensa, como se sentisse todas as emoções de forma plena. Parecia que lá estivera, mais de cinquenta anos atrás! Como isso seria possível? Sentiu a angústia dominá-la, o que não passou despercebido a Lucille, que encerrou o relato.

— Creio que foram histórias demais para nossa primeira noite. Não quero assustá-la, Sophie. Nossa família guarda muitos segredos e pretendo contá-los todos a você. Mas por hoje é suficiente.

— Você foi feliz fazendo essa escolha? — perguntou de súbito.

— Que escolha? — Ela se surpreendeu com a pergunta. A jovem era uma jornalista, não tinha dúvidas.

— Abrir mão de sua vida e cuidar dos filhos que não lhe pertenciam.

— A vida assim me solicitou, e não poderia recusar, Sophie. São escolhas inevitáveis que temos de realizar. Minha vida tornou-se a vida deles — disse enfática.

— Mas não me respondeu à pergunta — ela insistiu.

— Sim, fui feliz! — A mesma sombra que vira em Gilles pairou em seu olhar. Decidiu encerrar o assunto e não mais questioná-la.

– Vamos, Lucille, eu a acompanho até seu quarto. Foi uma noite memorável. Só tenho a lhe agradecer o carinho – e a abraçou ternamente.

– Você é um novo presente que a vida me oferece. Só tenho a agradecer também. Vamos?

As duas seguiram para seus aposentos, cada uma levando questionamentos e dúvidas...

Sophie custou a adormecer, analisando tudo o que acabara de conhecer. Aquela casa abrigava inúmeros segredos e iria descobri-los todos. Estava ansiosa para desvendar os mistérios ocultos que, certamente, lá se escondiam. Como Berthe pudera abrir mão de tudo aquilo? O que realmente lhe importava? Lembrou-se das palavras da avó:

– Precisava preservar a paz da minha consciência. Sei o que fiz e não me arrependo um dia sequer das minhas escolhas. Foi o alto preço que paguei pela minha integridade!

O que mais acontecera e ela não lhe relatara? Sentia por todos os poros que existia algo mais. E iria descobrir! Olhou em derredor e viu a luz da lua adentrando pela janela, iluminando uma prateleira repleta de livros. Levantou-se e passou a olhar os títulos, constatando que lá existiam obras raras, que muitos colecionadores invejariam. Pegou um e se surpreendeu com o exemplar. Um pequeno tesouro, diria Berthe, em francês. Sorriu, recordando-se dela e de toda a vida a ela dedicada. Na verdade, as irmãs eram muito parecidas em seus ideais. Cada uma, a seu modo, dedicara-se a cuidar de filhos que não lhes pertenciam, mas que a vida assim determinara. Amava Berthe como se fosse sua mãe. Gilles seria como ela?

O cansaço a dominou e deitou-se na confortável cama. Adormeceu em instantes, e sua noite foi repleta de sonhos estranhos. Teve a impressão de que ouviu muito barulho durante a madrugada, vozes alteradas, porém tudo parecia tão distante...

Em suas lembranças, novamente a cena de correr pelos corredores da mansão e se esconder com receio de alguém que não conseguiu visualizar. Acordou sobressaltada e, nesse momento, ouviu as vozes que sobressaíam em meio ao silêncio reinante. Teve a impressão de que ouvira Madalena pedir que se calassem, e tudo retornou à paz. Cansada, adormeceu novamente, até despertar com a luz do sol invadindo todo o quarto. Mais um dia ensolarado e quente, pensou. Será que se acostumaria a esse clima? Olhou o relógio e viu que ainda era cedo; passava pouco das oito horas, mas decidiu se levantar. Gostava de aproveitar todas as horas do dia, e não seria diferente naquela terra estranha.

Encontrou Rosa no corredor e a cumprimentou gentilmente. A serviçal sorriu e disse:

— Espero que tenha dormido bem em sua primeira noite.

— Sim, apesar de ter ouvido vozes alteradas. Entretanto, não sei se foi sonho...

— Deve ter ouvido Gilles e Philipe. Os dois andam às turras. O jovem chegou bem alterado, fazendo muito barulho. O pai apenas o conteve. — Sophie percebeu que a jovem gostava de conversar e sorriu intimamente, imaginando quantas coisas ela não deveria conhecer.

— E Lucille?

— Ela chamou Madalena e pediu que cuidasse de tudo. Minha tia é quem resolve esses problemas. Todos a respeitam e, quando ela fala firme...

— Já entendi... — brincou Sophie, compreendendo que as duas mulheres mantinham a ordem naquele palacete a todo custo. — Minha tia já acordou?

— Há muito tempo. E já fez seu passeio matinal. Ela a aguarda para o café.

Sophie sorriu e agradeceu, descendo rapidamente as escadas.

— Bom dia, Sophie. Espero que sua primeira noite tenha sido agradável, apesar do ocorrido. Sinto muito! Algumas arestas precisam ser aparadas, e conto com a destreza de Gilles. É inconcebível que determinadas condutas ainda ocorram — e seu olhar se entristeceu, o que não passou despercebido à jovem, que optou pela discrição, sem prolongar o assunto.

– Foi uma noite interessante, assim como tem sido desde que aqui cheguei. Impressionante a coleção de livros raros que se encontra em meu quarto. Jamais vi tantos exemplares juntos!

– Sabia que iria apreciar, por isso solicitei a Madalena que a colocasse lá. Como jornalista que é, sabe valorizar uma obra de arte. Temos uma biblioteca que abriga muito mais. Terá tempo para conhecer tudo. Essa casa tem uma longa história e sei que você irá se surpreender com ela. Venha, tomemos nosso café.

Madalena surgiu na sala com ares de preocupação e se dirigiu a Lucille:

– Philipe disse que não ficará no mesmo teto que o pai. Os dois não conseguiram trocar duas palavras sensatas. Gilles o espera na biblioteca e afirmou que não sairá daqui até conversar com o filho. O que fazemos? A situação está incontrolável, minha amiga.

– Isso não pode permanecer desse jeito. Sophie, tome seu café. Nós nos encontraremos mais tarde; tenho pendências a resolver. – No exato instante, um jovem desceu as escadas intempestivamente e ia falar algo, quando viu a jovem desconhecida sentada à mesa. Olhou para a tia com um ar surpreso e se retraiu.

– Antes de mais nada, a educação prevalece. Philipe, esta é Sophie, neta de minha irmã Berthe. Ela veio nos conhecer e espero que seja cortês com ela. – O jovem estava confuso, sem nada compreender, e apenas fitou com curiosidade a jovem à sua frente.

– Sua irmã que morou a vida inteira na França? Que jamais voltou, sabem-se lá os motivos? Ela não havia sido deserdada? O que ela pretende vindo aqui? – Seu olhar gélido passou a incomodar Sophie.

Lucille, por sua vez, levantou-se de ímpeto e disse com energia:

— Cale-se, Philipe! Vou começar a acreditar que seu pai tem razão. Você está em completo desequilíbrio e, nessas condições, sugiro que tire algumas semanas de férias, pois só vai comprometer os negócios assim. Com relação ao patrimônio da família, gostaria de lhe dizer que Berthe abriu mão de usufruir dos bens durante toda a sua vida; nenhum de nós agiu com o intuito de tirar dela os direitos adquiridos, já que ela é uma Busson e jamais deixou de sê-lo, mesmo que já tenha nos deixado. E esse assunto não está em pauta, muito menos lhe concerne, pois que eu saiba ainda sou eu quem responde. Ou estou equivocada? — o silêncio se instalou entre todos.

Philipe se parecia com o pai, assim Sophie percebeu. Ainda era jovem, de olhar rebelde e inquisidor. Tinha os mesmos olhos verdes que sua avó e se parecia com ela, o que a fez olhá-lo com carinho, apesar da rispidez com que se dirigira a ela. Sentiu tanta dor naquele olhar, que relevou sua atitude impulsiva e inapropriada. O jovem fechou os olhos incessantes vezes, como se algo o incomodasse. Madalena, em questão de instantes, trouxe-lhe um copo com água acompanhado de um remédio.

— Tome, meu jovem. Isso vai amenizar sua dor de cabeça — e entregou a Philipe, que lhe direcionou um olhar repleto de carinho.

— Agradeço, Madalena, não sei o que faria sem você.

— Pois eu já sei — e ela saiu da sala antes que falasse algo que não devesse. Ele era seu preferido — o caçula, o que menos atenção tivera da mãe, o mais criticado, o mais frágil dos irmãos. E ainda aquilo foi acontecer! Como esperar que ele se recuperasse algum dia?

— Sophie, não faça um julgamento precipitado de nossa família, apesar de que entenderia se assim procedesse. Depois conversamos, minha jovem. Agora tenho algo a resolver. — Philipe ia falar algo, mas ela o puxou de lá, levando-o até a biblioteca.

# CAPÍTULO 4

# FATALIDADE

Lucille, pai e filho permaneceram fechados na biblioteca por mais de meia hora. Quando a porta se abriu, Gilles foi o primeiro a deixar o aposento. Estava sério, como de costume, porém suas feições pareciam mais descontraídas. Acenou para Sophie com um sorriso vitorioso e saiu da mansão. Philipe saiu de cabeça baixa, pegou sua maleta, beijou Lucille e saiu. Ao passar pela sala de refeições, esboçou o que mais próximo seria de um sorriso, direcionado a Sophie, que se enterneceu com o jovem. Havia algo nele que a sensibilizava, tinha de admitir.

— Desculpe, prima. Prometo causar melhor impressão no nosso próximo encontro. Voltarei assim que puder. Posso ser seu guia no final de semana, apenas. No restante da semana estou sob cárcere privado, impedido sequer de passar perto de um bar — disse ele, finalizando com um sorriso encantador. Philipe era um jovem atraente e cativante, pensou a jovem. Teria de se cuidar.

A tia caminhava logo atrás e pôde ouvir as reclamações do jovem e não pode deixar de sorrir também.

— Sophie, não se fie nas palavras deste jovem. Ele não está em uma fase propícia, e espero que volte ao normal. Por mais difícil que assim seja — e uma sombra pairou em seu olhar. — Gilles e ele não estão em um bom momento, nem profissional, nem emocional. Porém, ambos precisam conversar civilizadamente ao invés de se agredirem feito animais. Não tolero violência em qualquer âmbito. Sou adepta da paz e de condutas apropriadas que a ela conduzam. O pai está preocupado com as ações de Philipe, que nas últimas semanas tem se mostrado contrárias ao que sempre o conduziu. Ele é peça importante nos negócios e não pode agir de forma leviana com nossos clientes. Ameacei tirá-lo do comando de algumas operações e senti que isso o perturbou. Espero que a orientação tenha sido absorvida inte-gralmente. Cárcere privado, assim ele disse. Exatamente isso, até que suas condutas sejam coerentes com o cargo que ocupa.

— O que ele tem feito de tão grave que possa comprometer significativamente os negócios?

— Muita bebida e diversão desequilibrada. Temos um nome a zelar, apesar de tudo! Essas atitudes têm acompanhado seu dia a dia. Ele chegou a perder sérios compromissos profissionais em função desse comportamento. Isso é inadmissível, você há de convir!

Madalena estava por perto e não se conteve:

— Lucille, tenha paciência com ele. Sabe de tudo por que ele passou! Não acha que está sendo rigorosa ao extremo? Ou ainda o julga responsável pelo que aconteceu? — Ela encarava fixamente Lucille, e esta, como se enxergasse tal acusação, virou o rosto.

— Eu jamais o culpei de algo. Foi uma fatalidade! Isso não deveria ter acontecido com eles. — Ela torcia as mãos, deixando Sophie curiosa em conhecer a tal história.

— Infelizmente, a culpa o acompanha. Todas essas ações equi-vocadas nada mais são do que uma forma de fugir à verdade.

Ele se sente responsável pelo que aconteceu e, por mais que tente esquecer, ninguém permite isso, relembrando-o a todo instante. Gilles é um dos que costumam apontar seu erro, como se ele fosse isento de cometer equívocos. "Quem não tem pecado que atire a primeira pedra", assim orientou o Mestre dos Mestres. Infelizmente, vivemos em um mundo onde todos se acham no direito de julgar, condenar e punir. Sabe o que penso acerca disso. Philipe precisa de apoio, e não de acusações constantes. Como ele irá superar o que aconteceu? Você deveria ser sua aliada, mas Gilles sempre consegue convencê-la de que lado deve permanecer. – O tom crítico da serviçal mostrava que ela participava ativamente das decisões de Lucille. Ela era parte integrante da família, Sophie agora confirmara.

– Não fale assim, Madalena. Gilles é de minha extrema confiança e tenho que ouvi-lo, pois sempre se fundamenta em seus discursos, ao contrário de Philipe, que precisa amadurecer, pois a vida assim está lhe solicitando. Preciso ser enérgica com ele, caso contrário, vai se escorar sempre em sua fragilidade. Sabe que não o culpo por nada do que aconteceu. Porém, ele precisa provar a si mesmo que é forte o suficiente para superar os obstáculos do caminho. Não tive eu que superar tantos em minha vida? Você, Berthe, Gilles, todos nós não tivemos que seguir em frente? Se sentar e chorar resolvesse os entraves, assim o faria. Mas sabemos que isso não apressa a solução dos problemas, apenas compromete os resultados. Não fique triste comigo, minha amiga. Sabe que respeito demais suas opiniões e, se isso a tranquiliza, vou tentar agir diferente com Philipe, lembrando-o de que, acima de tudo, sempre estarei a seu lado – e estendeu suas mãos, que rapidamente foram tocadas por Madalena, que a abraçou afetuosamente.

– Eu sei, minha querida. Perdoe-me se fui ríspida em excesso. Agora, por favor, comece a contar essa história a Sophie, que parece um tanto quanto perdida – e sorriu.

— Venha, minha querida. Madalena tem razão. Faz parte desta complicada família e merece conhecer a verdade. Já tomou seu café? Vamos dar um passeio?

— Sim, vamos, antes que minha cabeça entre em total disfunção.

As duas caminharam vagarosamente pelo imenso jardim que rodeava a mansão. Era um lugar encantador, talhado por mãos hábeis e criativas. Sentaram-se em um banco confortável, com uma sombra acolhedora a refrescá-las.

— Gostaria de contar-lhe histórias com finais felizes, porém esse não é o atributo desta família. Infelizmente, desde que aqui chegamos, os dramas nos perseguem. Este é mais um deles. Philipe tem um irmão mais velho, Hector, que escolheu a medicina para sua profissão. Os dois irmãos sempre se deram muito bem, sem nada que perturbasse esse relacionamento fraterno. Hector casou-se com uma mulher maravilhosa, Diana, também médica. Conheceram-se na faculdade e jamais se deixaram. Era um lindo amor. Assim que se graduaram, decidiram se casar. E foram muito felizes! Diana engravidou dois anos depois e estava de cinco meses de gestação quando uma tragédia ocorreu. Uma fatalidade inexplicável aos nossos olhos, mas certamente não aos de Deus: um acidente fatal para Diana e seu bebê.

Lucille respirou fundo, e algumas lágrimas assomaram-lhe aos olhos. Fez uma pausa e continuou:

— Philipe foi a uma reunião em uma cidade próxima e, ao voltar, teve problemas com o carro. Ligou para casa, e Diana atendeu o telefonema. Era uma mulher adorável e sempre pronta a auxiliar. Disse a Philipe que ela mesma iria buscá-lo, pois precisava visitar um paciente na pequena cidade onde ele se encontrava. Se pudéssemos ter uma bola de cristal que nos alertasse quanto às nossas condutas, que visse risco onde todos somente viam casualidade... Enfim, Diana foi buscar o cunhado, porém não mais voltou. No caminho de volta, uma tempestade assolou a região, e um motorista desavisado jogou o carro em direção ao deles. Ambos ficaram feridos gravemente e foram conduzidos ao hospital onde Hector lá se encontrava. Philipe tinha ferimentos no tórax e foi levado imediatamente à cirurgia. Diana chegou consciente, com fortes dores abdominais, sendo atendida pelo próprio esposo. Quando tudo parecia resolvido, Diana teve uma parada cardíaca; tentaram reanimá-la, mas nada surtiu efeito. Tentaram salvar a criança, mas também não foi possível, e o saldo final foram duas mortes: as duas pessoas que Hector mais amou neste mundo. Ele procurou entender o que ambos faziam juntos naquela estrada e, quando isso foi esclarecido, toda a ira, toda a revolta foram direcionadas ao irmão, que julgou ser o único responsável pelo acidente fatal. Não me questione se Hector está certo em seu julgamento, pois não estou em seu lugar e não posso, por isso, abalizar a situação. Sei que, desde então, ele jamais retornou ao hospital e se nega a exercer a medicina, a mesma que tanto amava. Ele hoje vive recluso na mesma casa em que viveu seus momentos mais felizes, o que deve ser uma tortura eterna. Não sai de lá, não recebe visitas, não fala com ninguém. Gilles tentou tudo a seu alcance para que ele viesse morar aqui com sua família, mas foi em vão. Philipe, por sua vez, sente-se responsável pela tragédia e não se perdoa por ter permitido que Diana fosse buscá-lo. Foi uma fatalidade, porém como fazer ambos entenderem e se perdoarem? Philipe tentou falar com o irmão inúmeras vezes nestes seis meses, mas Hector não permite. Eu sei que estão sofrendo em demasia, no entanto, não sei como resolver essa intrincada questão!

Sophie sentiu uma angústia inexplicável. Era como se conhecesse todos há muito tempo, solidarizando-se com o sofrimento que se abatera sobre aquela família. A emoção também lhe assomou aos olhos, e controlou as lágrimas, que insistiam em cair.

— Lucille, ninguém é responsável por esse acidente cruel. É doloroso, é revoltante, porém não podemos olhar esse evento como sendo de responsabilidade de Philipe. Foi uma fatalidade! Hector irá compreender, cedo ou tarde. Ele não pode atribuir ao irmão essa culpa. Minha avó dizia que alguns eventos estão fadados a acontecer, independentemente de nossa vontade. E precisamos ser fortes para suportar os reveses da vida, caso contrário, ela terá sido em vão. E olha que, de problemas e dificuldades, Berthe foi mestra. Mas jamais sucumbiu e assim me ensinou a agir: com coragem, determinação e aceitação. Você não é diferente dela, Lucille. E sei que deve ter passado isso a eles, mas sabemos que cada ser é único e agirá conforme sabe. Por mais que tenha ensinado a eles, a lição só é aprendida quando passamos por ela, vivenciando cada etapa do problema. Talvez seja isso que Hector esteja fazendo: vivendo toda a sua dor, para depois encerrar essa fase e seguir em frente. Confie nisso! O mesmo deve acontecer com Philipe, que precisa entender qual é a sua responsabilidade nesse contexto. Ele não pode sentir-se o algoz, tampouco a vítima. Deve encarar com maturidade a situação e deixar a dor fluir até desaparecer pouco a pouco. Só assim ele se sentirá livre para seguir em frente. Onde Diana estiver, tenho certeza de que não culpa nenhum dos dois. – Ao dizer isso, sentiu a emoção se instalar e deixou as lágrimas fluírem.

Lucille sentiu também essa emoção e a abraçou com ternura. Assim permaneceram...

O que nenhuma das duas podia divisar era a entidade luminosa que lá se encontrava, envolvendo-as em sua luz:

– Eles precisam entender que não existem responsáveis em tudo o que ocorreu, apenas a concretização de uma programação. Estamos bem e em paz! Que isso chegue até eles, eu lhes peço, minhas amigas diletas. Confio em vocês! – Abraçou-as e partiu, deixando um rastro de luz sobre o local.

Sophie sentiu uma energia diferente ao lado delas e olhou em derredor.

— Senti o mesmo que você, querida. Como se alguém aqui estivesse e quisesse nos dizer algo — disse Lucille, com o olhar sereno.

— Desde que cheguei a esta casa tenho sentido coisas estranhas — confessou a jovem. — Sinto-me diferente, com meus sentidos mais aguçados. Algo novo, devo admitir.

— Não se assuste com isso. Esta casa provoca tais sensações inusitadas. Bem, já comecei a contar algumas histórias desta complexa família. Gostaria de ajudar meus sobrinhos, mas sinto-me impotente. Desejo que a paz habite novamente seus corações, mas para tanto faz-se necessária uma mudança de postura. E creio que o tempo deles ainda não chegou. Gostaria que conhecesse Hector e tentasse ajudá-lo. Podemos visitá-lo ao longo da semana, o que acha? — Sentiu uma esperança nova brotar.

— Não seria muito invasivo? Ele sequer me conhece. — Sophie estava relutante.

— Um bom motivo para apresentá-los. Você faz parte de nossa família, minha querida. Quanto a Philipe, você o verá mais vezes, afinal, uma das imposições é que ele venha dormir aqui todas as noites. Vai gostar dele! Sempre foi um jovem feliz, que espalhava alegria por onde passasse. Esse tempo há de voltar! Enquanto isso, contente-se com seu jeito sarcástico e esse humor ácido, que é o que o acompanha nestes últimos meses.

— Parece um bom garoto. Um pouco torturado em função dos acontecimentos, mas creio que logo irá seguir em frente, deixando essas emoções inferiores para trás. Posso fazer uma pergunta pessoal?

— Claro, Sophie.

— Onde está a mãe dos dois? Em momento algum você se referiu a ela. Tampouco Gilles. Onde ela se situa nesse conturbado momento?

— No mesmo lugar em que sempre se situou: distante deles. Mariane jamais se importou com nenhum deles, nem esposo, nem filhos. Seu papel foi apenas o de reprodutora, com o perdão da palavra. Ela apenas deu à luz os filhos e depois se desconectou emocionalmente deles. Deve estar morando hoje em Munique, ao lado do último marido. Envia postais no Natal e no meu aniversário. Espero que continue por lá; sua presença é desnecessária. Perdoe minha frieza, mas ela assim merece. Deixou Gilles com ambos ainda pequenos, para viver a vida, assim ela nos comunicou. A vida de esposa e mãe era muito enfadonha! Ela merecia muito mais! Era de uma família muito abastada e não levou um tostão sequer de nosso patrimônio. No início, fiquei penalizada por Gilles, pois ele a amava. Com o passar dos anos, porém, ele próprio percebeu que ela lhe fizera um imenso favor, retirando-se de cena. Não veio sequer para a formatura dos filhos, tampouco para o casamento de Hector. Se não tinha interesse algum por eles, nem nos demos o trabalho de lhe comunicar sobre a morte de Diana. O que ela acrescentaria? É uma verdadeira estranha para os filhos. Gilles superou isso há alguns anos e novamente cometeu o mesmo equívoco, unindo-se a uma mulher com a mesma índole da primeira. Já lhe disse que ele não sabe escolher uma esposa? Esta última, infelizmente, tivemos que lhe dar uma boa mesada. Mora no Rio de Janeiro, bem distante daqui.

– Lucille, creio que você deveria tê-lo ensinado melhor sobre as mulheres. – A jovem já estava se divertindo com o relato da senhora, que definitivamente não tinha freios na língua.

– Infelizmente, tenho que concordar com você. Se ele ainda se esforçasse para encontrar uma esposa da mesma estirpe que as Busson, creio que seria mais feliz. Entretanto, ele apenas valoriza a superfície, o que o faz cometer seguidos equívocos, realizando escolhas inadequadas. Não está em nenhum relacionamento sério no momento, ou eu já saberia. Creio que está mais cauteloso depois do último. – Ela abriu um sorriso contagiante.

– Você é incrível, Lucille. Definitivamente, a ausência da visão não lhe faz falta alguma.

– Faz sim, minha jovem. Mas tentei compensar esse fato com os outros sentidos ao longo de minha existência. Não pretendo ser infeliz! Isso eu decidi quando era ainda muito jovem. E tenho cumprido meus desígnios. Percebe quantos dramas estão ocultos sob a aparência da dignidade e retidão? Muitos nos invejam, e quantos não desejariam ter a nossa vida? Desconhecem o que se passa em segredo. Se soubessem parte do que aqui vivenciamos, certamente que não gostariam de estar em nosso lugar nem um dia sequer. Gilles é um homem cobiçado por muitas mulheres, o que ele aprecia em demasia. Isso, entretanto, compromete seu poder de avaliação sobre a pretensão delas. Já o alertei, porém, como Busson que é, a teimosia ainda impera.

– Ele ainda não encontrou sua alma gêmea, se é que ela existe – e seu olhar se perdeu no infinito. Sempre se questionara se algum dia encontraria aquele que a faria feliz por toda a existência. Até então foram apenas romances passageiros, sem muita pretensão a que se aprofundassem. Jamais se conectou emocionalmente com alguém. Berthe dizia que isso aconteceria no tempo certo, mas ela tinha tantas dúvidas! Queria ter um companheiro que lhe acompanhasse os passos, que estivesse ao seu lado em qualquer situação, que a amasse com paixão! Isso aconteceria algum dia? Tinha suas dúvidas...

– Não sei se existe alma gêmea, mas devem existir relacionamentos duradouros, em que ambos se respeitem, se completem. Você encontrará o seu! – e deu um sorriso matreiro.

– Está profetizando, Lucille? – perguntou ela, curiosa.

– Quem sabe? Ou alguém soprou em meu ouvido? Quem poderá afirmar? Você é uma jovem linda, inteligente, dotada de tantos atributos! Por que a dúvida?

– Não sei; sinto que o amor talvez não tenha sido feito para mim. Não sei...

– Não diga bobagem, Sophie. Você mal começou a viver. Terá uma vida longa, se é o que quer saber. E será muito feliz! – disse com um lindo sorriso.

– Você lembra tanto a minha avó! Sinto tantas saudades dela! Ela me pediu que não chorasse por ela, e assim tenho tentado fazer. Mas estar aqui com você tem despertado emoções que jamais vivenciei antes. Quero agradecer a confiança que tem depositado em mim, contando tantas histórias. Você é uma mulher maravilhosa, assim como Berthe me descreveu. Ela a amava tanto! – e seus olhos ficaram marejados.

– Eu também a amava! Nem o tempo, nem a distância permitiram que nos desconectássemos uma da outra. Já vivemos outras histórias, em outros momentos. Não sei se acredita no que vou dizer, mas sinto que já estivemos juntas em vidas anteriores, Berthe e eu. Acredito na reencarnação e que aqui é o local apropriado para refazermos caminhos equivocados de outrora. Já erramos tanto, minha jovem! Talvez essa seja a única certeza: a nossa imperfeição. Renascemos com propostas de reescrever nossas histórias, tentando corrigir os delitos cometidos no passado. Nossas vidas estão entrelaçadas, por isso sentimos afeição ou desamor uns pelos outros. Quitar débitos é nossa proposta. Porém, quando aqui chegamos, ao sabor das emoções e das tentações que fatalmente nos visitam, desviamo-nos de nossos propósitos, e a chance de errar, novamente, é o que nos assombra. Esta casa abriga energias de diversos matizes, pois tudo o que aqui foi vivido, aqui se mantém. Sinto como se ela fosse algo vivo e dinâmico. Estas paredes suntuosas escondem segredos, dramas, que irradiam a todo instante. Você mesma acabou de afirmar que desde que aqui chegou, tem sentido emoções estranhas. Quem pode afirmar que você já não viveu outro personagem no passado? E que, ao contato com essas energias, sentimentos brotem com toda a intensidade, fazendo-a relembrar a que veio? Assim ocorre, Sophie. Estamos aqui com uma nova proposta, procurando desfazer os nós que nos impedem de seguir em frente. É como se nos sentíssemos aprisionados por correntes poderosas, que nos conectam uns aos outros, tentando nos lembrar dos propósitos desta nova oportunidade encarnatória. Perdi a visão tão jovem, e de maneira inexplicável. O que devo entender com essa fatalidade? Que Deus deseja me punir? Ou que ele quer me ensinar uma lição, a qual desprezei em outro momento? Vou me revoltar? Ou procurar entender que a ausência da visão me proporcionou uma nova oportunidade de aprendizado? É uma questão de escolha. Escolhas sábias que precisamos empreender para não sucumbir ao sofrimento. Aceitação! Uma palavra difícil de executar na prática, porém, sem ela, como enfrentar as vicissitudes do caminho? – Lucille estava envolta em uma luz sutil. A seu lado encontravam-se companheiros do mundo espiritual que a cobriam de energias reconfortantes. Ela própria percebeu com seus sentidos espirituais e sorriu. – Sei que jamais estarei só nesta vida, e eles esperam de mim a determinação em seguir em frente.

Sophie sentiu-se tão em paz, como há muito não experimentava. Não era só uma viagem para o outro lado do mundo que ela empreendera. Mais do que isso, era um encontro com a própria essência, adentrando novos caminhos, vivendo novas emoções. Elevou seu pensamento a Berthe e agradeceu-lhe mentalmente por todas as experiências que estava vivendo e que iria ainda viver nessa nova terra. Pegou a mão de Lucille e disse:

– Não sei exatamente se entendo todas as suas palavras, mas quero conhecer mais acerca dessa sua teoria. Sinto que me será gratificante tal descoberta.

– Com todo o prazer, minha querida. Sabia que iria se interessar. Vamos, Madalena nos preparou um refresco – e seguiram lentamente pelo jardim.

# CAPÍTULO 5

# SURPRESAS DO CAMINHO

Madalena as recebeu com um sorriso e refrescos.

— Continua atenta como sempre, Lucille — brincou Madalena.

— Você me chamou e aqui estou — retribuiu o sorriso.

— Vocês duas podem me explicar o que está acontecendo? — questionou Sophie.

— Isso se chama telepatia, minha querida. Eu e Madalena estamos tão sintonizadas que basta ela emitir um pensamento em minha direção, que consigo captar. Fazemos isso desde muito jovens, e a afinidade contribuiu para estreitar esses laços. Somos como irmãs — e olhou com gratidão para a serviçal, que retribuiu na mesma medida.

— Interessante! Uma nova lição aprendida. Então é assim que vocês duas se comunicam? — Ela estava curiosa.

— Vai se surpreender com outros eventos, mas não vou perturbá-la ainda mais. Já lhe contei muitas histórias por hoje.

Creio que já conheça alguns membros desta família. Devo confessar que existem histórias menos dramáticas e mais picantes – disse Lucille.

– Estou curiosa para conhecer todas elas! – O clima estava descontraído entre elas.

– No momento certo, Sophie. Agora é sua vez de nos contar o que viveu com Berthe. Tudo o que sabemos foi o que ela nos escreveu nas cartas que nos enviou. Por um longo tempo, ela escolheu permanecer distante de nossas vidas e, por mais que eu insistisse em seu retorno, isso nunca aconteceu. Ela dizia que o período dela no Brasil já se encerrara e que novos caminhos seriam escritos em sua nova pátria, aquela onde tudo se iniciou; e que, um dia, eu iria compreender. Se ela aqui ficasse, poderia colocar em risco toda a programação efetuada. "O amor nos une por toda a eternidade", assim falava. No entanto, talvez fruto de meu egoísmo, preferiria que ela estivesse aqui ao nosso lado. Talvez ela não encontrasse seu caminho iluminado, como ela se referia, se ela aqui permanecesse. Mesmo depois que Alberto morreu, alguns anos mais tarde, ela não mudou de ideia. Dizia que seu lugar era lá, lutando por tudo o que sempre acreditou: a liberdade! Durante a guerra, momento tenso na Europa, eu me perguntava o que ela fazia lá, em um país atingido pela fúria alemã. Anos depois, para meu desespero, ela contou sobre suas ações escusas, auxiliando a Resistência francesa a manter seus domínios. A coragem sempre a acompanhou, temos de convir. Madalena e eu ficamos em choque com as revelações que ela nos fez. Contou-nos sobre Thierry, seu grande amor e companheiro que, infelizmente, pouco tempo viveu, pois a morte o levou ainda tão jovem, deixando-a grávida de Corine. E, depois dele, nenhum homem ocupou seu coração. Jamais entendi! Quando sua mãe engravidou e, em seguida ao seu nascimento, confiou-lhe a Berthe, tive certeza de que ela jamais retornaria para cá. Você passou a ser a prioridade dela, e isso a motivou a seguir em frente. Precisamos de incentivos para não estacionar no caminho. E "você foi o presente mais valioso que a vida lhe deu", dizia com toda a convicção. Que Corine não nos ouça...

— Minha mãe não iria se perturbar com essa declaração. Vocês não a conhecem! Ela fez uma escolha em sua vida e desisti de entender seus motivos de escolher uma carreira, em detrimento da própria filha. Porém, minha avó supriu todas as minhas carências afetivas e foi, em verdade, a mãe que esteve ao meu lado a todo instante. Corine corria o mundo levando conforto, cuidados, afeto, enquanto minha avó oferecia tudo isso a mim. — Seus olhos se entristeceram, mas apenas por alguns instantes. — Desculpe, prometi a Berthe que não choraria por ela. A saudade, entretanto, dói demais...

— Uma pessoa excepcional como Berthe já faz imensa falta ao mundo, imagino como faz a você! — e tentou mudar o assunto em questão. — Ela não escreveu nada para mim? Ou Madalena?

Sophie abriu um radiante sorriso e falou:

— Claro que sim! Esperem um instante — e correu para dentro da casa, voltando logo em seguida com uma caixa na mão.

— Isso lhe pertence, Lucille — e entregou nas mãos da senhora a caixa. — As cartas direcionadas a ambas aí se encontram.

Madalena ajudou Lucille e encontrou algumas fotos e as referidas cartas.

— Ela lhe contou sobre esta caixa? — perguntou Lucille, após tocá-la com delicadeza, sentindo o tempo voltar.

— Sei que cada uma de vocês tem uma semelhante, estou certa?

— Sim, nós mesmas as fizemos, as três irmãs. Guardávamos tudo o que julgássemos importante, e poderia ser até uma pequena pedra, desde que ela tivesse um papel significativo em nossas vidas. — Ela abriu e pegou uma pedra verde, que mais parecia uma esmeralda. — Esta encontramos em uma mina abandonada. Dizíamos que era preciosa e papai até confirmou, deixando que a guardássemos. Nunca soubemos se ele falava a verdade ou não. Ele foi um pai formidável em todos os aspectos. Berthe se parecia muito com ele.

— Minha avó contou-me essa história certa vez. Ela fez muito mistério, dizendo que vocês correram perigo adentrando um local proibido e que Celine quase ficara presa em uma galeria. Eu adorava suas histórias. — A jovem sorriu ao se lembrar do fato.

— Celine quase ficou presa em uma galeria na qual adentrou sem nos avisar. Só ouvimos seus gritos de terror, imaginando-se sozinha naquele lugar. Boas recordações!

— E você, Madalena? Não estava com elas?

— Não, Sophie. Eu precisava ajudar minha mãe nas tarefas domésticas, desde muito jovem. Mas participei de muitas aventuras, não é mesmo, Lucille?

— Minha grande salvadora, tenho que admitir! Você sempre nos tirava das encrencas que Berthe arquitetava. Ela era terrível e inconsequente quando jovem. E papai jamais se colocou como um pai autoritário e inflexível, mesmo que todos o alertassem! Ele também faz muita falta! Bem, chega de emoções por hoje. Já tive minha cota!

— Vamos almoçar daqui a instantes. Não querem se refrescar antes disso? Lucille, eu a acompanho. — Sophie ia se oferecer, mas percebeu que Madalena queria ficar a sós com a tia e decidiu não interferir.

— Posso dar uma volta enquanto isso? — Ela queria conhecer o local.

— Não quer companhia? — perguntou Madalena.

— Vou dar apenas uma volta breve. Não pretendo ir longe, pois posso me perder.

— Vá, Sophie. Nos veremos daqui a meia hora, então! — e as duas mulheres entraram na casa, enquanto a jovem decidia desbravar o terreno.

Ao lado da mansão, percebeu que havia um caminho todo de pedras e decidiu seguir por ele. Ele rodeava a casa e depois seguia adentrando por entre as árvores. Aquela trilha devia dar em algum lugar, pois parecia ser muito percorrida, dado o estado das pedras em que pisava. Alguns metros à frente, Sophie percebeu que a vegetação ficava mais cerrada. Decidiu que continuaria seu passeio. Andou por alguns minutos, quando se deparou com uma antiga construção abandonada. Parecia um galpão velho, e achou estranho o local naquelas condições, tão próximo à mansão luxuosa. O que seria aquilo? Contornou o lugar e viu que a vegetação espessa era sinal de que ninguém o visitava.

Apesar do calor, sentiu calafrios por todo o corpo. Sua vontade era correr dali, mas a curiosidade venceu. Abriu a pequena porta, que dava acesso a uma construção antiga de amplas dimensões. O chão era de terra batida e caminhou lentamente, observando o local com toda a atenção. Não podia imaginar o que aquele lugar abrigaria, mas seus sentidos ficaram em alerta, pressentindo que não havia sido uma boa ideia lá estar. Uma pequena fresta no telhado era a única iluminação, tornando o lugar sombrio e aterrorizante. Viu muitos troncos fincados no solo, algemas de ferro jogadas por todo canto, e presumiu que lá teria sido um local que abrigava escravos. Seu coração acelerou, imaginando o que lá poderia ter ocorrido. Foi quando ouviu algo cair pesadamente ao chão. Assustada, olhou em derredor e não viu nada que pudesse ter causado o barulho. Sentiu-se observada por olhos invisíveis, e isso a apavorou ainda mais. Teria alguém lá? Queria correr dali, mas seus pés pareciam presos ao solo. Um pássaro entrou pela fresta e voou bem próximo ao seu rosto, deixando-a ainda mais aterrorizada. Respirou fundo e saiu do torpor que a invadira, correndo dali o mais rápido que pôde, em estado de completo horror. Nunca sentira tanto medo em sua vida! Procurou se acalmar e voltar pelo mesmo caminho que a conduzira até lá.

O caminho de volta pareceu ser mais longo, e seus pensamentos estavam em total desalinho. Chegou ofegante à casa e foi direto para seu quarto refrescar-se um pouco. Minutos depois já estava instalada à mesa de refeição ao lado de Lucille, que percebeu que algo acontecera à jovem:

— O passeio não foi agradável? Sinto que está querendo dizer algo — disse com toda a calma. Nada escapava a sua percepção aguçada.

— Não é possível lhe esconder nada — disse a jovem, indecisa sobre se deveria contar-lhe ou não.

— Sua respiração está diferente, e sinto certa tensão no ar. O que aconteceu?

— Fui pelo caminho de pedras e cheguei a um antigo galpão. Resolvi entrar, mas sinto que não foi uma escolha acertada. — Ia dizer mais, porém se calou.

— Deveria tê-la avisado, Sophie. Não é um lugar que recomendaria a uma visita, afinal, nada do que você viu lá é digno de um olhar feito o seu. Aquele galpão era um dos que abrigavam os escravos da fazenda, no tempo em que ainda eram tratados com crueldade e falta de dignidade. Infelizmente, o local ainda abriga todas essas emoções conturbadas, energias em desequilíbrio, que causam certa perturbação. Há muito que não vou até lá, aliás, posso contar as vezes que adentrei aquele galpão. Sinto calafrios só de pensar em tudo o que lá se passou. Quando a Lei Áurea foi assinada, todos os escravos foram libertados, no entanto, tudo o que lá foi praticado, toda a violência, maus-tratos, todas as mortes, isso não foi esquecido. Assim como esta casa, que abriga todas as lembranças dos eventos marcantes ocorridos aqui, o mesmo lá se dá. O ambiente traz em seu âmago todas essas emoções, e podemos perceber, com nossos sentidos espirituais, o que dele se irradia. Não deve ter sido uma experiência agradável, Sophie. Peço desculpas, pois poderia ter evitado essa situação. Serei mais cuidadosa daqui para frente.

— Nossa família possuía muitos escravos? — perguntou a jovem, curiosa.

— Era uma mão de obra necessária, assim contam os livros de história. O que foi inconcebível foi o tratamento a eles direcionado por parte dos feitores, empregados que usufruíam de liberdade excessiva para conduzir as plantações. Não posso garantir o que realmente acontecia e se tudo era de conhecimento de nossos antepassados, responsáveis por grande parte do patrimônio conquistado. O que sabemos é o que temos de relatos, alguns registros escritos por parte de alguns integrantes da família, uns lamentando a escravidão, outros compactuando com ela. Temos alguns documentos na biblioteca. Se tiver interesse em conhecer, eu lhe mostro.

— Terei tempo para isso. É um assunto que fere meus princípios, devo admitir. Porém, a curiosidade é maior e gostaria de ver esses documentos. Devem ser uma raridade.

— Certamente. Faço questão de lhe mostrar, quando quiser. Rosa, pode servir a refeição.

— Resolveu o problema que Madalena lhe trouxe? — Depois que falou, percebeu o quanto estava sendo indiscreta e recuou. — Perdoe-me, Lucille, nem sei por que falei isso.

— Você é muito observadora, minha jovem. Realmente, Madalena queria falar comigo. Não tenho segredos, e nada me impede de lhe contar. Ela me contou que esteve com Hector logo cedo e não gostou da aparência dele. Pediu que fosse visitá-lo e decidi que irei vê-lo mais tarde. Gostaria de me acompanhar?

— Será que devo? Não seria invasiva demais minha presença lá? Talvez uma outra hora.

— Do que tem medo? — inquiriu Lucille.

— Não é medo, é precaução. Se ele está em um momento crucial de sua recuperação emocional, talvez não devêssemos perturbar seu reequilíbrio. — Ela estava relutante, sem entender o motivo.

— Faça isso como um favor para mim. Preciso vê-lo, mas não gostaria de ir sozinha.

Sophie ficou pensativa por alguns instantes e disse:

— Eu a acompanharei. Não posso negar-lhe nada.

— No final da tarde iremos fazer-lhe uma visita, então — e o almoço foi servido.

Passava das três horas da tarde quando Madalena avisou-lhe que o motorista as aguardava.

A casa onde Hector morava distava poucos quilômetros da mansão. O caminho percorrido mostrou a Sophie quão bela era a região, praticamente absorvida por plantações. Pôde observar poucas construções esparsas. Após passarem por uma ponte estreita, avistaram uma pequena e graciosa construção, rodeada por um imenso jardim.

— Esta casa foi edificada há muitos anos, a pedido de Gilles, que passava por um momento de isolamento após a separação de Mariane. É uma construção primorosa, com tudo o que ele necessitava. Permiti que assim o fizesse, porém, lamentando sua postura, saindo de cena como se ele fosse o responsável pelo ocorrido. Ele preferiu a solidão e assim permaneceu por alguns meses. Depois, esta casa serviu para abrigar alguns hóspedes que nos visitavam. Há um lago sob essa ponte pela qual passamos e creio que vale a visita. Vamos? — O carro parou em frente à casa e ambas desceram.

Lucille pegou o braço de Sophie, que a conduziu até a porta. A jovem abriu, e ambas adentraram o pequeno *hall* que conduzia para uma ampla sala.

— Hector? Sou eu — disse Lucille em voz alta. Nenhum som se fez presente. Ela insistiu.

Passados alguns instantes, surgiu à frente um homem jovem, de aparência sisuda e hostil, principalmente ao ver a desconhecida ao lado da tia. Sua aparência inspirava compaixão, Sophie teve de admitir. Seus olhares se cruzaram por um rápido momento, e ela sentiu-se estremecer. Aquele olhar era tão familiar, e a dor contida nele era tão pungente, que sentiu-se emocionada. O que aquilo significava? Era como se ele exalasse toda a dor que um ser poderia abrigar em seu coração. Sentiu vontade de correr de lá, sem saber exatamente o motivo. Tudo era confuso! Queria dizer algo, mas nenhuma palavra aliviaria o que ela presenciava. Mas tudo lhe era familiar, tinha de admitir, e isso a deixava insegura e tensa.

Antes que ele balbuciasse alguma palavra, Lucille foi instintivamente em sua direção com os braços abertos, e ele não pôde recusar o abraço. Assim permaneceram por tempo indefinível. Ele sempre encontrava abrigo naquele abraço! Lucille sentiu algumas lágrimas molharem seu rosto, tal a proximidade entre eles, mas nada falou, esperando que ele se pronunciasse. Só depois lembrou-se de Sophie e decidiu fazer as apresentações:

— Desculpe a invasão, meu querido. Quero lhe apresentar Sophie, neta de minha irmã Berthe. Ela veio de Paris para nos conhecer. É uma prima distante, posso assim dizer.

Ele olhou a jovem, fixando seu olhar no dela, sentindo o mesmo que ela. Algo inexplicável ocorria ali; era como se uma energia os conectasse. Seu olhar se abrandou por instantes enquanto dizia:

— Volte para seu país. Se ficar aqui, algo a perseguirá e a fará sofrer. Esta família foi talhada para o sofrimento. Uma maldição poderá atingi-la. Vá embora enquanto é tempo — e seu olhar se endureceu novamente.

— Não fale assim, Hector. Não diga isso novamente e não creia nessa sua retórica. Sei o quanto ainda sofre, mas não pode acusar ninguém por essa fatalidade.

– Diana não está mais aqui e não tenho mais motivos para acreditar em nada! – Sua voz soou alta e carregada de dor.

Lucille apenas o abraçou, com todas as forças. O que mais poderia fazer? Sentia que o estava perdendo a cada dia, e isso lhe causava intensa preocupação. Temia pelas atitudes que ele pudesse oferecer, tentando aplacar a dor que trazia em seu âmago. Havia histórias semelhantes em sua família, cujo desfecho fora trágico e doloroso para os que nessa condição tinham permanecido. E Hector parecia estar seguindo o mesmo caminho. Aquela dor precisava ser extirpada antes que um mal maior ocorresse. Mas o que poderia fazer?

Sophie apenas observava, com seus sentidos em alerta e sua percepção aguçada, como a lhe dizer que permanecesse atenta. Mas a quê? As energias que aquele local irradiava sufocavam-na, como se uma força maior desejasse que ela saísse de lá. Olhava em derredor e via apenas dor e sofrimento. Em um ímpeto, foi até as janelas e abriu uma por uma, permitindo que novas energias adentrassem aquele local contaminado.

Hector desvencilhou-se de Lucille e correu em sua direção, segurando as mãos da jovem.

– Pare! Deixe tudo como está! – e passou a fechar cada janela aberta com fúria.

– Perdoe-me! Não pretendia invadir seu mundo, apenas deixar que novas energias entrassem.

– Não quero! Tudo vai ficar exatamente como Diana deixou. – Lágrimas escorriam por seu rosto.

– Não é isso que ela deseja para você! Será que ainda não entendeu? Ela precisa partir, e você quer aprisioná-la, tornando-a infeliz! É isso que pretende para ela? – As palavras saíam sem que Sophie entendesse por que assim agia. Porém, era mais forte do que ela, e continuou: – Pare com essa atitude! Por ela! Se a ama, deixe-a partir, não a retenha mais! O tempo dela expirou, entenda isso. Seu caminho deve seguir, assim como o dela. Um dia compreenderá os motivos, mas agora deve deixá-la seguir. Há caminhos determinados, os quais ainda não está em condições de conhecer. Tudo ocorrerá a seu tempo. Não despreze as oportunidades que Deus lhe ofertou; tem tanto ainda a realizar! Não se submeta a esse martírio indefinidamente, pois pode comprometer toda a sua programação. Deus é Pai de amor e concede a cada filho a chance de realizar a própria história. A sua ainda não finalizou! Olhe para frente e observe novos rumos!

Em seguida, Sophie sentiu uma vertigem e caiu pesadamente ao solo, deixando os dois atônitos. Lucille ouviu o som da queda e foi em direção à jovem, que parecia ter perdido os sentidos. Hector estava paralisado, sem saber como agir. Nada compreendia acerca do que acabara de ouvir daquela desconhecida. O que ela dissera não fazia sentido algum, no entanto precisava acudi-la. Abaixou e tomou seu pulso, que estava acelerado. Pegou-a nos braços e colocou-a no sofá. Fez o que não pretendia: abriu todas as janelas, permitindo que o ar entrasse. Ela precisava de ventilação. Lucille segurava a mão de Sophie com extrema preocupação.

— Pegue uma toalha molhada e um copo de água, Hector. Rápido! — Sentiu que ele saía, atendendo seu pedido. — Sophie, acorde! Fale comigo! — O jovem voltou e colocou a toalha na testa dela, segurando-a até que ela abriu os olhos, apreensiva.

— O que aconteceu comigo?

— Eu é que pergunto, minha querida. O que está sentindo? — a senhora indagou.

— Não sei, estou tão confusa. De repente, coloquei-me a falar coisas, como se uma força maior me conduzisse. Não lembro exatamente o que falei. — O olhar de Hector sobre ela confirmou que dissera algo que não devia. — Desculpe, não sei o que aconteceu.

— Você disse tudo o que eu gostaria de ter falado, não se preocupe. Hector precisava ouvir cada palavra que aqui foi dita. Só espero que ele tenha compreendido.

O olhar dele denunciava toda a sua insatisfação, mas, em respeito à tia, nada pronunciou.

– Sente-se melhor? Deve ter tido uma queda de pressão. O calor está forte, mesmo a essa hora do dia – foi só o que Hector conseguiu balbuciar. Estava confuso demais!

– O que tem feito de sua vida, meu querido? – Lucille olhava com ternura para ele.

– Gostaria que pudesse enxergar, Lucille. Sophie lhe dirá. Venham comigo...

# CAPÍTULO 6

# UMA EXPERIÊNCIA SURPREENDENTE

Hector conduziu-as para o piso superior, onde havia um amplo aposento, todo rodeado com janelas. Havia várias telas sobre cavaletes, cada qual com um desenho. Alguns eram de um rosto feminino, que Sophie deduziu ser da esposa morta. Os demais eram apavorantes e sombrios, em tons escuros, com cenas deprimentes, rostos contorcidos, lugares tenebrosos, causando imenso desconforto em Sophie. Era esse o padrão emocional que ele ostentava e que tanto perturbara Madalena. Porém, ela se fixou nos de Diana e viu uma mulher linda, de traços suaves e olhar profundo.

— Deduzo que esta seja Diana — foi só o que disse.

— Sim — respondeu ele laconicamente.

— Diana foi uma das criaturas mais meigas que conheci. Um ser iluminado! Sei o quanto ela faz falta neste mundo — Lucille comentou.

– O que me importa o mundo? Minha vida perdeu a razão de ser. Sem ela... – e não continuou a frase, pois não queria preocupar a tia.

– Sem ela, sua vida precisa continuar. Será que é tão difícil você compreender? Ouviu aquelas palavras que a você foram direcionadas, não vou repeti-las. Espero que tenham sido absorvidas e que algo se modifique. Eu lhe peço, pelo amor que lhe tenho!

– Estou bem!

– Você sempre gostou de pintar? – questionou Sophie. E foi Lucille quem respondeu:

– Ele sempre pintou magnificamente bem, é o que todos sempre disseram. Infelizmente, não pude constatar com meus próprios olhos. A escolha pela medicina me surpreendeu, pois o talento para as artes sempre se evidenciou, desde muito jovem. Hector possui mãos hábeis em qualquer circunstância, pois se mostrou um excelente cirurgião também. Parece que agora você tem se dedicado à pintura novamente. Pretende viver disso, Hector? – Ele ouviu as palavras irônicas da tia, lamentando sua nova escolha.

– Quem sabe? – respondeu com um sorriso amargo, que apenas Sophie pôde observar.

– Quando irá voltar ao trabalho no hospital? – A pergunta de Lucille foi direta e incisiva.

– Não sei, talvez nunca mais – e seu olhar se cobriu de sombras.

– Hector querido, seu luto está em tempo de partir. O hospital, seus pacientes precisam de você! Quando vai continuar sua jornada? Ou pretende permanecer um ermitão o restante de sua existência? É isso que deseja para si?

Hector ficou em silêncio por instantes, em seguida foi até Lucille e pegou suavemente em seu braço, conduzindo-a de volta à sala. Levou-a até a porta, tudo acompanhado por Sophie, e disse:

— Esta jovem já parece bem. Leve-a de volta à mansão e cuide dela. Agradeço sua visita, e não se preocupe comigo. Vou ficar bem, eu prometo. Agora, é melhor irem embora! — Beijou Lucille afetuosamente e acenou com a cabeça para Sophie, praticamente expulsando-as de seus domínios.

— Volto no final da semana — disse-lhe a senhora, abraçando-o. Nada mais poderia fazer por ele no momento.

O caminho de volta foi silencioso, com Lucille reflexiva e triste. A jovem respeitou o momento e permaneceu calada. Assim que chegaram, a senhora perguntou-lhe:

— As demais telas eram assustadoras, não eram? — Isso deixou Sophie confusa. Madalena teria lhe falado sobre isso? — Não, Madalena não me disse nada, se é o que deseja saber. Foi uma dedução lógica, minha jovem. No padrão em que Hector se encontra, com a mente fixada na morte, o que se pode esperar de um pintor genial como ele a não ser expressar o que traz em seu mundo íntimo? Ele traduz nas telas o que se passa em seu coração. Simplesmente! Hector sempre gostou de pintar rostos de pessoas, e você já viu algumas de suas pinturas expostas na galeria que leva ao segundo piso. Pensou que fossem de algum pintor famoso? — Ela sorriu e acrescentou: — Ele teve várias fases na pintura, sempre retratando seu momento de vida. Quando passava por alguma frustração, trabalhava sua dor revelando paisagens em tons sombrios. O inverso ocorria quando vivenciava uma experiência positiva. Assim são os artistas! Conheci alguns ao longo de minha vida. São emocionais e, alguns, até mesmo passionais, quando refletem o desequilíbrio de sua existência. Como falei, Hector me surpreendeu quando se decidiu pela medicina, pois jamais julguei que essa escolha seria adequada a um ser tão sensível feito ele. No entanto, durante alguns anos, ele mostrou seu empenho em salvar vidas, além das minhas expectativas. Até que essa tragédia se abateu sobre ele. Já se passaram seis meses, mas parece que Diana nos deixou ontem, se é que me compreende.

– As telas são permeadas de dor, retratando toda a sua an-gústia. Sombrio e assustador, tenho que admitir. Acredita que essa fase perdure?

– Não sei onde isso vai parar. Temo por ele, pois sua instabi-lidade é visível. Queria que ele viesse para esta casa, sob meu olhar. No entanto, isso talvez só aconteça em meus sonhos. Ele vive um pesadelo, sem hora de finalizar. É doloroso demais ser apenas uma espectadora dessa triste história. Hector está re-fém de seu sofrimento. Diana não aprovaria essa conduta, e sei que hoje aquelas palavras foram um recado dela. Você foi o instrumento para que a mensagem chegasse até ele.

– Como assim? Não sei o que realmente ocorreu lá. Foi tudo muito confuso. Até agora não entendi! – Seu olhar ostentava muitas dúvidas.

– Podemos conversar no jantar? Tenho muito a lhe explicar, mas preciso de tempo. E, agora, preciso descansar um pouco. Nos vemos mais tarde. – Madalena aproximou-se e pegou o braço da senhora, entrando na casa.

Sophie ficou sentada em um banco próximo, analisando tudo o que acabara de vivenciar. As telas a assustaram, em especial uma delas, que mostrava vários rostos, e um deles sobressaía, com o semblante contraído e maléfico. A tela irradiava energias intensas, chamando sua atenção. Aquele olhar era-lhe familiar e a assustava, sem entender o motivo. Parecia querer saltar da tela e avançar sobre ela. Estremeceu só em lembrar e ponderou se não estaria muito impressionável. Aquele discurso que pro-feria, sem entender como aquilo tinha ocorrido! Quantos fatos obscuros sem explicação! Precisava se acalmar, primeiramente, pois só assim conseguiria analisar tudo com objetividade. Per-maneceu por lá, apreciando o lindo pôr do sol, que a deixou em estado de profundo relaxamento. Isso sempre a acalmava, em qualquer situação!

Quando estava a entrar na casa, foi surpreendida por Philipe:

– Magnífico, não é mesmo? – falou, tirando-a de sua reflexão.

– O pôr do sol? – questionou ela sorrindo.

– Sim! Como passou o dia? – disse ele cordialmente, sentando-se a seu lado.

Sophie sorriu, lembrando-se de quantas emoções controversas vivenciara ao longo do dia.

– Reconhecendo o terreno. – Preferiu não comentar sobre a visita ao irmão.

– Há muito o que conhecer, e prometo levá-la a lugares surpreendentes. É uma pessoa impressionável? – perguntou ele.

A jovem considerou que até então não sabia que era, mas parecia que os últimos eventos haviam lhe demonstrado o contrário. Sentia-se muito estranha.

– Por que a pergunta?

– Costuma responder uma pergunta com outra? – disse ele sorrindo. Parecia um garoto, apesar de ter a mesma idade que ela. Tinha os cabelos compridos e desgrenhados, dando-lhe um ar mais jovial ainda. Expressivos olhos verdes emolduravam seu rosto. Gostara dele desde a primeira vez que o encontrara. Parecia um velho e estimado amigo.

– Perdoe-me, é costume adquirido pela minha profissão. Não, não sou impressionável. É no que sempre acreditei, porém...

– Conte-me o que a fez repensar essa sua característica. Estou com tempo para ouvir, e você parece ser uma excelente contadora de histórias.

Sophie contou sobre o galpão visitado pela manhã, omitindo a parte da visita ao irmão e a tensão que lá presenciou.

– Você foi até lá? Era um dos locais que pretendia lhe mostrar, mas existem outros mais assustadores que esse – disse, dando uma contagiante risada.

– Não gosto de lugares desse tipo. Prefiro locais mais aprazíveis. Creio que vou recusar seu convite – disse ela, séria.

– Valerá a pena, confie em mim. Além do mais, são apenas crendices. Ou você acredita que existam fantasmas que assombram as pessoas vivas? – indagou ele, desafiando-a.

– Não acredito no sobrenatural, se é o que deseja saber. Porém, alguns lugares têm energias que posso não apreciar.

– Você está com medo! Fique tranquila, eu a protegerei – disse com firmeza.

– Assim, tudo se modifica. Vou pensar e, até o final da semana, voltamos a conversar. – Ela se divertia com o jeito jovial dele.

– Mas conte-me sobre o galpão. O que aconteceu lá que a assustou? – Ele estava curioso.

Sophie contou tudo o que lá ocorrera. Ele ouviu atentamente e, ao final, comentou:

– Aquele lugar é macabro e não gosto de ir lá sozinho. Sinto-me vigiado todo o tempo, como se as almas daqueles escravos, mortos pela fúria de uns poucos, continuassem por lá, assombrando os desavisados. Muitos foram assassinados covardemente, sem que pudessem se defender, cravando naquele local as marcas de tanta crueldade. É como se ainda pudesse ouvir os gemidos, os lamentos, é algo que ainda me impressiona. Hector dizia que eles não tinham paz e perturbariam quem estivesse em seus domínios. – Ao falar o nome do irmão, seu olhar se contraiu e toda a angústia que pôde ver assemelhava-se à que o irmão também ostentava. Ambos eram prisioneiros da mesma tragédia, cada um a seu modo. E sofriam enormemente! Sentiu vontade de abraçá-lo, mas se conteve. Não tinha intimidade alguma com ele e não sabia o que poderia advir desse gesto. – Bem, se preferir, não voltaremos lá. Tenho outros lugares a lhe mostrar.

– Hector é seu irmão? – perguntou ela despretensiosamente.

A sombra permaneceu em seu olhar, e ele virou o rosto para que ela não o encarasse.

– De minha parte, sim. Mas, da dele, não posso dizer o mesmo. Algo aconteceu que modificou nossa relação. Aliás, o termo apropriado é *destruiu* a relação que existia.

– Lucille já me contou o que ocorreu. Foi uma fatalidade. Não se culpe por isso.

— Gostaria que Hector assim encarasse. No entanto, ele preferiu depositar toda a culpa sobre meus ombros; impede qualquer forma de aproximação e recusa-se a sair de seu sombrio mundo. Sinto tanto o que aconteceu! — e as lágrimas afloraram.

— Tenho certeza de que, se pudesse voltar no tempo, faria tudo diferente. Mas, não podemos e temos de aceitar o que nos acontece. Cedo ou tarde, ele vai perceber que foi uma fatalidade. Até lá, procure administrar como pode essa situação. Primeiro, pare de se culpar pelo que aconteceu, pois isso em nada irá modificar o quadro em questão. Martirizar-se não altera o que ocorre com vocês, mas pode, sim, contribuir para que a distância existente aumente ainda mais. A culpa paralisa, nunca ouviu isso? — e ofereceu um sorriso acolhedor que o acalmou de pronto.

— Você é uma pessoa sensata e diz coisas interessantes. Mesmo assim, não consigo fugir à responsabilidade de ter causado esse trágico desfecho — e baixou o olhar.

— É sua visão deturpada desse infeliz evento. Já parou para avaliar que Diana poderia ter saído por sua livre vontade e estar sozinha no acidente? De quem seria a culpa? Do destino? Quem Hector iria responsabilizar? — Sophie insistia na retórica.

— Entendo seus argumentos e a respeito por tentar ser generosa comigo, porém não foi isso que aconteceu. Lamentavelmente! E nada há que possa fazer para alterar isso!

— Terá que se resolver com sua consciência, Philipe. E antes que comprometa sua existência! Sua vida é sua responsabilidade, e terá que arcar com as consequências de sua conduta. Pense nisso! Lucille está preocupada com você, teme por seu futuro, e há de convir que suas ações levianas podem prejudicar seu desempenho nos negócios que administra. Até seu pai... — Philipe a interrompeu.

— Meu pai acredita que sou irresponsável. Sempre foi assim! Ele sempre desacreditou de meu potencial. Nunca valorizou nada do que fiz! A opinião dele pouco me importa. – A fúria assomou, e ele decidiu encerrar a conversa. – Você ainda não conhece esta família. Nem todos são o que aparentam ser. Seja precavida em suas avaliações! E cuidado com Gilles; ele só vê o que quer e, se perceber que está aqui pleiteando sua parte na herança, pode se surpreender. Sua ambição não tem limites. – disse com amargura.

– Não vim aqui pensando em herança. Minha avó me pediu que viesse ao Brasil, pois só aqui iria encontrar as respostas para todos os meus questionamentos. Foi só isso que me motivou a viajar para cá. Em momento algum pensei que iria me deparar com tanto luxo, poder, riqueza! Berthe me ensinou a buscar o essencial e, posso garantir, minha prioridade é ser feliz! – Seus olhos brilharam com intensidade, e o que Philipe viu era tudo o que sempre buscou: ser feliz!

– Sei o que pensa, Sophie. E acredite que compartilho de seus ideais de vida. Porém, não é isso que move a maioria das pessoas. Cuide-se para jamais se afastar de seus sonhos. Não se permita contaminar-se com ideias controversas acerca da importância do poder. – Seu olhar ficou vago e triste, sensibilizando a jovem, que instintivamente o abraçou.

– Este discurso tem uma direção apenas: você. Precisa acreditar em tudo o que acabou de me falar. Busque seu caminho, Philipe, e, ao findar sua existência, quando terá de prestar contas de seus projetos enquanto aqui esteve, terá sua consciência apaziguada. Nossas vidas nos pertencem, e somente nós responderemos pelo que fizemos ou deixamos de fazer. Faça tudo o que estiver a seu alcance e, principalmente, realize seus sonhos, e não o dos outros. Para isso, precisa assumir o controle de sua existência. – Disse isso com o rosto colado ao de Philipe, sentindo tanta emoção que lágrimas afloraram de seus olhos.

Quando se afastaram, ambos estavam com a paz no olhar. Não puderam observar a entidade espiritual que se colocara ao lado de Sophie, inspirando-a em suas palavras libertadoras. Suas feições eram delicadas e ostentava tamanha luminosidade, que ambos se sentiram confortados e pacificados.

— Boa menina! Receptiva como sempre foi! Conto com você para auxiliar esta família, que traz em seu âmago tantas deficiências e dívidas a serem quitadas. Faz parte disso tudo há tanto tempo! Tentou resolver pendências quando aqui esteve, no entanto, foi cerceada em suas ações, impedida de concretizar seus planos de evolução. Retornou com novas tarefas agora, Sophie. Desta vez, terá de realizar o que idealizou para sua existência, ajudando companheiros muito queridos a darem prosseguimento na resolução de tantos impasses, criados pela intemperança e ausência de propósitos elevados. Estaremos ao seu lado em qualquer circunstância. Confie em sua intuição! Que Deus a envolva em sua infinita luz e amor – e olhou em derredor, onde outros companheiros espirituais lá se encontravam, dizendo: – Vamos, amigos. No momento, nada há a ser feito. Confiemos no Pai Maior. – e saíram, não sem antes envolvê-los em fluidos sutis e reconfortantes.

Sophie ia comentar o que sentia, mas preferiu manter-se calada. Philipe, por sua vez, sentindo-se como há muito não ocorria, comentou:

— Agradeço suas palavras e vou pensar em tudo o que me disse. Você está sendo um presente que a vida me trouxe neste momento sombrio que vivo. – e ofereceu um sorriso encantador à jovem. – Agora, vá se preparar para o jantar. Lucille não tolera atrasos. É capaz de colocá-la no tronco. – Ele mesmo deu uma gargalhada. – Imaginou a cena?

— Pare de fazer brincadeiras de mau gosto. Lucille é uma alma generosa e pura, jamais cometeria tal atitude. Mas, é melhor não contrariá-la. Vou tomar um banho e nos vemos no jantar. Adorei nossa conversa! – e entrou na casa sob o olhar atento de Philipe, que trazia emoções novas em seu coração. A jovem era detentora de uma personalidade interessante, pensava ele. Gostara imensamente dela, mas de forma fraterna. Era como se a conhecesse de longa data, sentindo-se confortável e seguro em sua presença. Nem ao lado de Lucille, a quem amava com toda a intensidade, sentia-se assim. Era como se ela lá estivesse para lhe tirar de seu mundo sombrio e desesperador que há alguns meses, insistia em permanecer. Sentia tanta culpa por ter envolvido Diana em seus planos naquele dia fatídico! Não havia um dia sequer que não se lembrasse do acidente e do desfecho trágico. Revivia aquele dia consecutivamente, e sua dor apenas crescia. Quando iria cessar? Lágrimas assomaram-lhe aos olhos, e pediu perdão mais uma vez por levar tanto sofrimento a Hector, o irmão que tanto amava. Ele jamais o perdoaria! Diana era seu precioso tesouro, o qual lhe fora roubado de maneira tão vil! Hector não aceitava seu destino e ele entendia sua rebeldia. Talvez agisse de forma semelhante se tivesse um amor como Diana em sua vida. Respirou fundo, tentando afugentar os pensamentos inferiores que o instigavam a também se rebelar, agindo de modo leviano e desequilibrado, como vinha fazendo. Sua vida precisava tomar novo rumo, Sophie tinha razão. Havia sido uma fatalidade, tinha de acreditar nisso, se quisesse seguir em frente, deixando para trás toda a culpa que sentia e o impedia de ser feliz.

Lucille já se encontrava sentada quando ambos chegaram.

— Boa noite, queridos. Sentem-se. Gilles virá? — perguntou a Madalena.

— Não, Lucille, ele teve que fazer uma viagem para São Paulo a fim de resolver algumas pendências. Disse que retornaria na sexta-feira e viria direto para cá.

# CAPÍTULO 7

# NOVAS AÇÕES

— Sophie querida, sei que ficou sensibilizada em nossa visita nesta tarde. Muito mais lá ocorreu, que fugiu à sua percepção, mas não à minha. Hector foi tocado hoje pelas palavras que proferiu, que você ainda pouco compreendeu. Falemos primeiro sobre isso. — Fez uma pausa, tentando organizar seu discurso. — Você foi inspirada a dizer tudo o que disse por alguém que está deveras preocupado com a situação. Não sei se vai crer no que vou dizer, mas você tem uma sensibilidade muito apurada e serviu de instrumento para a espiritualidade, que desejava que essa orientação chegasse a Hector. Ele acredita que está sozinho, no entanto, muitos amigos espirituais estão a seu lado, procurando despertá-lo para novas condutas. Philipe, sei o que está pensando e vou pedir-lhe que me deixe finalizar o que preciso falar. Sei que é descrente e não compartilha comigo essas ideias. Talvez pareçam loucuras de uma velha insana, mas acredito que essas duas realidades, material e espiritual, interagem a todo instante. E, se necessário for, mediante situações especiais, a espiritualidade se utiliza de um intermediário para fazer chegar uma mensagem. Hoje, esse medianeiro foi você, Sophie, que é detentora de uma sensibilidade muito apurada e estava receptiva. Não fique apreensiva com minhas palavras, tampouco temerosa com essa sua aptidão. É algo natural e talvez até hoje não tenha sido utilizada por total ausência de oportunidade. Porém, se fizer uma análise de sua vida, poderá se lembrar das inúmeras ocasiões em que teve uma percepção diferente dos demais, utilizando sua sensibilidade em seu benefício, resolvendo muitas situações pelo canal da inspiração.

— Não sei se entendi bem o que está a me dizer. Você está dizendo que fui uma intermediária dos espíritos? — Ela não compreendia o que acabara de ouvir.

— Lucille, você a está assustando com suas histórias. — Philipe estava sério.

— É você quem se assusta com isso, querido. Se até hoje não consegue aceitar, sinto muito. Há muitos mistérios que não se explicam por nossas crenças, porém precisamos abrir os olhos para outras possibilidades, além dos sentidos puramente materiais. Você foge a essa verdade por medo de ter suas crenças soterradas por novas ideias. Sabe que também apresenta essa sensibilidade e não deseja encará-la. Sophie, peço que me ouça destituída de prejulgamentos, lembrando-se de Berthe e de suas orientações sempre sensatas. Existe muito mais que se encontra ainda oculto aos nossos sentidos, o que não significa que isso não possua uma explicação. Já ouviu falar de Allan Kardec? E sobre a Codificação Espírita? — perguntou Lucille. Os dois permaneceram silenciosos, e ela prosseguiu: — No século XIX, esse francês conseguiu compilar em uma série de livros uma nova doutrina baseada no intercâmbio com a espiritualidade. Ela versava sobre a eternidade do espírito e as sucessivas possibilidades de encarnação . Se quiser maiores explicações, tem um exemplar em seu quarto: *O Livro dos Espíritos*. Tudo embasado na ciência, o que lhe confere um ar de seriedade e objetividade. Não estou falando de crendices populares, de algo sobrenatural que a ciência não consiga explicar. Por isso, queridos, não julguem algo que desconheçam. Informem-se e, depois, podemos debater. Sei que instiguei você, Sophie. Philipe, espero que suas ideias preconcebidas de outras épocas caiam por terra e que busque a informação que nos liberta da ignorância. Quanto ao outro assunto, sobre a possibilidade de tê-la como aliada, Sophie, creio que poderá nos ajudar. Hector lhe mostrou suas pinturas, o que é algo produtivo e que merece nossa atenção. Em outros tempos, não permitiria sequer sua presença lá. Foi um avanço, e temos de considerar que isso seja favorável aos nossos intentos. Você voltará lá e tentará lhe falar, oferecendo sua ajuda. Sinto que ele irá ceder em algum momento. Seremos perseverantes em nossos propósitos. Ele precisa aceitar que sua vida deve prosseguir. Precisamos acessar seu coração de alguma forma, e todas as tentativas serão válidas.

— Conte comigo, Lucille. Farei o que me pedir. Quanto ao que aconteceu nesta tarde, confesso que ainda não tirei minhas próprias conclusões. Algo aconteceu, e seria tola se assim não acreditasse. Não posso lhe afirmar o que lá sucedeu, pois não sei. — Seu olhar estava confuso. — Concordo com você em não discutir um assunto sobre o qual não tenha opinião formada. Vou ver esse livro que recomendou e depois conversamos.

— Sei que irá encontrar respostas. Faça isso. Quanto a Hector, conversaremos melhor amanhã. O dia foi tenso e estou cansada. Vocês são jovens e podem aproveitar um pouco mais. Porém, sem excessos, Philipe. Lembre-se de tudo o que conversamos hoje. — Levantou-se e foi até os dois jovens. Beijou-os carinhosamente e saiu, acompanhada de Madalena, que ouvira toda a conversa. No caminho, ela perguntou:

— Será conveniente envolver Sophie nesse intrincado problema?

— Ela é a opção que nos resta. Sei que se empenhará para resgatar Hector de seu sombrio mundo. Ela tem talento. Lembra-me Berthe, com toda a sua coragem e determinação. E, ainda por cima, é uma potente médium, fato esse que desconhece. O tempo se encarregará de lhe mostrar suas potencialidades. — Percebeu o silêncio da amiga e perguntou: — O que a aflige?

— Sinto uma nova tempestade se aproximando, Lucille. Temo por você, não quero vê-la sofrendo. Quando essa maldição se encerrará? Tantos já sofreram e, mesmo assim, eles ainda estão inflexíveis em seu desejo de vingança. Sei que todo mal cometido não se justificou, no entanto, quando isso vai ter um fim? E você, minha amiga, que mal cometeu para passar por tantos dissabores nesta existência? — Havia tanta amargura represada naquela voz.

— Não fale assim, Madalena. Sabe em que creio, e nenhum de nós deve ser inocente, caso contrário, não estaríamos passando pelas provações atuais. E se fui um daqueles que tanto mal praticou? Quem pode saber? — Seu olhar estava sereno.

— Admiro sua postura, porém não consigo aceitar passivamente todas as desgraças que aqui têm ocorrido. Sofro por vocês e por mim, pois sinto ser parte integrante desta família. Tudo me atinge também!

— Você é minha irmã de coração, jamais se esqueça disso. Sou-lhe eternamente grata por estar ao meu lado todos estes anos, cuidando de tudo. Você é meus olhos, e eu não seria tão forte se não estivesse a meu lado. Devo-lhe tanto e sei que jamais conseguirei pagar essa imensa dívida contraída. — Falava com emoção na voz.

Madalena tinha os olhos marejados também e a abraçou.

— Sua alegria é minha alegria, Lucille. Este é o pagamento que recebo, cada dia que consigo vê-la feliz e em paz, coisa que nos últimos meses não vem ocorrendo. Acha que Sophie dará conta da tarefa? Ela também me faz lembrar da ousadia e intrepidez de Berthe, que fez um excelente trabalho com a neta. Onde ela estiver, deve estar satisfeita com a criação que ofereceu a Sophie. Parece-me uma jovem sensata e sagaz. Que você esteja certa em seus propósitos. – Entraram no quarto de Lucille e, em questão de minutos, ela adormeceu. Só depois Madalena se retirou. Esse era o ritual de todas as noites, que ela cumpria com todo o esmero e dedicação.

Na varanda, os dois jovens se entretinham com o assunto que Lucille iniciara: a Doutrina dos Espíritos, de Allan Kardec.

– Só podia ser um francês para criar tudo isso. São criativos demais! – disse Philipe em tom jocoso.

– Acha isso mesmo? Não se esqueça de que está se referindo aos seus antepassados, que também eram franceses. Seu nome tem origem francesa, bem como a decoração desta casa e tudo o mais. Percebe-se o quanto se respira a França por aqui, mostrando o quanto sua origem prevalece. Por acaso não aprecia sua ancestralidade? E, para que fique registrado, somos criativos, sim.

– Nenhuma crítica à França. Perdoe-me, foi apenas uma brincadeira. Você acredita que isso seja possível? Quero dizer, os espíritos se comunicarem conosco? – Ele falava com certo temor na voz.

– Não sei. Na verdade, jamais pensei sobre isso. Mas sou curiosa e vou tentar entender o que se passou hoje à tarde comigo. Não vou sossegar até resolver essa questão. Vou ver esse livro e depois lhe conto sobre o assunto. Ou isso o apavora? – disse ela rindo.

– Não se deve brincar com a morte, nem com os mortos. Eles não pertencem mais a esta realidade e não devem mais aqui ficar, tampouco manter qualquer relacionamento com os que ficaram. E não tenho vergonha de admitir que sinto certo receio disso. Desde criança tenho a impressão de que muitos olhos me vigiam a todo instante, e devo confessar que nunca me senti confortável aqui. Mas, desde que minha mãe partiu, aqui temos vivido. Já me acostumei e apenas evito a biblioteca, um lugar apavorante. – Seu semblante estava sério.

– O que lá acontece que tanto o incomoda? – perguntou ela.

– Entre lá e verá por seus próprios olhos, ou melhor, pelos seus próprios sentidos.

– Farei isso à luz do dia! – disse ela, sentindo arrepios por todo o corpo.

– Está com medo também? – brincou Philipe.

– Talvez... – Ela sentiu energias estranhas envolvê-la. – Vamos entrar? Você me acompanha?

– Certamente. Não deixarei uma donzela sozinha em hipótese alguma. Vamos? – e ofereceu o braço a ela, que o aceitou.

Já no quarto, Sophie procurou pelo tal livro e o encontrou bem em destaque. Pegou-o e passou a lê-lo sentada na cama. A leitura era interessante e não conseguia parar de ler. Isso só aconteceu quando o cansaço a dominou, fechando os olhos e adormecendo.

Em instantes, estava fora do corpo, passando a caminhar pela mansão. Desceu as escadas e foi em direção à biblioteca, como em um impulso incontido.

Adentrou-a e caminhou até seu centro, quando uma voz grave soou às suas costas.

– Você é uma intrusa. Quem a enviou aqui? O que pretende? – Quando Sophie se virou, viu um homem à sua frente com roupas esquisitas, postura altiva e ameaçadora. Não se intimidou e deu um passo à frente:

– O que pretende? Essa pergunta é minha, não acha? Seu lugar não é mais aqui, ainda não entendeu? – Ela o enfrentava com destemor. A entidade se enfureceu e foi em sua direção aos gritos:

– Você é que não pertence mais a esta casa! Fez sua escolha há muito tempo atrás! O que espera obter? Que eu desista de minha vingança? Jamais isso acontecerá! Vou perseguir um por um e os levarei comigo para o suplício eterno. – Seu olhar era de um dementado, mas ela não se abalou.

– Sabe que tudo aquilo que ocorreu foi necessário. Precisava encerrar aquele ciclo de maldades, só você ainda não percebeu. Onde estão os demais que o acompanhavam? – A entidade ficou estática, tentando encontrar palavras. – Veja, está sozinho! Os outros já seguiram seus caminhos, apenas você ainda permanece tentando fazer justiça com as próprias mãos. Lembra-se de mim? – Seu olhar fixou-se no dele por instantes. O silêncio predominou, até que ele disse:

– Até você se voltou contra mim! O que ainda pretende? – Sua voz soou aos gritos. – Não admito sua interferência, entendeu? Saia daqui enquanto é tempo. E saiba que não estou só, tenho aliados do lado de cá. Podem não ter o meu sangue, minha linhagem nobre, mas são poderosos. – e deu uma gargalhada sarcástica. – É muito fácil encontrar quem não goste de vocês, sabia? Foi mais rápido do que imaginava. E, quanto a você, não tente me dissuadir de meus intentos. Vá embora e não volte nunca mais!

– Sabe que não posso fazer isso. Estou aqui porque assim me foi solicitado. Não posso deixar de atender a um pedido tão especial. Lucille se arrependeu, ainda não percebeu? Não foi culpa dela o que ocorreu. Acredite, Bertrand! – Seu tom era de súplica.

– Já dei meu recado. – E saiu de lá levando consigo todo o ódio que nutria por aquela família. Sophie olhou em derredor e pôde divisar várias entidades de luz vindo em sua direção. Seu olhar era de total desolação, mas uma delas lhe disse:

— Não desanime. Está apenas iniciando sua jornada, minha menina. O caminho será longo, porém colherá os frutos de sua persistência e dedicação a esta causa. Confiamos em você e deve fazer o mesmo. Volte a seu quarto e saiba que estaremos a seu lado.

— Prometo não esmorecer. Creio que conseguirei convencer Bertrand de que tudo isso não lhe trará a paz de volta. Farei tudo ao meu alcance. — Em seguida, estava novamente em seu quarto.

Na manhã seguinte, a única recordação que ficara era um rosto, que lhe parecia muito familiar. Um olhar duro e carregado de ira. Acordou tensa como há muito não acontecia. Olhou pelas janelas do quarto e o dia amanhecera sombrio, assim como seu estado de espírito. Uma tempestade se anunciava. Ao descer as escadas, lembrou-se de ter feito isso antes e ficou confusa. Antes de chegar à sala de refeições, passou pela biblioteca e lembrou-se da conversa com Philipe. Sentiu calafrios ao se aproximar de lá e pensou se ele não teria motivos para não gostar do local. Como em um impulso, seu olhar se deteve em um dos quadros da parede, próximo à porta. Se antes, estava confusa, agora ficara assustada. O homem da tela era o mesmo que vira em seu sonho, agora se lembrava. O mesmo olhar duro e inquisidor a encarava. Uma força maior a impulsionava a correr dali, e fez enorme esforço para se conter. Passava das nove, o que significava que Lucille já deveria ter tomado seu café. Encontrou-a sentada em um confortável sofá, com um livro na mão. Seus dedos percorriam com rapidez as linhas escritas e, ao perceber a presença de Sophie, levantou o olhar e a cumprimentou:

— Vejo que dormiu tarde. Gostou do livro? — perguntou ela.

— Interessante, devo admitir. Mas preciso de mais tempo para avaliar as questões contidas nele. Vale um olhar apurado, certamente. Continuarei mais tarde. — Não sabia se devia ou não lhe contar sobre seu sonho confuso e vago, que deixara apenas aquele sentimento de impotência e temor. Quem era aquele homem? Era um familiar, agora tinha plena convicção. Lembrou-se das palavras dele falando sobre a vingança implacável que iria concluir e que ela não tinha motivos para ali estar. Era uma intrusa, lembrava-se nitidamente disso. Por quê? Qual o motivo de tanto ódio? Era uma questão delicada e não sabia se era apenas sua imaginação fértil, ou se estava impressionada com a conversa de Philipe.

— O que a preocupa? — A pergunta a tirou de seus devaneios e decidiu relatar seu sonho, mas antes fez a pergunta que sua curiosidade clamava:

— Lucille, próximo à biblioteca tem um quadro de um homem. Ele pertence à família?

A senhora ficou calada por instantes. Em seguida, pronunciou em tom dramático:

— Você está se referindo a Bertrand. Sim, ele faz parte desta família e infelizmente foi causador de muitos dissabores. Talvez, tudo tenha se iniciado com suas ações nefastas. Foi um dos primeiros que aqui chegaram. Berthe contou-lhe a história de nossa família?

— Contou-me apenas sobre vocês. Esse nome me é familiar. Bertrand!

— Ele chegou com seu irmão mais velho em terras brasileiras. Já tomou seu café? — perguntou ela. — Pois a história é interessante e longa.

— Acompanhe-me e conte-me tudo. — A curiosidade havia sido despertada.

Lucille iniciou a narrativa. Bertrand e Patric Busson haviam aportado no Brasil em 1856, trazendo a família consigo. Patric era casado com Anne Marie e tinham duas filhas: Louise e Claudine. A viagem para o país não fora propriamente uma fuga da França, mas necessária em função da conduta inadequada de Bertrand com a filha de um influente nobre. Os Busson resumiam-se a esses dois irmãos, que decidiram vir para o Brasil dar continuidade aos negócios da família. Eram abastados, e Patric era engenheiro de minas, com profundos conhecimentos na exploração de minérios e pedras preciosas. O irmão era formado em direito, mas pouco exercera a profissão, pois cuidava dos negócios. E assim fizeram. Aqui chegando, instalaram-se em São Paulo e, em seguida, partiram para o interior. Patric comprara terras, deixando o irmão no controle de tudo, enquanto ele exercia sua atividade como engenheiro. Era uma fazenda com terras produtivas, com possibilidades de muitas plantações. O problema se iniciara com a mão de obra utilizada. Tanto Patric como Anne Marie eram contrários à utilização de escravos, o que era habitual naquela época. Porém, Bertrand insistira na compra de muitos, deixando a Manoel, o capataz e feitor, o encargo da manutenção da fazenda e de usar de crueldade com eles, algo que ele fingia não perceber.

Patric vivia a maior parte do tempo fora da fazenda, cuidando de uma mina de ouro que adquirira, distante de lá. A esposa e as crianças viviam praticamente sozinhas na fazenda. Bertrand tinha outras ocupações e preocupações, e, mulheres eram seu fraco. Tinha tino para os negócios, fazendo a fazenda prosperar em um curto espaço de tempo. Tudo parecia caminhar de forma equilibrada e harmoniosa, até que um grave deslize de Bertrand quase colocou tudo a perder. A honra foi a primeira a ser manchada. Mas não a dele, e sim a da esposa de um rico fazendeiro, que decidiu cobrar-lhe pelo ato vil. Patric chegou no exato momento em que Bertrand estava sendo levado por empregados fiéis do tal senhor, e impedindo que ele fosse levado. Cuidou de conversar com o tal fazendeiro, que estava irredutível em lavar sua honra com sangue. Porém, mediante uma significativa quantia em ouro, o incidente foi esquecido, desde que Bertrand ficasse distante dele e da esposa infiel.

A tensão se instalou entre os irmãos desde aquele instante. O irmão mais velho, ciente da gravidade do que ocorrera, fez o caçula prometer que agiria de maneira sensata. Porém, Bertrand era um ser inquieto, com a paixão dominando seus atos, e novo incidente ocorreu, desta vez dentro das próprias terras, com uma das escravas. Seus irmãos de sangue não perdoaram tal gesto e arquitetaram um plano infalível. Anne Marie era muito amada por eles, e uma das criadas contou o que iria se passar, porém ela permaneceu passiva e nada contou a Bertrand. Quando Patric chegou de uma de suas viagens, já era tarde demais! Bertrand fora levado após uma emboscada, dentro das próprias terras, e, seu corpo, foi achado dias depois. Ele ficou desolado. O mesmo não ocorreu com Anne Marie, que parecia estar aliviada perante a tragédia.

— Ela não gostava do cunhado? — perguntou Sophie, curiosa.

— Havia muito mais oculto, que alguns escritos revelaram anos mais tarde. Bertrand tinha uma paixão secreta por ela e a assediava a todo instante. Como Patric estava em constantes viagens, isso apenas se consolidou. Ela vivia acuada e sofria com isso. Escrevia um diário, e este foi encontrado anos após sua morte, no qual relatava que o cunhado a molestara em uma de suas investidas. Anne Marie jamais contou isso a Patric, por receio de que ele a julgasse mal, tamanho era o amor que ele sentia pelo irmão, pelo menos, é o que está registrado em seu diário. O que ele jamais conseguiu perceber era o intenso ciúme e a inveja que Bertrand nutria por ele, desejando tudo o que lhe pertencesse, em especial, a esposa. Como lhe disse, a maldição se instalou em nossa família. Após ser molestada sexualmente pelo cunhado, Anne Marie engravidou e acabou abortando, após a ingestão de chás que sua fiel criada lhe preparara. Anne Marie jamais foi a mesma após esse ato.

— O que aconteceu?

— Uma nova tragédia se abateu e o sofrimento instalou-se no coração de Anne Marie, que não suportou o peso de sua angústia.

# CAPÍTULO 8

# CONHECENDO O PASSADO

— A tristeza passou a estar presente, e seus olhos nunca mais brilharam como antes. Nem mesmo o intenso amor que a unia a Patric foi suficiente para fazê-la esquecer o ato infame de que fora vítima. Anos após o incidente doloroso, ela engravidou novamente de Patric. A criança nasceu, um lindo menino chamado Jules, que ela não viu crescer. Uma hemorragia a levou após o nascimento do filho, deixando o esposo desolado com a nova tragédia sob seus olhos. Agora teria que cuidar dos três filhos sozinho, e sabia que não daria conta dessa tarefa. Nesse ínterim, começou a ser assediado pelo irmão morto. — Fez uma pausa.

— Como assim? — Sophie perguntou.

— É algo que você necessita saber, minha querida. Os mortos podem assediar os que aqui permanecem, principalmente quando a paz se encontra distante deles. Bertrand morreu de forma violenta, partindo desta vida ainda jovem. A revolta instalou-se em seu coração, e ele desejava que todos sofressem, assim como ele. Bertrand aqui ficou, assombrando a todos que julgasse responsáveis por sua precoce partida. Isso incluía Patric e Anne Marie. A tristeza e o abatimento dela assim se explicavam, perante as investidas do obsessor tão familiar. Ele a perseguia em sonhos e quando se encontrava sozinha em seu lugar predileto, a biblioteca. Quando ela morreu no parto e foi amparada por irmãos espirituais, assim quero crer, toda a sua ira se voltou para o irmão. Patric foi definhando após a morte da amada esposa, deixando o encargo dos filhos para a fiel criada Gina, uma escrava liberta por Anne Marie, cuja gratidão mostrou ofertando todos os cuidados aos filhos que aqui ela deixou. Louise, a mais velha, já estava com oito anos; Claudine tinha apenas seis; e o caçula foi criado e mimado por todas elas. Patric deixou as viagens e passou a viver exclusivamente para cuidar da fazenda e administrar a fortuna conquistada em terras brasileiras. Antes atencioso e carinhoso, a morte da esposa o transformara em um ser frio e áspero, esquecendo-se dos filhos quase que integralmente. Os anos se passaram e, quando Louise estava com dezoito anos, Patric morreu de uma doença desconhecida. Gina disse à jovem que os maus espíritos o haviam levado e que o irmão era o responsável. Mesmo morto, ele ainda conseguia perturbar os que aqui ficaram. Foram tempos difíceis para os irmãos, e Louise teve que assumir todos os encargos da família. Já lhe disse que as mulheres Busson sempre foram fortes e determinadas? Nossa história demonstra, assim, a fibra das mulheres desta família. – Seu olhar perdeu-se no infinito, talvez lembrando-se da própria vida. Sophie ouvia atentamente o relato, sentindo que conhecia essa história, que lhe era tão familiar.

Lucille prosseguiu com a narrativa:

– Já lhe falei que a arte sempre esteve presente nesta família? Louise possuía muitos talentos, entre eles, a pintura. Quis retratar todos os seus familiares, e assim fez. É obra dela o quadro a que você se referiu. Essa pintura data de mais de cem anos e está bem preservada. Outras também se encontram neste corredor, e depois Madalena lhe dirá quem foi retratado, de maneira tão fiel, por Louise. Outro atributo das mulheres desta casa é escrever diários, por isso as histórias permanecem vivas em nossos pensamentos. Claudine adorava escrever e deixou vários cadernos, os quais são meu precioso tesouro. Muitas minúcias que se perderiam no tempo, ela deixou registradas. Posso dizer que somos privilegiados em ter todos esses registros de mais de um século. Estão todos catalogados e guardados com o máximo zelo. A jovem agora era responsável pela administração de todo o patrimônio. Não foi fácil, como deve supor, em um mundo onde apenas os homens eram respeitados por seu trabalho. Imagine o que ela deve ter enfrentado de preconceitos! Teve que se impor pela sua competência e rigor. O pai deixara um fiel empregado, Gregório, que a auxiliou em todos os sentidos, inclusive oferecendo proteção e amparo. É dele que vem o nome Carvalhal. Era português e chegou ao Brasil em busca de trabalho. Patric o empregou pelos seus conhecimentos de contabilidade, o que era raro naquela época. Foi no mesmo momento que Anne Marie havia partido, suportando todo o tratamento ríspido que o patrão lhe direcionava. Era um bom homem, com uma índole séria e justa, compreendendo os arroubos de fúria constantes de Patric, sem jamais deixá-lo. Aos poucos, foi sendo respeitado por seu trabalho e se tornou a pessoa de confiança de Patric. Quando este morreu, foi um grande colaborador de Louise, auxiliando-a com a administração e ensinando-lhe tudo o que era necessário para competir com os homens da época. Era a referência que ela tinha, e a gratidão foi o primeiro sentimento que se instalou. Aos poucos, o relacionamento foi se firmando e, ao final de dois anos, eles contraíram matrimônio. A paz parecia ter se instalado novamente na família, e eles viveram momentos de muita alegria. Não preciso dizer que a Abolição ainda não fora decretada, e os escravos continuavam reféns de seus patrões. O que diferenciava era o tratamento oferecido a eles. Louise há muito se perturbava com o capataz da fazenda, pelos seus métodos pouco adequados no tratamento com os escravos. Gregório compartilhava com ela as mesmas ideias e, quando confrontaram Manoel, ele se indispôs com Louise, dizendo que aqueles empregados só entendiam a linguagem do castigo e da dor. Se ele tivesse que mudar a forma de tratamento, partiria dali. E Louise, que há muito esperava essa oportunidade, mandou-o embora da fazenda. Pela maneira como tratava os escravos, você pode imaginar a fúria que o acometeu quando o fato ocorreu. Após muitos impropérios proferidos, ele se foi, não sem antes olhar para a jovem e lançar-lhe uma maldição. Era um ser desprezível e vingativo. Capaz de tantos atos ignóbeis contra um ser humano, o que não seria capaz de realizar com seu orgulho ferido?

– Tudo o que você está contando é real? São tantos detalhes, que parece que estou vivenciando toda essa história. – Ela sentia que aquilo lhe era tão familiar, que chegava a assustá-la. A sensação que experimentava era indescritível. Se aquilo que lera naquele livro de Kardec fosse mesmo passível de ocorrer, poderia ela ter estado lá, naquela existência?

– Como disse, está tudo documentado por Claudine, a escritora da família. Pelos seus relatos, era uma garota curiosa e atenta a cada detalhe. Se vivesse hoje, poderia ser uma jornalista como você – e seu olhar se contraiu por instantes. Em seguida, continuou: – Enfim, Manoel era um homem asqueroso e, se não havia sido mandado embora antes, fora porque Patric pouco se envolvia nessas questões. Porém, Louise não deixava nada sem resposta. Gina, a escrava liberta, contava-lhe tudo o que se passava na senzala, e a indignação passou a assomar na jovem idealista. Foi por isso que o confronto ocorreu. Gregório ficou temeroso com a atitude da esposa, mas não interferiu, o que para o capataz foi algo inaceitável: ser escorraçado de lá por uma mulher! Isso era inadmissível para sua índole, daí a maldição que lançou sobre ela e a família. No início, Louise não deu atenção ao fato, seguindo com sua vida. Apesar de muito jovem, contava apenas vinte anos, tinha muita maturidade e conhecia aquela fazenda como ninguém. Percorria diariamente as terras, observando algum fato estranho ao seu olhar apurado. Tudo parecia normal e, aos poucos, foi se esquecendo de Manoel e seus delírios. Seu casamento era feliz e vivia momentos de equilíbrio e paz. Porém, isso não perdurou por muito tempo. Havia uma escrava na casa, Layla, que as más-línguas diziam que se deitava com Manoel para adquirir certas regalias. Era muito vistosa e ambiciosa, capaz de qualquer ato para receber um benefício maior. Em conluio com ele, deu início ao plano de vingança que arquitetara contra Louise e a família. Lembra-se de Jules, a criança que Anne Marie deu à luz antes de falecer? Ele foi criado pelas irmãs e Gina, com todos os mimos possíveis, tornando-se uma criança birrenta e voluntariosa, sendo que todos se rendiam aos seus caprichos. Parecia ter herdado o gênio de Bertrand, pois tinha atitudes muito semelhantes às que ele apresentava. Com apenas doze anos, Louise tinha grande dificuldade em conter seus ímpetos, arrependendo-se então de ter sido tão flexível com ele. Apesar da rebeldia sempre presente, ele respeitava Gina, que cuidara dele desde que nascera. O mesmo tratamento não oferecia aos demais empregados, em especial à tal escrava, mancomunada com Manoel. Ele oferecia-lhe insultos e humilhações, o que deixava Layla profundamente irritada com tais comportamentos. Ela assim alterou o plano inicial, que era envenenar a jovem patroa, depositando em Jules todo o seu ódio e desejo de vingança. Nada tinha contra Louise. Passou a colocar certas ervas venenosas na comida que oferecia ao garoto insolente. O veneno foi entrando em seu organismo lentamente e, em algumas semanas, ele começou a apresentar sintomas inexplicáveis. Médicos foram chamados, sem oferecer nenhum diagnóstico. As dores abdominais eram intensas, deixando toda a família em desespero. Paralelamente a isso, Layla incumbia-se de furtar algumas joias preciosas, aguardando o momento de fugir com Manoel. Se era para impingir sofrimento a alguém, que fosse àquele jovem insuportável, pensava ela. Mas, como nenhuma ação contrária às leis divinas tem longa duração, Gina, que já desconfiava de Layla, passou a observá-la com atenção e conseguiu vê-la colocando um pó na comida de Jules. Assim que foi descoberta, sem chance de defesa, disse que Manoel era o autor do plano e a intimidara, ordenando que colocasse o veneno mortal na comida, com a intenção de impor toda a dor possível àquela família. Conhecendo o veneno, tentaram reverter o processo, mas já era tarde. O garoto não resistiu e morreu dias depois. Jules era como um filho para Louise, que se abateu profundamente. Manoel foi encontrado e preso, negando sua participação todo o tempo, e acusando a escrava de falsidades contra ele. Como era a palavra de um homem branco e uma escrava, em quem você acha que acreditaram? Gregório tudo fez para vê-lo atrás das grades, mas isso não aconteceu. Meses depois, ele foi encontrado morto. Disseram que foi um assalto, mas...

— O que quer insinuar, Lucille?

— Minha querida, uma tragédia se abateu sobre esta família por motivos torpes. Claudine jamais foi explícita em seu relato, mas tudo leva a crer que a justiça foi feita pela mão dos homens. Não que eu aprove isso, apenas estou lhe contando o que acho que tenha ocorrido. Layla foi responsabilizada e passou o restante da sua vida em uma prisão. Foi o custo da ganância e da insensibilidade. Louise tratava a todos com respeito e humanidade, inclusive a própria Layla. Uma bela maneira de retribuir o que recebeu!

– Cada um só pode oferecer aquilo que tem, não se esqueça dessa verdade. Agora restaram apenas as duas irmãs. O que aconteceu? – A curiosidade imperava.

– A vida seguiu seu rumo, Sophie. Assim tem que ser. Gregório e Louise foram muito felizes, trabalharam intensamente para garantir a manutenção de tudo o que foi conquistado. Tiveram três filhos, sendo Marcel, meu pai, um deles. Eu e Berthe somos suas netas. Claudine casou-se alguns anos depois com um rico fazendeiro da região. Era mais velho que ela, o que era costume na época, e tiveram dois filhos. Ela foi morar na fazenda do esposo e só voltou a viver aqui quando ele morreu subitamente, apenas dez anos após o matrimônio. Ela herdou uma grande fortuna, que veio a se somar a toda a riqueza de que a família já era detentora. Dinheiro nunca foi nosso problema, pelo que já percebeu. No entanto, a paz e a felicidade parecem viver distantes de nós. E, ainda assim, muitos nos invejam! Mal sabem eles quantos dramas estão ocultos! – Seu olhar se entristeceu e ela fez uma pausa. Sophie percebeu que ela parecia cansada.

Madalena surgiu com um refresco e um sorriso no rosto.

– Lucille, nossa menina ficará algum tempo conosco. Vai contar toda a história da família em um só dia? Pensei em levar você para um passeio, mas o tempo está prenunciando uma tempestade. Melhor permanecermos por aqui – disse ela, oferecendo um suco.

– Perdoe-me, Lucille. Eu sou curiosa e a história é muito interessante. Creio que posso escrever um livro sobre a família Busson. Já tenho material suficiente – brincou ela.

– Ainda não entrei nas partes picantes – e Lucille deu uma gostosa risada.

– Olhe o que vai contar a Sophie! – advertiu Madalena.

– Ora, contarei apenas a verdade dos fatos, que não é surpresa para ninguém. – Ia se levantar, mas uma tontura a impediu. Madalena correu para perto dela e a segurou, apreensiva.

– O que está sentindo, Lucille? – perguntou ela.

– Apenas uma vertigem, não se preocupe. Creio que foi a emoção de narrar essa parte triste da história de nossa família. Acho que vou descansar um pouco antes do almoço.

– Gilles ligou avisando que retornará apenas no final da semana. Pediu para não se preocupar, pois são apenas negócios – e deu um sorriso malicioso.

– Não pense que não percebi seu sorriso, Madalena. Espero que ele encontre alguém que o faça feliz. Ele não merece passar o resto de sua vida só. Bem, me leve até meu quarto, minha amiga? – e estendeu a mão para Madalena, que a acompanhou. – Nos vemos no almoço, Sophie. E não vá passear por aí com esse tempo.

– Fique tranquila. Vou até a biblioteca, posso?

– A casa é sua, minha querida – e saíram.

Sophie caminhou pelo extenso corredor que levava ao seu destino e, no caminho, passou a observar os quadros na parede. Depois de ouvir as histórias, conseguiu identificar os personagens de cada moldura. Deteve-se na de um casal que parecia ser Louise e Gregório. Havia muita paz no olhar de ambos, e ela acreditou que eles foram realmente felizes. A cumplicidade e a serenidade marcavam seus semblantes. Gostou imensamente de Louise. Bem ao lado, estava o de uma jovem muito bonita, de olhos verdes e cabelos ondulados castanho-claros. Estremeceu, pois parecia que era ela retratada nele. A jovem só poderia ser Claudine. Um olhar magnético emoldurava seu rosto. Sorriu perante as avaliações que fazia. Parecia conhecer os membros daquela família. O retrato de Bertrand estava na sequência e, desta vez, olhou atentamente seu rosto. Emoções contraditórias se fizeram presentes, compaixão e temor. Parecia tão infeliz, tal qual em seu sonho. Entrou na biblioteca e olhou a infinidade de livros nas prateleiras, de fazer inveja a muitos colecionadores. Pegou alguns exemplares bem antigos, escritos em sua língua, o francês. Olhou a encadernação primorosa que apresentavam, constatando que eram do século XIX, talvez trazidos pela família quando partira da França. Folheou alguns por instantes, pensando que valeriam uma leitura mais completa. Faria isso mais tarde, pensou. Continuou a vaguear seu olhar pelas estantes e se deteve em um pequeno livro com uma capa surrada de couro, quase passando despercebido por ele. Abriu-o com cuidado e viu a quem pertencia, Bertrand. No mesmo instante, sentiu calafrios por todo o corpo. Parecia um diário ou coisa parecida. Havia alguns apontamentos, e o nome "Anne Marie" estava presente em muitas páginas. Uma força inaudita a fez fechar o livro. Em sua cabeça, pareceu ouvir gritos:

— Não ouse se apoderar do que não lhe pertence. Isso deve permanecer inviolável, entendeu bem? Você não tem o direito de ler o que aqui está escrito! Não a autorizei! Você não pode ficar aqui! Vá embora! — e ela sentiu a mesma vertigem do dia anterior. Só não caiu, pois se apoiou na poltrona mais próxima. Sophie sentiu as mãos geladas, seu corpo parecia formigar, o coração estava em total descompasso. Mexeu as mãos com energia, esperando que aquela sensação passasse. Estaria tendo algum problema de coração? Nunca se sentira assim! Sentou-se e começou a respirar profundamente, percebendo que aos poucos o ritmo de sua pulsação desacelerava e, por conseguinte, ela se acalmava. Ouviu nitidamente aquela voz em sua cabeça, não estava delirando, isso era fato. E aquilo havia ocorrido logo após pegar aquele caderno. Sua mente estaria lhe pregando peças?

Ficou lá mais alguns instantes e depois se dirigiu à varanda, percebendo que o tempo se alterara significativamente. O céu estava escuro e sombrio. Um vento forte levava as folhas do chão, juntamente com a terra batida, levantando poeira e irritando seus olhos, o que a fez retornar para dentro da casa. Rosa arrumava a mesa para o almoço e disse:

— Madalena informou que dona Lucille não se sente bem. A senhorita vai almoçar sozinha hoje.

– Então não se dê o trabalho de arrumar. Posso comer na cozinha, se não se importar.

– Minha tia não irá aprovar, nem Lucille. – A jovem parecia incomodada.

– Eu me entendo com elas. Não sou propriamente uma visita, afinal, faço parte da família. E não faço cerimônia. Sou uma pessoa de hábitos simples, pois assim fui criada por Berthe, minha avó. Não se preocupe. A refeição está pronta? Podemos ir? – Estava decidida a almoçar com os criados.

Já estava sentada na cozinha quando Madalena entrou e olhou com espanto para Sophie, que sorriu e disse:

– Queria conhecer tudo nesta casa, inclusive as pessoas que aqui trabalham. Já conheci Adolfo, Cecília, Jairo, Luzia, e todos já me contaram sobre suas atividades aqui nessa casa. – Ela parecia estar se divertindo. Madalena ficou a observar silenciosamente a jovem e, em seguida, comentou:

– Você é tão parecida com Berthe, que quase me fez pensar que estava diante dela. Ela tinha esse seu jeito despojado e simples, pouco convencional aos padrões da época, pouco se importando com etiquetas e ritos sofisticados – e sentou-se a seu lado.

A jovem a olhou com o mesmo ar divertido que Madalena tanto conhecia.

– Posso lhe fazer uma pergunta? – questionou Sophie.

– Se eu souber responder... – respondeu a outra vagamente.

– Você também nunca se casou? – A pergunta fez a senhora lembrar-se de seu passado, e uma sombra se fez presente.

– Assim como Lucille, minha vida foi dedicada a esta família. Pouco tempo me restou para pensar em meus projetos – foi a resposta.

– Então também não teve filhos – e ficou calada, esperando que ela dissesse algo.

– Você é mesmo uma jovem curiosa. Por que quer saber?

— É que você tem a mesma corrente que minha avó, com um pingente muito parecido com o dela — e tirou-o de sob a blusa, mostrando-o a Madalena. — Ela dizia que significava ser mãe de uma menina; no caso, ela brincava que era eu. — O olhar de Madalena se distanciou.

— Além de curiosa, é muito observadora. Sim, Sophie, eu tenho uma filha, assim como Berthe. — e se calou novamente, baixando o olhar.

— Não tive a intenção de invadir sua vida, me perdoe se fui indiscreta.

— Não me envergonho de nada, minha jovem. Tenho uma filha muito amada que trabalha fora do Brasil há muitos anos. Lucille sempre cuidou de lhe oferecer a melhor educação possível, e Gigi aproveitou todas as oportunidades que a vida lhe concedeu, tendo uma carreira de sucesso, da qual me orgulho. Vive na Alemanha e vem para o Brasil apenas em ocasiões especiais ou nas férias. Quem sabe você não a conheça, pois ela pretende vir me visitar nas próximas semanas. Gigi tem um carinho imenso por Lucille. — Seu olhar se abriu novamente, deixando Sophie menos constrangida.

— Será um prazer conhecê-la. Espero estar aqui nessa ocasião.

— Lucille disse que pretende ficar aqui no mínimo um mês — disse sorrindo.

— Eram meus planos, mas não disse nada a ela. Lucille lê meus pensamentos também?

— Quem sabe! Vá se acostumando com ela, Sophie. A privação da visão concedeu-lhe outros sentidos mais apurados para ajudá-la a viver neste mundo material — e começaram a falar do temporal que abalava toda a região.

A chuva não cessou no restante do dia, deixando todos enclausurados.

# CAPÍTULO 9

# MISTÉRIOS DA NOITE

Já anoitecera, e a chuva ainda castigava a região. Philipe chegou totalmente encharcado. Encontrou Lucille e Sophie conversando animadamente na sala de estar.

— As meninas passaram bem o dia? — perguntou sorrindo. Parecia um garoto, com os cabelos desgrenhados e aquele ar descontraído.

— Lucille não esteve bem durante toda a tarde — contou Sophie.

— Não foi nada, meu filho. Apenas uma indisposição que já passou — respondeu.

— Não está na hora de voltar a fazer seus exames de rotina? — O olhar do jovem era de apreensão. Ele a considerava sua mãe, e a preocupação sempre era excessiva com ela.

— Pare com isso, Philipe. Já lhe disse que estou bem. Cuide de você, que mais carece — e olhou-o com ar de reprovação.

— Já lhe prometi que vou me cuidar e evitar os excessos de toda ordem. Quero saber de você! Amanhã iremos até a cidade, e não vou aceitar sua recusa. Papai volta apenas no final da semana e, na ausência dele, sou o responsável por você. – Ele segurava a mão dela com todo o carinho.

– Já estou bem, foi apenas uma indisposição, já disse. Fique tranquilo, pois não pretendo partir em breve. Tenho questões a resolver. Agradeço sua atenção, querido. Agora, vá tomar um banho e lhe aguardaremos para o jantar. Vá logo, caso contrário, você é quem precisará de um médico – e sorriu para o jovem.

– Esperem-me, então – e saiu rapidamente.

– É um bom garoto. – O olhar de Lucille estava enternecido.

– Ele vai superar tudo isso, acredite – disse Sophie.

– Hector e ele eram tão próximos! – e se calou.

– E voltarão a ser! – e a jovem olhou para a porta, tendo a nítida impressão de ter visto um vulto. Sentiu arrepios por todo o corpo, desviando o olhar. Sentiu-se incomodada, e seu repentino silêncio fez Lucille questioná-la.

– Minha jovem, sinto que tem algo para me contar. Não há nada mais nesta vida que me surpreenda. Já passei dessa fase há muito tempo. Esta casa guarda muitas lembranças, e, nem todas são felizes. Sua percepção aguçada deve estar sendo ativada, e isso a perturba. Creio que possa falar sobre esse assunto com você, não?

– Nunca me senti dessa maneira. Sinto-me inquieta, como se estivesse sendo observada todo o tempo. Olhos atentos e misteriosos, que não sei de onde procedem. Sei o que vai dizer, mas jamais acreditei no sobrenatural, que pessoas mortas pudessem assombrar os que estão vivos. No entanto, assim me sinto, vigiada por alguém, sem saber se está vivo ou não. Não gosto dessa sensação – e seu olhar mostrou toda a perturbação que lhe ia no íntimo.

– Já lhe disse que esta família sofreu demais, e isso está impregnado nesta casa. Também sinto isso, porém já me acostumei. Vivi aqui por toda a vida, nada mais me causa espanto. Procuro orar por aqueles que partiram, tenham ido em paz ou não. Sinto que alguns familiares ainda não encontraram seu caminho de luz, recusando-se a sair daqui, julgando-se protegidos de todo mal. Infelizmente, tudo o que oferecemos ao nosso próximo, seja em boas ou más ações, retornará para nós, em algum momento. Procuro ter minha consciência tranquila, pois é a única coisa que me preservará de todo o mal.

— Já pensou em sair daqui? — A pergunta de Sophie foi incisiva.

— Não me vejo em outro lugar que não aqui. Sinto-me parte de tudo isso, e a leve perspectiva de deixar esta casa, me atormenta. É como se eu me sentisse prisioneira, sem chances de obter a plena liberdade. Pode parecer mórbido, mas é assim que me sinto com relação a deixar este lugar. Não sei se me adaptaria a outro local. Conheço cada canto, cada parede; aqui não me sinto desprovida da visão. Sinto-me segura, de certa forma. Estranho, mas é assim. Meu lugar é aqui, com todos os bônus e ônus que isso representa. Meus dias estão finalizando e pretendo vivê-los aqui. — Seu olhar estava tão sereno e manso, que Sophie não pôde deixar de reparar.

— Você é uma pessoa inigualável, Lucille. Berthe me descreveu você tal qual eu a vejo. Não sei se a entendo, mas respeito suas ideias. Só discordo de sua previsão quanto a sua permanência neste mundo. — Ao dizer isso, sentiu uma pontada no peito. Talvez ela estivesse certa, ou não? Quem poderia saber quando o Pai nos chamaria de volta?

— Eu e Berthe sempre fomos muito próximas e nos amávamos intensamente. Senti tanto a ausência dela! Mas esse era o destino que ela escolheu, e só podia respeitar sua vontade. Madalena acompanhou todo o processo e sentiu tanto quanto eu, pois elas eram muito próximas também, inclusive na idade. Quando lhe contei sobre o incidente com Madalena, não sabe o desespero que a acometeu. — Após falar, Lucille se calou, pois estava invadindo a privacidade de outra pessoa sem que lhe houvessem dado permissão.

– O que aconteceu com Madalena? Minha avó nada me relatou – quis saber ela.

– É um assunto exclusivo de minha amiga, e, se ela permitir, eu lhe conto – e parou, pois, a própria Madalena adentrou a sala, acompanhada de Philipe, já recomposto.

– Vou pedir a Rosa que sirva o jantar. Vamos? – e percebeu algo no ar.

– Philipe, me dê seu braço. – Ele, então, gentilmente a levou até a sala de jantar.

A noite foi agradável e tranquila. Sophie estava curiosa acerca do passado de Madalena. Quantos mistérios aquela casa abrigava? Teria tempo para desvendar todos eles? Ficaria lá o tempo que fosse necessário e reuniria material para um livro. Sorriu intimamente com a ideia, e foi só naquele instante que se lembrou de seu editor, que lhe solicitara uma matéria. Pensaria nisso mais tarde; agora seu único interesse era conhecer tudo sobre sua família.

Philipe estava sereno, o que deixou Lucille feliz. A presença de Sophie inspirara novos ânimos em todos, não apenas nele. A própria Lucille gostara imensamente da jovem, sentindo uma afinidade que com poucos possuía. Talvez por ser neta de Berthe! Quem sabe?

A chuva ainda era torrencial lá fora e parecia que iria perdurar por toda a madrugada.

Madalena informou a todos antes de se recolher:

– Em seus aposentos encontrarão velas, caso a eletricidade seja cortada. – Viu o olhar de pavor que Philipe ostentou e foi até ele, abraçando-o com carinho: – Não disse que isso vai acontecer, portanto, não sofra por antecipação.

– Sabe que não gosto da escuridão. – e virou-se para a tia: – Perdoe-me, Lucille, mas não sei se suportaria viver como você. Acho que enlouqueceria. – Seu semblante ostentava grande perturbação.

– Você se acostuma a tudo, meu querido. Até com o sofrimento! Mas, se quiser sobreviver, necessita encontrar objetivos para prosseguir. Assim fiz eu, desde muito jovem. Cuidar de seu pai, depois de você e seus irmãos, foi o incentivo de que eu precisava para seguir com minha existência. – Ao falar "seus irmãos", Sophie percebeu a sombra que se fez no olhar dela. Outro segredo ainda não revelado? Perguntaria, ou esperaria ela falar?

– Entendo você, Lucille, mas não sei se teria a mesma fibra que teve ao longo de sua vida. Sou um fraco e creio que não resistiria. – Havia tanta dor em seu olhar, que comoveu Sophie que sentiu que precisava falar algo em sua defesa.

– Não fale assim! Não creio que seja um fraco e, se alguém assim quer que se sinta, não permita. Você ainda é jovem e terá tempo para provar a que veio nesta vida. Você se deprecia de forma excessiva; precisa confiar mais em seu potencial. – Falava com tanta convicção, que tirou um sorriso de Philipe.

– Por que não veio para cá antes?

– Vim no momento certo; nem antes, nem depois! Não o conheço profundamente, portanto, não posso fazer uma avaliação mais abalizada sobre você, mas não tolero esse tipo de prejulgamento. Cada ser é único e provará seu valor quando assim for possível. Você se sente um fraco, ou alguém assim deseja que se sinta? São coisas distintas.

– É isso que tenho tentado lhe dizer todos estes anos, Sophie. Agradeço suas palavras e espero que toquem seu coração, Philipe. Se assim não for, prosseguirá em sua existência sem motivação para encontrar o próprio caminho. Seu pai foi infeliz quando disse essas palavras a você, e tenho certeza de que ele se arrependeu. Entretanto, você as trouxe para si como sendo uma verdade e acreditando piamente nelas. Gilles é impulsivo e já pagou alto preço por isso. Sei que é orgulhoso para se redimir de seus gestos levianos, mas, creia, ele não pensa isso de você. Você precisa acreditar e mudar suas condutas explosivas e irresponsáveis, que não lhe pertencem de fato. Desapegue-se delas! – Havia uma luz intensa sobre Lucille, que fez Madalena ficar sensibilizada. Ela a via com tanta nitidez, constatando o quanto estava conectada a companheiros da luz. Havia sido assim por toda a sua existência. Sabia que ela ali estava para auxiliar os que dela dependiam, caso contrário, já teria partido.

Philipe estava com a cabeça baixa, refletindo nas palavras da tia. Sabia que ela estava certa, mas não conseguia sentir-se diferente. A culpa o perseguia desde sempre, sem entender o real motivo. E, após a fatalidade que o vitimara, tinha plena consciência de que só trazia infelicidade aos que com ele conviviam. Já pensara em ir embora de lá, deixando o passado, que insistia em persegui-lo implacavelmente, mas, como era um fraco, no sentido literal da palavra, não conseguia tomar essa decisão. Só lhe restava viver um dia após o outro, lamentando sua infeliz existência. Tantos medos povoavam seu mundo íntimo! Não sabia como lidar com eles! E vivia de forma tão irresponsável procurando aplacar toda a dor que o consumia. Mas fizera uma promessa a Lucille e teria de cumpri-la, afastando-se dessa vida desregrada e caótica. Não queria decepcioná-la. Já agira assim com Hector e não se perdoava por isso! Ele talvez jamais o perdoasse também, mantendo-o naquele seu suplício eterno. Sonhava quase todas as noites com o acidente e, em nenhum momento, conseguia modificar o que ocorrera. Não era Diana quem o perseguia, mas a própria consciência falida. Em algum momento, a paz voltaria a seu coração? Tinha tantas dúvidas...

– Não queria causar-lhe perturbação, Philipe! – disse Madalena. – Lucille, vamos?

– Vou me recolher, estou cansada. Adoro dormir ouvindo a chuva. Boa noite! – e saíram.

Os dois jovens foram até a sacada e ficaram a observar a chuva que caía.

— Amanhã fará um lindo dia de sol! — disse Philipe.

— Como pode ter tanta certeza? — brincou Sophie.

— Não se esqueça de que vivi aqui toda a minha vida. Bem, não é tanto tempo assim, mas já me torna conhecedor do clima da região. É comum, nessa época do ano, o calor excessivo. O tempo se alternará entre dias ensolarados e outros com chuvas intensas. Vai se acostumar a isso. Pretende ficar muito tempo? — perguntou ele.

— Inicialmente, vim aqui para conhecer vocês. Como um último pedido de minha avó. Sou jornalista e pedi dois meses de férias, o que meu chefe autorizou mediante uma pequena tarefa: fazer uma matéria sobre as famílias francesas que vieram para cá e em que condições. Disse que a faria, por isso estou aqui.

— Já tem material suficiente após tantas conversas com Lucille?

— Posso dizer que a família é interessante e vou me aprofundar nos motivos da vinda para o Brasil. Creio que deva haver relatos sobre isso — disse a jovem.

— Certamente vai encontrá-los. Lucille já lhe falou de Claudine?

— A escritora da família? Já. — O estrondo de um trovão interrompeu a conversa. — Acho melhor irmos dormir, não acha?

— Não quer ficar no meu quarto comigo? — Ele parecia uma criança assustada.

— Está com medo? — perguntou ela, tentando não rir da situação. Não conseguia imaginar um homem feito estar apavorado com uma simples tempestade.

— Não tenho vergonha de admitir. Esta casa fica tenebrosa nessas noites...

— Vou acompanhá-lo até seu quarto, depois vai ter que se controlar.

— Está brincando comigo, mas é sério o que vou lhe dizer: tudo aqui fica aterrorizante em noites de tempestade. Acredite em mim! — e saíram.

Na porta do quarto de Philipe, a jovem disse em tom solene:

– Está entregue. Durma bem e, se precisar, é só gritar. Meu quarto é próximo ao seu.

– Assim farei! – e entrou com as feições assustadas.

Em seu quarto, Sophie pegou novamente o livro e continuou sua leitura. Após uma hora, um novo estrondo, e desta vez as luzes se apagaram. Lembrou-se das palavras de Philipe e sentiu calafrios por todo o corpo. Estava impressionada, apenas isso, dizia a si mesma. Tateou a mesinha ao lado da cama e acendeu a vela. A luz dela dava um ar sombrio ao ambiente e pensou em como estaria o jovem.

Deitou-se, tentando conciliar o sono, mas não se sentia confortável. Sentiu sede e viu a moringa ao lado da cama. Porém, ao pegá-la, percebeu que estava quase vazia. A coragem sempre fora uma das suas virtudes e decidiu ir até a cozinha. Teria de passar pela biblioteca e, só de pensar nisso, sentiu arrepios. Do que tinha medo? De espíritos? Ora, se estavam mortos, como poderiam lhe fazer algum mal? Decidida, pegou o pequeno castiçal e desceu as escadas em direção à cozinha. Tudo estava em total escuridão, apenas a pequena chama iluminava o caminho que percorria. Chegou ao seu destino e acendeu outros castiçais que lá estavam. Sentiu-se mais tranquila. Bebeu água e pensou em levar um copo até seu quarto. O que mais a perturbava era o barulho intenso da chuva, que caía e castigava as vidraças. Decidiu retornar ao seu quarto e assim o fez.

No caminho de volta, passou novamente pela galeria de quadros dispostos em sequência e deteve-se no quadro de Bertrand, encarando fixamente o rosto retratado com tanta nitidez. Era como se ele a encarasse diretamente. Aquele olhar incisivo e frio causava-lhe extrema perturbação, não temor. Era como se ela o compreendesse, algo que objetivamente não conseguia entender. De súbito, sentiu uma respiração bem próxima e virou-se de modo instintivo. Por questão de segundos, teve a visão de uma pessoa, que lhe pareceu a mesma do retrato.

Largou o copo, que se espatifou no chão, e queria correr, mas seus pés pareciam fincados no solo. Não conseguia se mexer; apenas olhava a figura à sua frente. Em dado momento, ouviu:

— Não pretendo lhe fazer mal. Saia daqui enquanto é tempo. Sei quem você é! — e a visão esmaeceu, até sumir por completo. Sophie estava trêmula, e suas mãos, geladas. O coração batia em descompasso, e queria sair dali correndo. Amanhã cuidaria de se desculpar pelo copo quebrado. Começou a caminhar em direção às escadas, subindo-as rapidamente. Quando passava pelo quarto de Philipe, ouviu sons de alguém chorando. Aproximou-se da porta e conseguiu ouvir:

— Perdoe-me! Não tive culpa pelo que aconteceu! Pare de me torturar! — dizia Philipe.

Ela abriu a porta e o encontrou no canto do quarto, no chão, com as mãos na cabeça e em convulsivo pranto. Não se conteve e entrou, indo até ele e abraçando-o.

— Acalme-se! Pare com isso, eu lhe peço! — e ele se entregou confiante aos braços que ela oferecia, assim permanecendo por longo tempo. A jovem ficou calada, esperando que ele se acalmasse e decidisse falar com ela, o que só aconteceu após alguns minutos. — Por que tanto desespero, Philipe? Por que se atormenta com uma culpa que não tem?

O jovem enxugava as lágrimas que escorriam abundantes pelo seu rosto e disse:

— Todas as noites, tenho o mesmo sonho! Peço perdão todas as vezes, mas Diana apenas fica me olhando, sem nada dizer. Isso é perturbador! Por que ela não fala comigo? Ela nunca irá me perdoar? — inquiriu ele, com a dor estampada no olhar.

— Como sabe que ela não o perdoou? Por que se sente tão responsável pelo que aconteceu? O que escondeu para si e não contou a ninguém? — Perguntou isso sem entender o motivo.

O jovem entregou-se de novo a um choro convulsivo e descontrolado, até que disse:

— Eu fui o culpado do acidente! Jamais vou me perdoar por isso!

— Conte-me tudo, só assim vai se libertar desse peso que tanto o angustia.

Ele respirou fundo e iniciou seu relato:

— Jamais contei isso a alguém. Eu poderia ter evitado, e não o fiz.

— O acidente não foi você quem causou. Foi aquele homem, não foi? — perguntou ela.

— Ele foi irresponsável, porém eu fui mais.

— Como assim? — A curiosidade da jornalista passou a comandar.

— Quando estávamos voltando, Diana começou a sentir algumas pontadas e disse que seria melhor irmos direto ao hospital. Eu estava cansado, desejando retornar o mais rápido possível para casa, então disse que eu mesmo iria dirigir. Se tivesse feito o que ela me pediu, isso não teria acontecido! Aos poucos, as dores foram cessando, e ela sorriu, dizendo que realmente o que mais desejava era voltar para casa. Era eu quem dirigia, cansado e desatento. Foi tudo tão rápido, que não consigo me lembrar exatamente do que aconteceu. Estávamos conversando sobre possíveis nomes para o bebê, quando ela disse algo e eu me virei. Nessa pequena distração, tudo aconteceu. Quando o vi bem à minha frente, em minha faixa, desviei o carro, que rodopiou e acabou caindo na ribanceira. Tudo ficou escuro e só acordei no hospital. Foi tudo minha culpa!

— Pare com essa tortura, Philipe. Foi uma fatalidade! Minha avó dizia que as pessoas partem desta vida no tempo certo. Sendo assim, não existem erros, apenas certezas. Diana estava em seu tempo de retornar; o acidente foi a forma de isso acontecer. Se não fosse assim, seria de outra maneira. A hora dela havia chegado. Não atribua a si a responsabilidade por sua morte. Pelo que Lucille contou, Diana era uma pessoa maravilhosa, um ser elevado espiritualmente, que só fazia o bem, distribuindo sorrisos e paz entre aqueles com quem convivia. Como pode pensar que ela não o perdoou? Pare e reflita sobre isso. Largue esse fardo pesado de seus ombros. – Ela o olhava com ternura.

– Diga isso a Hector. Ele não se conforma com a ausência de Diana. Está sofrendo tanto! E nada há que possa fazer para minimizar sua dor. Para ele, eu sou o responsável pela tragédia, não apenas levando-a daqui, mas também o filho que iria nascer. Sua vida não tem mais um propósito, e eu causei toda essa dor! Como posso permanecer passivo, assistindo ao seu sofrimento? Dói demais! – e as lágrimas afloraram novamente.

– Não se torture mais, dê tempo ao tempo, Philipe. Essa angústia terá fim, mas somente se você assim se dispuser. Lute contra esse sentimento que o corrói. Quanto a Hector, ele também terá seu tempo de despertar, aceitando os desígnios de Deus. É Ele quem detém o poder sobre a vida e a morte. Acalme-se e, em suas orações, peça que Diana seja envolvida em muita luz. É o que pode fazer por ela. Quando sentir seu coração em paz, é porque terá se perdoado. Esse é o trabalho que você tem a realizar! É seu, e de mais ninguém. Autoperdão, já pensou nisso? – Sophie sorria-lhe com esperança no olhar.

– Você me acalma, Como consegue fazer isso? – o jovem perguntou.

– Pense em tudo o que conversamos, Philipe. Cabe apenas a você tomar as rédeas de sua existência, procurando o melhor caminho para encontrar a felicidade. Como diria Berthe: é uma escolha pessoal! E ninguém, entenda bem, ninguém pode lhe assegurar que as escolhas que realizar serão favoráveis, a não ser você mesmo. Levante essa cabeça e saiba que Diana está bem e em paz. Mas e você?

Uma luz intensa, invisível aos olhares materiais se fez visível.

# CAPÍTULO 10

# ANÁLISE DOS FATOS

O jovem ficou calado, refletindo nas palavras de Sophie. Onde encontraria a paz tão desejada? Através do autoperdão? Infelizmente, este se encontrava tão distante...

— Bem, você já está mais sereno. Procure dormir! — Ia saindo, quando ele pegou a mão dela e a segurou entre as suas, fitando-lhe com carinho.

— Agradeço a você! Ainda não sei como proceder para obter o controle de minha existência. Sinto-me tolhido em minhas ações e, quando tento prosseguir, algo ocorre que me prende novamente a esses sentimentos inferiores. Mas prometo que vou tentar. — Havia uma gratidão em seu olhar que a comoveu, fazendo-a oferecer-lhe um abraço.

— Sei que vai conseguir, Philipe. Confie em seu potencial! Durma bem! — e, quando ela estava para sair, a luz retornou, fazendo-a perceber que o abajur estava aceso. Ele realmente tinha medo da escuridão. – Pronto, agora não tem mais motivos para não dormir. Fique bem! – e saiu.

Quando adentrou seu quarto, a experiência vivida no corredor voltou à sua tela mental. O que havia acontecido de fato? Aquilo foi real ou fruto de sua imaginação? As cenas se repetiram, e ela se lembrou da visão daquele homem à sua frente. Ele parecia tão real que quase poderia tocá-lo! Era Bertrand, o mesmo do seu sonho, o mesmo do quadro. Mas como isso poderia ter acontecido? O que ele dissera? Tentava se lembrar das palavras que ele proferira, mas tudo estava nebuloso. A tensão vivenciada, o susto perante aquela aparição tinham-na deixado confusa, não conseguindo recordar-se exatamente do que ele dissera. A única coisa clara era que ele a conhecia e parecia querer alertá-la quanto a ficar ali. Por que ele pretendia que ela fosse embora? Que perigo existia lá que pudesse lhe causar algum dano? Nunca estivera naquela casa antes; conhecera a história da família pelos relatos de Lucille há apenas dois dias! Era tudo muito confuso!

Deitou-se e, entre as infindáveis reflexões, adormeceu.

As previsões de Philipe foram acertadas, e o dia amanheceu ensolarado, em nada denunciando a tormenta do dia anterior, a não ser pela quantidade de folhas espalhadas por todo o jardim. O sol brilhava intensamente e já fazia calor.

Sophie acordou cedo e sua primeira providência foi relatar a Madalena o ocorrido na noite anterior. Desceu as escadas e, no local em que tivera a visão, derrubando o copo, nada havia que delatasse o fato. Foi até a cozinha e encontrou Madalena preparando o café. Adorava sentir o aroma que se desprendia do café e, com um sorriso, disse:

– Vovó me acordava todas as manhãs com uma xícara. Posso? – e serviu-se.

– O que aconteceu na noite passada? Vi o copo quebrado e fiquei a imaginar se havia sido você ou Philipe – perguntou ela com uma expressão de preocupação.

– É isso que vim relatar. Foi um pequeno acidente que, espero, não tenha causado maiores transtornos. Perdoe-me o descuido. – Madalena olhava fixamente para Sophie, aguardando que ela lhe contasse sobre o incidente. – Na verdade, algo me assustou e derrubei o copo. Estava muito escuro e tive a impressão de ter visto alguém à minha frente. Foi tudo muito rápido e, quando percebi, o copo já estava no chão.

– Você acha que viu alguém? Mas reconheceu quem era? Não era Philipe? Era o único que poderia se locomover livremente pelos corredores. – Ela sabia que a jovem ocultava algo.

– Não sei se posso lhe contar o que acredito ter visto. Pode parecer o relato de alguém impressionável ou mesmo de um desequilibrado. – Sophie estava temerosa em contar sobre Bertrand, pois era ele que se colocara à sua frente. Mas como poderia? Ele estava morto! Esses pensamentos conflituosos a impediam de ter uma ideia objetiva sobre o incidente.

– Estava próxima à biblioteca, em frente ao quadro de Bertrand, certo? Foi ele que a assustou? – A pergunta direta a deixou tensa. Como ela poderia saber? Eram todas bruxas naquela casa?

– Só pode ter sido minha imaginação, pois ele não se encontra mais no mundo dos vivos.

– Eu sei, por isso mesmo ele a assustou quando se colocou à sua frente. – Ela falava de maneira serena, como se fosse algo trivial, um fantasma assombrando-a durante a noite. Aquilo era um absurdo!, pensava Sophie. Não podia ser real! Ele estava morto há tanto tempo... Será que ainda não encontrara a paz? – Sei o que está pensando, mas ele ainda se encontra preso neste mausoléu, em busca da paz que nunca conseguiu encontrar. Acredita que os responsáveis pelo que aqui aconteceu muito tempo atrás, lhe devem algo. Ele procura respostas, culpados, e teme sair daqui e reencontrar seu destino fatídico novamente. É como se ainda estivesse vivendo naquela época, com as mesmas emoções em desalinho com que sempre pautou sua existência física. É um prisioneiro de uma prisão que ele próprio edificou. Ele já importunou a muitos antes de você. E não pretende sair daqui, foram essas suas palavras.

A jovem estava com os olhos arregalados, procurando entender o que acabara de ouvir. Tudo parecia excessivamente perturbador, destituído de objetividade. Não sabia em que acreditar. Madalena acabara de confirmar o que ela supunha ter testemunhado. No entanto, acreditara até então, que tudo fora decorrente da própria imaginação. Não queria acreditar que havia sido real. Pensava agora se tinha sido mesmo uma boa ideia ter vindo procurar Lucille. Sempre pautara sua existência de forma lúcida, com discernimento e ética moral. E, essencialmente, dentro de padrões considerados sensatos. A simples ideia de ter se deparado com um habitante do mundo espiritual a deixava em pânico. Estaria tendo alucinações? Ou aquilo tudo era passível de ser real? Lembrou-se do livro que estivera a ler sobre espiritismo, mas ainda não sabia se aquilo se encaixava nas próprias crenças, sedimentadas ao longo de sua existência. Na verdade, era Berthe quem a conduzia a esses questionamentos espirituais, pois sempre se manteve afastada deles. Não era ateia, pois acreditava em um poder superior que a tudo comandava, Deus. Mas tinha dúvidas sobre a crença dos espíritos e que eles pudessem interferir no mundo físico. Tinha muito ainda a entender sobre o assunto, e não era a simples leitura de um livro que a faria modificar suas ideias. No entanto, havia uma questão não respondida pelos recursos disponíveis: o que realmente acontecera em frente ao quadro de Bertrand. Sua razão nada lhe explicava; em contrapartida, as emoções lhe diziam que algo misterioso acontecera, pois, sua percepção assim apontava.

Madalena percebeu o dilema que havia se instalado em Sophie e a entendia. Não se pode entender algo que a razão desconhece. Em que devemos crer: razão ou coração? Essa é a questão que se debate insistentemente. Apenas sorriu e completou:

— Sei que tudo lhe parece confuso e até inconcebível, mas procure ler sobre o assunto. Esclarecendo-se à luz da razão, vai compreender que seus sentidos espirituais são muito apurados, o que lhe confere essa capacidade de adentrar outra realidade e interagir com ela. Você está encarnada, Bertrand não. Como vocês dois puderam se conectar? Através de sua potencialidade, dessa sua percepção aguçada, ou, usando o termo adequado, sua mediunidade. Continue a leitura que iniciou e poderá entender que alguns fatos, como ter visto Bertrand, só são possíveis a determinadas pessoas que tenham essa condição mais desenvolvida. Você, por conseguinte, se foi capaz de vê-lo, é uma médium, ou uma intermediária entre essas duas realidades, física e espiritual. *O Livro dos Espíritos* é a base da Codificação Espírita, formulada por Kardec e outros espíritos de luz, e lhe dará as informações necessárias para compreender o que lhe ocorreu. Existem outros livros igualmente interessantes, que, se tiver interesse, pode encontrá-los em seu próprio quarto. Depois lhe dou os nomes.

— Você já leu todos eles? — perguntou a jovem.

— Esses e muitos outros mais. O assunto me fascina e me esclarece a todo instante. Sei que ainda tenho um longo caminho a percorrer para entender tantos mistérios que esta casa comporta. Almas dos que já partiram e não aceitam sua condição foi o ponto de partida para iniciar as leituras. Eu e Lucille já vimos tanta coisa! — e seu olhar ficou distante e triste.

— Como Lucille pôde ver? Ela não é cega desde muito jovem?

— Exatamente, mas o médium pode ver com os olhos fechados, então a visão material não será um empecilho. Ela enxerga com sua visão espiritual. Complicado? — e sorriu perante o olhar confuso que a jovem ofereceu.

— Isto é muito complexo, Madalena. Não sei se consigo assimilar esses conhecimentos, ou mesmo se os aceito — respondeu Sophie.

— Tudo tem seu tempo! No entanto, tenho que alertá-la quanto a sua sensibilidade apurada, capaz de perceber e ver coisas que os demais não conseguem.

— E o que posso fazer quanto a isso? Tem como impedir que isso aconteça?

— É uma questão delicada e não posso afirmar algo que não sei. Se isso vai acontecer novamente, você quem vai nos relatar. Procure estar com seus pensamentos ordenados, suas emoções em equilíbrio, e realizar sua ligação com Deus através da prece sincera. Isso vai fortalecê-la e fazê-la se sentir confiante em que o Pai Maior está sempre no comando. Sendo assim, por que temer? Se tiver dúvidas e interesse em conhecer mais acerca dessa doutrina, conte comigo e Lucille. Aliás, ela já acordou. Com licença, preciso auxiliá-la. Depois nos encontramos — e saiu apressada.

Sophie pegou outra xícara de café e ficou a refletir na conversa com Madalena. Não eram bruxas, mas espíritas. Soava um pouco melhor aos seus ouvidos, mas não alterava o fato de elas mexerem com coisas que, até então, julgava proibidas e carregadas de mistério.

Sorriu ante a ideia que se delineou: se ela realmente fosse uma médium, era exatamente igual a elas. Se isso tivesse acontecido durante a Inquisição, seria queimada como feiticeira ou bruxa. Seu mundo e suas crenças estavam sendo sacudidos e questionados. Jamais imaginara que aquela viagem fosse lhe render tantas reflexões existenciais.

Os empregados foram entrando para tomarem seu café, e ela os cumprimentou com carinho, saindo logo em seguida. Queria respirar o ar fresco da manhã, antes que o calor dominasse a região. Desta vez, foi cautelosa e não se afastou muito, apenas rodeando a magnífica construção que era a mansão. Ficou admirando cada pilastra, cada veneziana, que retratavam o luxo e o poder de uma época. Hoje ela não se encaixaria nos padrões de uma casa de fazenda, mas, que ela tinha certa imponência, tinha de admitir. Ficou frente a frente com a mansão e observou as escadas que levavam à varanda que rodeava a frente da casa. Tudo havia sido talhado por hábeis mãos, que entendiam o significado de beleza e harmonia. Era realmente imponente e graciosa. Quantas histórias não foram vividas naquela casa? Quantas alegrias e sofrimentos não estariam impregnados nela?

A chuva havia castigado a região e podia perceber o imenso trabalho que teriam para torná-la novamente apresentável. Ficou alguns minutos meditando sobre tudo o que estava vivenciando desde que chegara ao Brasil. Sua avó estaria feliz? Sentiu tantas saudades dela, que seus olhos marejaram. Como ela fazia falta em sua vida, só agora dava-se conta disso. Jamais cogitara a ideia de estar tanto tempo distante dela, e, agora, isso seria definitivo. Pelo menos, era no que acreditava. Ou talvez não fosse assim, se considerasse as ideias do livro. O tempo diria...

Entrou e se dirigiu à mesa do café da manhã, à qual Lucille acabara de se sentar.

— Madalena já me contou sobre sua experiência noturna. Está mais calma? – perguntou Lucille.

— Não sei! São tantas variáveis sobre as quais não tenho controle, que não posso afirmar nada. Ia comentar com Madalena, mas não tive tempo. Philipe não estava bem ontem; chorava convulsivamente. Ele precisa de muita ajuda, o que inclui atenção e amor, caso contrário, terá um colapso, e tudo se tornará ainda mais complexo.

— Entendo sua preocupação, pois é a minha também. Até então, esperávamos que ele superasse o trauma, e o tempo seria a solução. No entanto, a situação está fugindo ao nosso controle e creio que meu menino necessite de uma ajuda externa. Gilles está resistente a isso, dizendo que tudo vai passar. Mas ele está sofrendo demasiadamente e suas atitudes refletem o descontrole emocional que está vivenciando. Se ao menos Hector aceitasse falar com ele, seria uma ajuda significativa. – Seu olhar estava triste.

– É uma situação complexa, tenho que admitir. No entanto, toda ajuda seria favorável. Talvez se ele conversasse com alguém...

– Vou procurar falar com ele. – No mesmo instante, Philipe chegou mais sério que de costume. Beijou a tia e Sophie, sentando-se com elas.

– Não está atrasado? Seu pai não lhe pediu que chegasse cedo toda a semana? – Lucille falava com energia.

– Sim, porém, logo cedo, fui informado de que a reunião foi desmarcada. Não estou sendo irresponsável, Lucille. – Havia certa mágoa contida em sua voz.

– Não disse isso, apenas fiz uma pergunta, querido. Pelo visto, a noite não foi capaz de restaurar-lhe as energias despendidas.

– Realmente. Dormi pouco e, estou irritado, propenso a falar besteiras logo cedo – e pegou a mão da tia com carinho. – Desculpe, Lucille, não quis ser indelicado com você. Sophie sabe que a noite não foi a que gostaria de ter tido. – e lhe direcionou um olhar carregado de gratidão. Ela agora estava certa de que tinha uma ligação afetiva com ele. Retribuiu na mesma medida, oferecendo um fraterno sorriso. – Mas agora preciso me apressar. Vou tomar só um café e sair.

E assim fez. As duas permaneceram conversando. Após o café, Lucille fez um pedido a Sophie, dizendo ser irrecusável.

– Minha querida, vá visitar Hector em meu nome. Fale com ele, eu lhe peço! Sinto que ele precisa de ajuda. Vá até lá! – Seu olhar se iluminou ante a perspectiva.

– Não sei como posso ser útil, Lucille. Nosso único encontro não foi muito favorável. Nem sei se ele vai me receber. – Estava temerosa com a visita. Não se sentia confortável com a possibilidade de ir até lá. Tudo era tão sombrio e hostil! Ele não pretendia sair do casulo em que se colocara meses atrás, e não seria ela, uma desconhecida, capaz de alterar o rumo de sua existência. Mas não poderia negar nada a Lucille. – Vou tentar, é o que posso fazer.

– Eu agradeço seu empenho, minha querida. Sei que já se sente parte integrante da família e tudo fará para que os dois irmãos recuperem a paz há tanto tempo perdida. Madalena aparece por lá quase todos os dias, e ele não recusa sua ajuda. Ela o conhece desde que nasceu e cuida dele como a um filho. Esteve lá ontem, e ele perguntou se estava melhor, então creio que se preocupou com você, o que já é um sinal favorável. Procure conversar com ele sobre retornar a exercer a medicina. Sinto que, quando isso acontecer, ele terá recuperado em parte a vontade de viver. E, aos poucos, vai compreender e aceitar o que lhe aconteceu. Diana está sofrendo vendo-o nessa condição tão deplorável.

– Sinto o mesmo e falei com Philipe sobre isso. Ela quer seguir seu caminho, mas eles a estão retendo aqui. – Ao ouvir as próprias palavras, percebeu o quanto suas crenças estavam sendo definitivamente abaladas. Como poderia saber essas coisas?

Lucille sorria, como se lesse os pensamentos de Sophie. Um mundo novo descortinava-se a sua frente e não poderia desprezar o que agora sentia. Teria de reavaliar conceitos e crenças, pois só assim edificaria sua nova concepção acerca da vida e da morte. Tudo, no entanto, teria de ser avaliado com critério e lucidez, para que pudesse se revestir de solidez.

– Minha jovem, percebo que a leitura está lhe fazendo refletir, o que é um bom sinal. Não podemos aceitar conceitos errôneos e arcaicos, desprovidos de razão. A fé cega não é mais deste mundo. Tudo precisa ser analisado com o olhar da objetividade, para que seja compreendido e aceito. Nada mais deve ser imposto, não concorda?

– Você e Madalena têm me mostrado uma realidade que antes não conseguia perceber. E confesso que não me sinto confortável com o que estou presenciando. Preciso entender tudo o que se passa comigo. Eu sou assim!

— Tenha calma; tudo se esclarecerá no tempo certo. No domingo à noite costumamos realizar uma reunião, que denominamos Evangelho no Lar. Está convidada a participar desse encontro, que desde já esclareço não ser uma reunião mediúnica, portanto, nada precisa temer. É um encontro com as equipes espirituais responsáveis por cuidar da proteção de nosso lar. Realizamos esse culto há muitos anos, semanalmente. Eu e Madalena somos presença garantida. Diana e Hector sempre participavam conosco. Já Gilles e Philipe sempre arranjam pretextos para não permanecerem na reunião. Alguns dos nossos empregados participam, também.

Continuaram a conversa sobre assuntos mais triviais. Após o almoço, Sophie se despediu e saiu com o motorista, que era um senhor simpático e educado. Tentou entabular uma conversa com ele:

— Trabalha há muito tempo na família? — perguntou ela.

— Sou da região e meus pais trabalharam para Lucille nas plantações. Eles se foram deste mundo e acabei permanecendo por aqui. Casei-me com Luzia e nossos filhos aqui nasceram. Hoje estão estudando na cidade, tudo custeado por essa senhora maravilhosa, que possui um coração imenso. Sou grato por tudo o que temos — disse Jairo.

— Lucille é uma mulher incrível e já gosto muito dela também. E os irmãos? Você deve conhecê-los bem, afinal, está aqui há tanto tempo. São apenas Hector e Philipe? — Ela estava curiosa, pois tivera a impressão de que a tia, em uma conversa com o caçula, referira-se aos irmãos dele. Só conhecia Hector, haveria outro? O homem ficou calado refletindo sobre a pergunta da jovem.

— A madame não contou sobre a família? — respondeu ele com outra pergunta.

— Ela se referiu aos irmãos de Philipe, porém nada falou sobre outro irmão.

— O patrão foi casado e teve três filhos com sua primeira esposa. O filho do meio se chamava Julien. Era muito apegado à mãe e, quando ela partiu, ele quis ir com ela. O senhor Gilles ficou furioso com a decisão, porém ela foi irredutível e o levou com ela para morar fora do país. Ele nunca mais voltou, se é o que deseja saber. Um acidente de carro o matou ainda muito jovem, para desespero da família. Mais uma tragédia que se abateu sobre essa família. A maldição parece ser mais forte do que todas as rezas que eles fazem – e se calou, avaliando se deveria ter falado sobre o assunto.

– Não vejo como maldição, apenas eventos programados para acontecer. Você acredita que o mal tem mais força que o bem? – A pergunta foi direta.

– Não sei! Queria acreditar que o bem vencerá sempre, mas, conhecendo as histórias de todos que aqui viveram, você vai pensar como eu também. É muita maldade que ocorre entre pessoas de bem, que sempre se dedicaram a espalhar coisas boas a todos. Não é uma injustiça, se olharmos sob esse ângulo? – O homem gostava de argumentar.

– O que é a injustiça? O que nossos olhos podem ver? E a visão de Deus, não é mais ampla que a nossa, capaz de observar o íntimo de cada ser? Sendo assim, como podemos avaliar se sofremos injustiça ou não? Isso não é atributo Dele?

– Sim. Mas onde Ele esteve quando todos esses eventos aconteceram? Por exemplo, como levar deste mundo dona Diana, uma das pessoas mais generosas que tive o prazer de conhecer? E a criança em seu ventre? Hector está sofrendo muito, e em seu lugar não sei o que seria capaz de fazer. Talvez eu me decidisse a seguir com eles.

– E isso iria resolver a questão? – e encerraram a conversa, pois haviam chegado ao destino.

# CAPÍTULO 11

# VISITA PRODUTIVA

Jairo a deixou na porta e disse que esperaria o tempo que fosse necessário.

— Voltamos a nosso debate outra hora. – disse o homem com um sorriso.

— Certamente! – e saiu, dirigindo-se à casa graciosa a sua frente.

Bateu seguidas vezes, mas não obteve resposta. Decidiu entrar, abrindo cuidadosamente a porta. Tudo estava silencioso, e ela se lembrou, da outra vez, de que ele estava no andar superior, naquela sala repleta de quadros assustadores.

— Hector? – decidiu chamar seu nome. Em seguida, sentou-se na poltrona da sala, olhando tudo ao redor. Da outra vez, não tivera a oportunidade de observar com seus olhos atentos aquele sombrio lugar. Realmente era um ambiente de bom gosto e elegância, mas não gostou da energia que o local irradiava. Sentia-se uma intrusa, como se alguém a expulsasse de lá. Manteve-se firme e recordou-se do conselho de Madalena, decidindo fazer uma prece mental, pedindo proteção naquele momento. Aos poucos, a sensação foi passando, percebendo a sala com outro olhar. Ia abrir as janelas, mas algo a conteve. Da última vez, Hector repreendera essa atitude, e não queria fazer nada que provocasse um embate entre eles. Estava lá para ajudá-lo, mesmo sem saber como proceder.

Decidiu chamar seu nome novamente e, desta vez, Hector surgiu no topo da escada. Desceu lentamente, sem palavras, aproximando-se de Sophie, que sentiu calafrios por todo o corpo. Sua vontade era fugir dali, pois ele lhe causava temor, tinha de admitir. Seu olhar profundo e amargurado, as feições sombrias, o cabelo desgrenhado conferiam-lhe um ar assustador. Parecia uma fera se preparando para atacar quem adentrasse seus domínios. E ela sentiu toda essa animosidade crescer quando ele ficou frente a frente. Havia tanta dor em seus olhos, que se comoveu, deixando o temor em segundo plano. Não sabia o que dizer a ele.

— O que faz aqui? — Foi ele a sair do silêncio que os envolvia.

— Lucille pediu que viesse vê-lo. Ela está muito preocupada com você e se sentia indisposta, pedindo que viesse em seu lugar. Como você está? — perguntou Sophie.

— Essa pergunta é minha: como você está? Sentiu algo mais depois daquela tarde?

— Estou bem, foi só uma queda de pressão, creio eu. O médico é você — ela rebateu.

— Não sou mais. Desisti há alguns meses dessa profissão — disse ele friamente.

— Não creio que tenha desistido. Pode estar adiando seu retorno, mas acredito que não conseguirá ficar distante por muito tempo. Lucille contou-me o quanto amava exercer a medicina. Isso não pode ter ficado esquecido. — Começava a adentrar um terreno perigoso e precisava de muita cautela. Mas ela era sempre assim, impulsiva!

— Para mim, é uma decisão tomada. Não sei porque as pessoas querem determinar as minhas ações; esse é um problema exclusivamente meu. Se não fui capaz de salvar quem mais amava neste mundo, não pretendo fazer isso novamente. Não quero e não vou! Já me decidi. — Seu olhar passou a ostentar uma fúria contida. Ele devia estar se controlando, pois via toda a tensão em seu rosto, pescoço e nas próprias mãos, cujos punhos se fecharam firmemente.

— As pessoas estão preocupadas com você, apenas isso. Mas, se deixar de exercer sua profissão, já pensou do que irá viver? — Ao dizer essas palavras, conseguiu tirar um sorriso irônico do rosto.

— Não preciso trabalhar para viver, se é que ainda não percebeu. Conhece a dimensão da fortuna dos Busson-Carvalhal? Não deve estar bem informada. Não preciso trabalhar um dia sequer da minha existência; posso viver muitas vidas com o que minha família possui. Aliás, nossa família, pois você também é herdeira. Veio reivindicar seus direitos? — A pergunta soou carregada de malícia, incomodando-a.

— Não vim com essa intenção, se quer saber. Nunca vivi no luxo; minha vida sempre foi simples e jamais valorizei o dinheiro, como vocês — rebateu ela.

— O dinheiro é capaz de realizar muitas obras, mudar muitas personalidades, comprometer muitas vidas. No entanto, ele é imprescindível para o progresso. Não creio que vá desprezar sua parte na herança. — e sorriu com sarcasmo.

Sophie queria sair dali para deixar de ouvir as ironias de Hector, mas sabia que isso apenas era uma forma de atacar, para que ela assim reagisse. Respirou fundo e se acalmou.

— Não me julgue pelos próprios princípios, pois você não me conhece. Espero que um dia isso possa acontecer e que até, talvez, consigamos ser amigos. Sua hostilidade não me atinge. Seu pai foi muito pior que você, mordaz com as palavras; creio que seja a essência de vocês. Lucille, no entanto, me afirmou que você não se parece com ele. Tenho muitas dúvidas depois de conversar com você. Vim aqui exclusivamente por ela, que se preocupa com suas ações. Ela teme que faça algo repreensível. – Depois de dizer isso, arrependeu-se, pois,as feições dele endureceram novamente.

– Infelizmente, ela terá que aceitar meu destino. Não é isso que todos falam o tempo todo sobre minha vida? Se algo acontecer, ela também terá que entender e seguir em frente. Estamos aqui de passagem, nossos dias estão determinados, assim tenho ouvido. Temos que compreender os desígnios de Deus, que faz sua justiça de forma arbitrária. Mas temos que aceitar, compreender...

As palavras saíam de forma hostil e carregadas de intensa mágoa, deixando Sophie sensibilizada. Ele estava sofrendo, e ela captava sua dor, sentindo a angústia invadir seu peito. Aquele ser à sua frente não tinha perspectiva alguma para seguir em frente após a partida da esposa. Sophie sentiu que havia algo oculto nas palavras agressivas que ele proferia – uma intenção tenebrosa estava em seus planos. O desespero é capaz de induzir a ações indébitas e reprováveis. Era isso que Lucille pressentira e queria a todo custo impedir, usando de todas as armas possíveis.

– O que pretende fazer com sua vida? – A pergunta saiu antes mesmo que pudesse contê-la.

– Que vida? Não tenho mais motivação para prosseguir. Vivo um dia após o outro, até encontrar a coragem necessária para realizar o que pretendo. – e sua voz se calou.

A jovem estava consternada e precisava conter as próprias emoções. Ele lhe dava, literalmente, um sinal de suas pretensões. E ela não sabia o que fazer perante isso.

– Você é jovem, tem uma vida inteira para viver. Não fale assim! – Sua voz tornou-se doce e amorosa. – Diana jamais aprovaria esse gesto imprevidente. Se a amava tanto quanto diz, não cometa nenhum ato do qual se arrependerá.

– Depois de consumado, do que poderei me arrepender? Não estarei mais aqui, e é isso o que mais desejo! Não consigo mais suportar a ausência dela! É um vazio que jamais se preencherá, procure entender. Ela era minha vida, minha maior motivação. Agora, ela se foi! – As lágrimas eram já abundantes, comovendo Sophie. Ela queria abraçá-lo e dizer que tudo iria passar, mas sentia-se paralisada. De repente, algo mudou; seus pensamentos se alinharam, as ideias pareciam fluir, e ela se aproximou de Hector.

– Não se sinta tão desamparado, pois jamais estará sozinho. Tudo tem um propósito, mesmo que aos nossos olhos sejam incompreensíveis. Procure a paz dentro do seu coração; é lá que se encontra toda a potência divina. Fazemos programações antes de aqui chegar, e elas seguem seu ritmo natural, mesmo que afetem os que conosco convivem. Essas escolhas são individuais e ninguém poderá responder pelo outro, só por si mesmo. Porém, não se esqueça de que tudo que oferecemos ao mundo, nos retornará na mesma intensidade. Portanto, ações benéficas atrairão outras de mesmo teor, mas as nefastas, também. Sei que seu coração está envolto em sombras e dor, mas pode resolver isso buscando a luz fora de si, através de gestos generosos e caridosos. É assim que devemos interagir com o universo ao nosso redor. É o dar para receber. Você já recebeu tanto em sua curta existência: teve a chance de conhecer e reencontrar o amor; mostre agora essa gratidão ao seu próximo. Procure salvar vidas, pois assim estará salvando a si mesmo. Fechar-se em seu mundo melancólico e fúnebre de nada valerá, apenas agravará ainda mais sua condição! A vida segue seu ritmo, aceite isso. – De súbito, Sophie se calou e foi até ele, abraçando-o com emoção. Sentia que algo estava acontecendo e tudo se confirmou quando disse: – Sua dor me faz sofrer e me impede de seguir meu caminho. Por isso, peço-lhe que reavalie suas ações, meu amor! Preciso que siga sua programação, pois só assim estaremos juntos novamente outra vez. – e assim permaneceram, presos naquele momento, que durou breves instantes. Sophie fechou os olhos e, ao abri-los novamente, viu a figura de Hector bem próxima, com os olhos confusos. Desvencilhou-se dele e sentou-se. Seu coração estava descompassado, e suas mãos, frias e trêmulas. Não entendeu por que dissera tudo aquilo. Simplesmente uma força a impelia a dizer aquelas palavras.

— Diana? – foi a única coisa que Hector conseguiu balbuciar. Estava tão perturbado quanto Sophie. – Onde está? Leve-me com você!

Dirigiu-se à jovem e a sacudiu bruscamente, gritando:

— Não a deixe ir embora! Eu lhe peço! – e o olhar atônito que ela apresentou o fez voltar à realidade. – Ela esteve aqui, eu sei! – Havia plena convicção em suas palavras.

— O que está dizendo?

— Diana esteve aqui e conversou através de você. Era ela, tenho certeza!

— Não sei do que está falando. Pare de falar isso, está me assustando! – Sua voz era um sussurro e estava prestes a cair em prantos, tamanha a emoção que sentia. Tudo era muito confuso. Não sabia por que proferira aquelas palavras, pois não estavam em sua mente. Era como se alguém houvesse se apossado provisoriamente de suas cordas vocais e começado a falar, sem que pudesse conter ou interferir. Teria sido Diana? Seria ela uma médium, como Madalena dissera? Olhava Hector, tão confuso quanto ela, e sua vontade era fugir dali, o mais rápido que suas pernas permitissem. O que iria lhe dizer? Ficou em silêncio até se acalmar por completo, desejando sair logo dali.

Hector permanecia calado, com as mãos na cabeça, denotando todo o desespero de que era portador. A mensagem fora clara, mas ele não poderia fazer o que ela lhe pedira. Queria sair daquela existência, pois não conseguia mais controlar a dor represada em seu peito. Diana não iria voltar, isso era fato irrevogável. Como seguir em frente? Já tomara sua decisão e apenas restava colocar em ação seu plano.

Enquanto isso se dava, companheiros espirituais o assediavam, incutindo-lhe ideias infelizes e macabras, que ele acatava mediante seu estado mental fragilizado.

— Faça isso e encontrará a paz! Ela está a esperá-lo do outro lado da vida; assim, poderão se unir novamente! — Enquanto uma das entidades espirituais emitia essas ideias inferiores, outra gargalhava próxima a ele. Postou-se ao lado de Hector e anunciou solenemente, sentindo a vitória tão próxima:

— Vai pagar pelo que fez naquela ocasião! Jamais esqueci sua dívida! E, quando aqui estiver, será meu escravo! — e se comprazia com a perspectiva de tê-lo a seu lado.

Diana a tudo observava, acompanhada de irmãos da luz. No entanto, aqueles irmãos raivosos não conseguiam perceber suas presenças, por se situarem em patamares muito inferiores.

— Nada posso fazer para impedir que ele cometa essa grave infração. Tenho emitido todo o meu amor e, no entanto, ele está refratário a ele. Sinto tanto tê-lo deixado da forma como foi. Mas, se não fosse daquele jeito, seria de outro — Diana falava a uma entidade feminina.

— Não se sinta responsável pela dor que acabou infligindo a ele, você e seu filho, que apenas necessitava desse curto tempo para fortalecer seu espírito. Ele voltará quando assim for possível! Quanto a Hector, você esperava maturidade espiritual, que ele não apresentou. Terá que superar sua dor e seguir em frente, assim é a lei, e para todos. No entanto, ele é merecedor de muita ajuda, e alguns companheiros encarnados não o deixarão à deriva. Sophie será de grande auxílio; contamos com sua lucidez e serenidade. Ainda está confusa com a profusão de emoções que está vivenciando, inclusive com sua sensibilidade apurada. Mas, gradativamente, ela retomará o controle e será muito útil a Hector. Está preparada para o que pode acontecer entre eles?

— Ele não me pertence. Ficarei feliz se ele retomar sua vida, dando continuidade a sua programação. Estar a seu lado, mais uma vez, foi uma experiência maravilhosa, e sou grata por ter vivido ao seu lado todos esses anos. Entretanto, tenho que seguir meu caminho, e ele, o dele. O que não posso permitir é que seja subjugado por esse irmão infeliz, que preza a vingança mais do que tudo.

— Acalme seu coração, minha filha. Tudo está sob o olhar atento do Pai Maior e nada fugirá ao controle, jamais se esqueça disso. Confie que ele conseguirá se reerguer tão logo suas defesas sejam fortalecidas. Nossa menina fará a parte que prometeu. — e, irradiando muita luz naquele ambiente tão sufocante, desfazendo energias deletérias, ambas partiram, deixando equilíbrio e paz aos dois encarnados.

O silêncio prevalecia entre eles, até que Sophie, já mais calma, levantou-se:

— Preciso ir embora. Sente-se bem? — perguntou ela.

— Não quer falar sobre o que houve aqui? — Ele olhava fixamente para ela.

— Não sei o que aconteceu. Mais uma vez: não me peça para explicar o que não tenho a mínima ideia do que seja. É melhor ir embora!

Ele, contudo, pegou seu braço e pediu:

– Fique comigo, eu lhe peço. Se sair daqui, não me responsabilizarei por minhas ações.

– A vida é sua, Hector. Para o bem ou para o mal! Nada há que eu possa fazer por você se assim não o desejar! Todos queremos ajudá-lo a sair do lamaçal de dor em que se encontra. No entanto, parece que se compraz em permanecer nessa condição. Se fui eu ou Diana quem falou aquelas palavras, pouco importa, pois não acredita nelas. Pensa que a solução seja finalizar sua existência, pois assim encontrará a paz! Isso não vai acontecer, esqueça! Ninguém que tira a própria vida é capaz de encontrar a glória; apenas a dor persistirá, aonde quer que vá. Você disse que espera ter coragem para tomar essa atitude. Não vejo que isso seja coragem, apenas covardia. O medo de prosseguir, refazendo seu mundo, é o que o perturba, pois não sabe como fazer isso. Eu também não sei como deve agir. Apenas falo por mim, que jamais fugiria da vida, seja qual o motivo que se apresentasse. Você age conforme sabe, eu também! Não vou ficar aqui para convencê-lo de qualquer coisa, pois isso não muda o fato de que cabe a você aceitar ou não seu destino. Sinto sua dor, sei o quanto está sofrendo, porém só posso oferecer meu apoio incondicional, se assim se dispuser a aceitar. E sei que, não importa se Diana esteve ou não aqui, uma coisa é certa, ela está sofrendo ao vê-lo definhar, sem nada fazer para mudar o que acontece com sua vida. – Levantou-se e foi até a porta. Antes de sair, completou: – Peço-lhe que reflita em tudo o que houve aqui. – e saiu.

O médico levantou-se e, com toda a fúria, quebrou tudo o que viu pela frente. Queria aplacar sua dor, mas nada parecia resolver. Foi atrás de Sophie, mas o carro já estava distante. Entrou novamente e subiu as escadas, indo até o quarto de pintura. Algumas telas foram jogadas ao chão, as mesmas que Sophie achara tenebrosas. Pegou uma tela em branco e, fechando os olhos, disse em prantos:

– Diana, onde você está? Não posso esquecer seu rosto! – Abriu os olhos e, com gestos delicados, passou a esboçar seu retrato. Ficou lá por horas ininterruptas. Ao término, olhou para a nova obra com pesar: - Não vou esquecer você! Até a eternidade, estarei a seu lado. – Abraçou o quadro e depois deitou-se no sofá, adormecendo.

O caminho de volta à mansão foi silencioso para Sophie. Jairo percebeu o estado emocional em que ela se encontrava e manteve-se calado, respeitando seu momento.

A jovem refletia em tudo o que acontecera, e as lágrimas insistiam em cair. Ela conteve o máximo possível, mas, ao chegar em casa, correu para o quarto e lá permaneceu, chorando toda a sua dor e impotência. Nada podia fazer por aquele ser tão dominado pelo sofrimento. Queria lhe dizer que tudo passaria tão logo ele aceitasse seu destino, mas isso era apenas o que ela pensava. Estava tão sensibilizada, com o coração em frangalhos, que não queria ver ou falar com ninguém. Queria apenas fechar os olhos, dormir e, quando acordasse, tudo estar resolvido. Era assim que fazia quando criança, quando a mãe prometia visitá-la, mas algo fugia a seu controle e ela não conseguia ir. Trancava-se no quarto e, quando a avó vinha vê-la, dizia que queria apenas dormir. Sorriu ante a lembrança de sua infância. Talvez aquele comportamento não coubesse mais agora que era uma mulher adulta.

Hector tocara-lhe as fibras mais íntimas de seu coração. Sentia-se responsável por ele; queria vê-lo sorrir novamente e ser feliz! Se pudesse tirar-lhe todo o sofrimento, assim o faria. No entanto, isso não era possível. Não nas condições em que se encontrava. Somente ele poderia decidir permanecer, ou não, sofrendo. Lembrou-se do olhar que ele lhe dedicou ao pedir que ficasse com ele. Jamais um homem olhara assim para ela – com tanta profundidade, carregando tanta vida contida e represada, em um misto de emoções contraditórias e tão intensas. Queria voltar lá e ajudá-lo, só não sabia como fazê-lo. Lucille acreditava que ela poderia auxiliá-lo de alguma forma. Mas como?

Em meio a essas emoções conturbadas, com pensamentos desconexos, adormeceu.

Foi despertada por uma batida suave à porta. Era Rosa, chamando-a para o jantar. Lucille devia estar ansiosa por novidades sobre Hector, porém não sabia o que lhe falar.

Tomou um banho, arrumou-se e desceu para o jantar.

Encontrou Lucille e Philipe conversando. A tensão parecia dominar ambos. "Mais problemas!", pensou. Era o que menos necessitava depois de um dia como aquele.

– Tudo bem? – perguntou timidamente.

– Sim, Sophie, apenas problemas profissionais. Estamos tendo uma discussão interessante e creio que possa opinar – disse Lucille, mais relaxada.

– Boa noite, prima! – disse Philipe com cara pouco amigável. – Minha tia insiste em permanecer com velhos conceitos. Estamos vivendo novos tempos, que exigem novas ações. Estou tentando levá-la a abrir sua mente para uma perspectiva mais atual.

– Não sei como poderei opinar, pois nada entendo sobre os negócios da família, que, deduzo, envolvam a agricultura. – disse ela, fazendo Philipe sorrir.

– Realmente, precisa de algumas aulas, Sophie. Não faz ideia do que plantamos, tampouco do que nossas indústrias produzem. Nosso patrimônio é significativo e precisa saber o que vai herdar um dia – falou o jovem de forma solene.

– Isso pouco me importa, pois não é minha intenção participar dessa herança. – disse ela com convicção.

– Poderá abrir mão dela, se assim desejar. Porém, enquanto isso não acontece, é tanto herdeira quanto eu. E, já que está aqui, por que não conhecer tudo e participar das futuras decisões da empresa? – disse ele com um amistoso sorriso.

– Philipe tem razão, minha querida. E, já que tem tempo disponível, poderia acompanhá-lo e conhecer tudo o que temos, para ter uma ideia de quem somos no mercado. Sei que é uma jornalista e pretende permanecer na sua área, mas, desde que não possui vínculos maiores com a França, por que não se radicar aqui no Brasil? Esta terra é abençoada e permite àqueles que trabalham arduamente obter sucesso em suas empreitadas. Pense nisso, sei que haverá trabalho para você aqui – disse Lucille.

– Não sei, ainda é cedo para tomar uma decisão desse vulto. Mas estou disposta a conhecer a empresa. A curiosidade sempre me instigou.

– Sabia que não iria declinar de um convite desses – disse Philipe.

A ideia era interessante e poderia ajudar Sophie a passar o tempo.

– Mas sobre qual assunto devo opinar?

# CAPÍTULO 12

# RENOVAÇÃO DE CAMINHOS

— Precisamos modernizar nossas fábricas e diversificar os produtos finais, coisa que a concorrência já iniciou. Ainda estamos na retaguarda em função da solidez de nosso nome perante o mercado. Porém, tudo tem um preço, e talvez a conta final não seja a que idealizamos. Papai começou a verificar isso, pois esteve na defensiva por muito tempo, assim como você se coloca, Lucille. É uma questão de tempo a concorrência nos alcançar, e vamos perder nossa hegemonia. Vou lhe mostrar em detalhes o que isso significa. Amanhã é sexta-feira, um dia mais tranquilo, e terei tempo para ser seu anfitrião em nossas empresas, Sophie. Convite aceito? — perguntou ele com um sorriso.

— Se Lucille não se opuser, irei com você — respondeu Sophie.

— De forma alguma, minha querida. Creio que será interessante conhecer nossos negócios, mesmo que ainda esteja reticente em aceitar como seus também. E a visita de hoje à tarde? Foi ou não profícua? Como ele a recebeu? – e virou-se para Philipe. – Pedi a ela que fosse ver Hector. Não estou com bons pressentimentos e sabe como eles raramente falham. Devo me preocupar um pouco mais?

Os dois jovens, cada um a seu modo, concordavam com Lucille sobre o médico, mas foi Sophie quem exteriorizou seus temores.

– Sinto muito, mas as notícias não são as que esperava. Ele realmente está determinado a cometer algum gesto insano. Suas palavras acerca de ter coragem para tomar a decisão necessária, me fazem imaginar a qual atitude ele se referia... Tentei argumentar com ele, mas está irredutível, hermético a novas possibilidades. Como ele chegou a tal ponto de isolamento? O que Gilles pensa sobre isso? Nada há que possa fazer para demovê-lo dessas ideias infelizes e macabras? – Seu olhar estava pesaroso.

– Não espere nada de meu pai, Sophie. Para ele, tudo deve ser superado, seja qual for a maneira. Pouco importa o sofrimento que Hector vivencia, pois já devia tê-lo superado. Como se ele fosse muito diferente de meu irmão! – seu olhar expressava toda a mágoa contida.

– Seu pai não sabe lidar com essas questões, meu filho! Não o julgue com tanto rigor. Ele está sofrendo com tudo isso, porém não sabe como fazer para minimizar a dor de Hector ou mesmo a sua. Compreenda-o e seja tolerante. Precisamos tomar alguma atitude drástica com relação a isso. Não queria usar da violência, mas não posso simplesmente permitir que ele cometa uma loucura, atentando contra a própria vida. – Torcia as mãos, em muita apreensão.

– Lucille, o que pensa fazer? Trazê-lo para cá à força? Interná-lo em alguma clínica? Ele não iria nos perdoar jamais! – Os olhos de Philipe estavam marejados, sentindo toda a culpa brotar mais uma vez em seu coração. Era sua responsabilidade o que acontecia!

– Ele tem razão, Lucille, não podemos usar de força extrema. Deve haver algo que possamos fazer por ele, trazendo-o de volta à realidade. Ele terá que enfrentar seu destino cedo ou tarde; nada modificará a realidade. Vamos encontrar uma alternativa, tenho plena convicção. Depois do que ocorreu hoje, quem sabe... – e se calou.

– Algo mais aconteceu que eu precise saber? – Os olhos de Lucille, apesar de nada enxergarem, olhavam para a jovem fixamente.

– Não sei exatamente o que aconteceu, são coisas misteriosas e ainda inexplicáveis para mim. Em alguns momentos, penso que não estou no controle de meus atos, ou mesmo que algo esteja me dominando, forçando-me a dizer coisas que não quero e não pretendo dizer. Tudo é tão confuso, que me assusta. – Ela não encontrava as palavras.

Lucille fechou seus olhos por instantes e, em seguida, falou:

– Sei que algo aconteceu e posso imaginar o que tenha sido. Philipe, peço que se contenha e deixe Sophie falar tudo o que ocorreu de forma calma, sem interrupções. – Ele já ostentava pânico no olhar. Fez menção de se levantar, mas ela o conteve. – Fique, eu lhe peço. Você precisa enfrentar seus medos, também. Vamos, conte tudo.

– Não sei se o que vou dizer é sensato, nem se é possível, mas acho que Diana me usou para conversar com ele. – e contou tudo o que havia se passado naquela tarde dramática. Ao término do relato, Philipe estava com o olhar mais sereno, como se um peso houvesse sido tirado de seus ombros, mesmo sem entender o que aquilo significava.

– Foi Diana que esteve lá, certamente, tentando ajudar nosso querido Hector a sair de seu casulo, para retornar à vida. – e derramou algumas lágrimas, emocionada.

– Não sei de mais nada, Lucille, tudo isso é muito confuso. Eu falava coisas independentemente de minha vontade, como se impulsionada por uma força maior.– explicou Sophie.

– E ele? Qual foi sua reação? – ela perguntou.

– Pediu que eu ficasse e lhe explicasse. Mas explicar o quê? Nada compreendi, o que poderia lhe falar? Porém, senti que isso o tocou de algum modo. Ele sabe que Diana está morta, ou que ela não mais pertence a este mundo. Quando disse que iria embora, ele ameaçou fazer uma loucura, mas nesse momento senti que ele apenas queria me sensibilizar, para que eu permanecesse por lá. Definitivamente, ele não está bem e necessita de ajuda urgente. Entretanto, não sei se sou a pessoa indicada para isso. – Lembrou-se do olhar que ele lhe endereçara e sentiu emoções desconexas.

Philipe, calado até o momento, decidiu perguntar:

– Você é uma médium? Madalena já me explicou sobre esses assuntos, mas confesso que não são os de meu maior interesse.

– Assim ela e Lucille me disseram, porém, tenho minhas dúvidas. Isso aconteceu tão repentinamente, e desde que aqui cheguei. Não é estranho? – perguntou Sophie.

– A mediunidade que estava latente decidiu desabrochar. Simples assim! Não sei por que as pessoas dificultam tanto um assunto que não tem tanta complexidade como aparenta. Ela faz parte da natureza humana, e são poucos os que não são dotados de alguma ferramenta a ser desenvolvida, uma sensibilidade apurada que lhe permita perceber a realidade espiritual de forma natural. É o seu caso, Sophie. Naturalmente que precisará estudar se desejar utilizá-la de maneira adequada. Saiba, porém, que é detentora de um dom mediúnico, embora possa até fingir que ele não esteja presente. É uma opção sua. Ou então pode decidir deixá-lo de lado e nunca utilizá-lo. A isso denominamos livre-arbítrio. Podemos efetuar a escolha que desejarmos, porém, seremos responsáveis pelas que efetuarmos ao longo de nossa existência, em qualquer âmbito.

– Diana está bem, então? – questionou Philipe.

– Diremos que ela possa estar se adequando a sua nova realidade, mas as irradiações dos que aqui permaneceram, no caso de Hector, de caráter inferior, atingem-na de forma intensa, impedindo-a de encontrar a paz. A mágoa, a rebeldia, a inaceitação traduzem-se em energias densas, que chegam até ela e a perturbam. Assim, podemos concluir que esteja sofrendo, o que não significa que ela está em constante perturbação. Se assim estivesse, não seria permitido que ela visitasse Hector e tentasse levar consolo e paz ao coração de seu irmão. Sinto que ela está consciente de sua condição, mas precisa prosseguir em sua nova jornada. E, se está pensando se ela já o perdoou, devo lhe dizer que um espírito da hierarquia dela, uma pessoa tão generosa, bondosa e possuidora de tantas virtudes, jamais macularia seu caminhar carregando ódio ou qualquer outro sentimento inferior. Era esse seu destino, e ela não guarda mágoa alguma de você, meu querido. Aceite isso e siga em frente, Philipe. É o que ela aprovaria para sua vida!

Ele baixou o olhar e respirou profundamente, como que assimilando aquelas palavras que tanto bem faziam a seu coração. Quando levantou o olhar, Sophie percebeu que aquela sombra, que permanentemente estava presente, parecia ter se desanuviado.

— Sabe que eu faria tudo para que isso não tivesse acontecido, não sabe? — perguntou ele.

— Sim, meu querido, sei. Mas e você, será que sabe? — Lucille ostentava um olhar doce.

Sophie observava o jovem sorrindo timidamente para a tia, como se estivesse livre de uma bagagem excessivamente pesada. Sabia, no entanto, que, dependendo de suas ações, poderia trazer para si novo peso, sobrecarregando-o novamente. Era uma questão de escolha, como Lucille acabara de falar. Precisava estar atento.

Madalena entrou na sala avisando que o jantar seria servido. O ambiente ainda estava tenso, mas algumas questões pareciam estar se resolvendo. O ritmo seria determinado pelas ações de nossos companheiros.

A noite estava agradável e fez os dois jovens saírem para um passeio antes de dormir.

As estrelas brilhavam intensamente, e Sophie sentou-se no banco, admirando-as:

— Sempre gostei de contar estrelas. — brincou ela.

— Hector e eu costumávamos descobrir as constelações. Tínhamos um livro que mostrava todas elas. Fomos muito próximos, desde a infância.

— E Julien? — A pergunta foi direta e incomodou o jovem.

— Ele foi embora com nossa mãe quando eu era muito pequeno. Poucas recordações guardo dele. O que sempre soube, e ninguém precisava me dizer, era que ele devia ser o preferido, para ela tê-lo levado consigo, quando partiu. Eu e Hector não éramos tão importantes assim em sua vida. — Seu olhar ficou triste. — Pensei que já tivesse superado isso, afinal, ele nem está mais aqui entre nós. Mas, quando o assunto vem à baila, percebo o quanto isso ainda me perturba. Depois que ele se foi, ficamos apenas eu e Hector, pois papai decidiu que precisava de um tempo para se equilibrar.

— Ele deve ter sofrido um grande baque, afinal, a esposa e um dos filhos foram embora. Você é um juiz implacável com ele, pelo que tenho observado.

— Não pode imaginar o quanto ele o é comigo! — e seu olhar endureceu.

— Ele é pai, creio que está em seu direito zelar por você. Nunca tive um, para dizer a verdade, e, não sei bem qual deve ser o papel de um pai. Na verdade, nem uma mãe eu tive. Em compensação, tive uma avó que representou magnificamente todos esses papéis. Berthe era tipo Lucille, se é que me entende. Tenho muitas saudades dela! — e uma lágrima insistiu em escorrer por seu rosto. Philipe viu e, com os dedos, de forma suave, enxugou-a.

– Não fique assim. Você não a tem mais a seu lado, mas descobriu uma família. Bem, um tanto quanto complicada, mas tem o mesmo sangue que você. Já a sinto como uma irmã; fico à vontade a seu lado, como se já a conhecesse por mais tempo. – Instintivamente, abraçou-a com carinho. – Você é muito especial, jamais se esqueça disso.

A jovem estava sensibilizada com o gesto de afeto de Philipe. Percebeu que o carinho que existia entre eles era recíproco.

– Obrigada, Philipe, por me acolher em sua família, aliás, nossa família. Sinto como se o conhecesse há muito tempo, também. Amigos? – Ela se afastou e estendeu a mão.

Ele retribuiu o gesto com um sorriso de garoto.

– Amigos!

Ficaram mais alguns minutos conversando e depois se recolheram. O dia se iniciaria muito cedo na manhã seguinte. A agenda seria longa.

E assim foi.

Saíram bem cedo em direção ao escritório que abrigava a administração. O pai ainda não retornara e, em sua ausência, cabia a Philipe cuidar dos assuntos mais urgentes. A empresa, apesar de familiar, tinha um conselho de administração, e várias diretorias, com seus respectivos funcionários. Philipe cuidava da diretoria comercial, devido a sua formação e competência, além de conhecer a empresa desde muito jovem – diferente de Hector, cujo interesse era praticamente nulo. Sophie acompanhou sua rotina exaustiva por todo o dia, com uma pequena pausa para o almoço. Ele a apresentava a todos como sua prima, também herdeira do patrimônio. Foi tratada com a máxima cortesia e respeito, fazendo com que ela se divertisse com o tratamento formal que lhe era dispensado.

— Não estou acostumada a isso — brincou ela.

— Pois vá se acostumando, Sophie. Isso tudo lhe pertence, também — disse Philipe.

— Seu pai não vai gostar da minha presença aqui.

— Ele vai se acostumar, além do que foi Lucille quem lhe fez o convite. Meu pai não nega nada a ela. Na semana que vem, você volta comigo, combinado?

— Posso pensar? — riu ela, mas na verdade apreciara a visita e a companhia. De repente, um barulho ensurdecedor de um trovão os alertou de uma tempestade a caminho.

— Não lhe disse que o tempo aqui é assim? Infelizmente, teremos mais uma madrugada de fortes temporais. Será que não seria melhor ficarmos na cidade? Tem um hotel em que costumamos ficar quando um imprevisto acontece. Vamos ligar para Lucille e avisá-la, o que acha da ideia? Já passa das seis horas e anoiteceu — perguntou ele.

— Não sei... Não será melhor irmos enquanto a chuva apenas se iniciou? Não tenho nada comigo para passar a noite fora. — Ela estava indecisa. — Não podemos sair já?

Philipe olhou a escuridão lá fora, e sua intuição o orientava a ficar, mas a jovem insistia em voltar para a fazenda.

— Então, vamos já, antes que a chuva fique mais intensa.

Saíram sob o forte temporal que assolava toda a região. Philipe dirigia com atenção e pouca velocidade, pois a visibilidade era péssima. O trajeto não era longo, mas pareceu durar uma eternidade. Conhecendo cada desvio, cada detalhe do caminho até seu destino, ele procurava o mais seguro e com menos chances de atolar. Decidiu passar próximo à casa de Hector, o trajeto mais longo, porém com menos possibilidade de perigo. A chuva não dava trégua e, na metade do trajeto, Sophie já se arrependera de ter insistido para voltar. Deveriam ter permanecido em segurança na cidade. Seu coração batia acelerado; estava tensa com o barulho da chuva castigando o carro. Era ensurdecedor, tinha de convir. O carro era potente e dificilmente atolaria, mas sentia-se inquieta e só se acalmaria quando estivesse em segurança na mansão.

Subitamente, em meio ao caos, algo passou na frente do carro, forçando-o a desviar. O chão estava escorregadio, e Philipe perdeu o controle da direção, fazendo o carro derrapar por um pequeno declive, descendo ladeira abaixo sem que pudesse contê-lo. Sophie gritava em pânico, e o jovem tentava manter, sem condições satisfatórias, o controle do carro, que parou bruscamente quando algumas árvores impediram sua passagem. O barulho da pancada foi assustador e, em seguida, nada mais se ouvia senão a chuva, incessante e vigorosa. Com o impacto, ambos ficaram atordoados, e Sophie foi a primeira a se manifestar:

— Philipe, você está bem? — Colocou a mão na própria testa e sentiu o sangue quente escorrendo. O rapaz estava quieto, sem se mover. Chamou várias vezes seu nome, sem obter resposta. Tirou o cinto de segurança e tentou ver o que havia acontecido com ele. Com a pancada, ele estava debruçado no volante, que parecia esmagar seu corpo. Sacudiu-o, mas ele não reagia. Olhou para fora e não viu nada a não ser a chuva. Sentiu vontade de chorar, mas precisava ajudar Philipe. Não sabia a gravidade dos ferimentos, apenas via muito sangue jorrar de um corte considerável em sua testa. Soltou o cinto dele e colocou-o sentado na posição correta. Tocou seu rosto, mas ele não se moveu. Chamou seu nome, e nenhuma resposta. Sequer sabia onde estava. Se era próximo a casa ou não. Estava para entrar em desespero, quando Philipe abriu os olhos e disse:

— Vá buscar ajuda. Tem uma lanterna no carro. Estamos mais próximos da casa de Hector e creio que não terá dificuldade em encontrá-la. — Ele parou e gemeu com força.

— Venha comigo, não vou sair sozinha nesta escuridão! Perdoe-me, não deveria ter insistido em voltar. — Estava quase aos prantos, tamanha era sua aflição.

– Pare com lamentos. Preciso que esteja calma e vá buscar ajuda. Rápido!

– Venha comigo, não posso deixar você nesse estado!

– Não consigo respirar direito; a pancada no meu peito foi forte. Não sei se consigo caminhar! Vá e chame Hector!

– Não, você vem comigo! Eu o ajudo! – Saiu do carro e foi até o outro lado. Tentava abrir a porta, mas não conseguia. Ficou desesperada e voltou para o seu lado. – Venha por aqui, faça um esforço. – Philipe tentava conter a dor lancinante no peito, mas precisava ir com ela. Saiu com dificuldade do carro e tentou ficar de pé. Sophie o amparou e tentaram seguir pela picada no meio das árvores. A cada passo, parecia prestes a perder os sentidos, tal era a dor que sentia, porém não queria deixar Sophie ainda mais nervosa do que já estava. Era um pequeno declive e subiram lentamente, ele se escorando nela, que encontrava forças que jamais imaginara possuir. Quando chegaram à estrada, o jovem indicou a direção que deveriam seguir. Não estavam distantes da casa de Hector, mas para ele parecia uma distância quase impossível de ser vencida. Caminharam por alguns minutos, quando avistaram, depois da pequena ponte, a casa que buscavam. Sophie sorriu perante a visão, sentindo-se mais confiante. Olhou para Philipe e disse:

– Vamos, estamos quase lá. Só mais um pouco. Você consegue. – e o incentivava. Porém, ele estava no limite de suas forças e disse:

– Vá até lá, peça para ele ajudá-la. Não consigo dar mais nem um passo. Eu fico aqui esperando. – A jovem não queria deixá-lo, mas ele precisava de ajuda. Não tinha ideia alguma da dimensão dos ferimentos. Só Hector poderia ajudá-lo.

– Volto logo! – Deixou-o sentado sob uma árvore e correu em busca de ajuda. Parecia tão perto, mas o caminho ainda foi longo até chegar à porta da casa. Bateu insistentemente várias vezes. Chamou Hector pelo nome, quase aos gritos, quando então ele apareceu com aquele cabelo desgrenhado e a aparência sofrida.

— O que aconteceu? Está sangrando. Entre! — Ela estava parada à porta, sem saber se falava que o irmão precisava de ajuda.

— Não posso, preciso que ajude uma pessoa que estava no carro comigo. Depois eu conto como tudo aconteceu. Agora, venha logo! — Ela o puxou para fora, sem dar-lhe tempo para recusar ou fazer perguntas que ela não poderia responder. Ele a seguiu, caminhando rapidamente em meio à tempestade, que não dava trégua. Passaram pela pequena ponte e, após alguns metros, ele pode divisar a figura de um homem caído, parecendo desfalecido. Foi até ele e, quando o virou, viu quem era e se levantou de súbito.

— Por que não me disse quem era? — perguntou ele com toda a fúria.

— Ele é uma pessoa ferida que precisa de sua ajuda. Vai recusar auxílio ao seu irmão? Tem coragem de deixá-lo aqui, sem receber os cuidados de que necessita?

Ele já virara as costas e voltava pelo mesmo caminho, quando ela o segurou bruscamente e o sacudiu : — O que pensa estar fazendo? Você fez um juramento quando se formou. O que está fazendo agora é renegar todos os seus anos de estudo.

— Já lhe disse que não sou mais médico. Não devo nada a ninguém, tampouco a ele. Sinto muito! Agora, me solte, por favor! — Ele tentava se desvencilhar das mãos de Sophie, que o apertavam com toda a força.

— Não pode fazer isso consigo mesmo! Não está vendo o caminho tortuoso que está trilhando? Será capaz de lidar com sua consciência, com Lucille, depois de abandonar o próprio irmão ferido e indefeso? Você é um crápula, um egoísta! — Ela o soltou e voltou até o jovem que estava desacordado. — Philipe, fale comigo! — e o sacudiu com energia, até sentir uma mão pesada sobre a sua.

# CAPÍTULO 13

# VIDA POR UM FIO

— Pare de falar e me ajude! — e abaixou para examinar o estado do irmão. Um corte profundo na testa, foi o que pôde avaliar inicialmente.

— Ele reclamou que não conseguia respirar. — disse ela, vendo-o examinar Philipe.

— Ajude-me a levá-lo.

Chegaram em casa encharcados, e a primeira providência foi levá-lo até um quarto no mesmo piso. Colocaram-no na cama, e Hector passou a examiná-lo com mais cuidado. Ao tirar sua camisa, pôde ver a marca profunda da direção em seu peito. Apalpou com cuidado todo o tórax e não gostou do que viu. Mas nada disse, para não deixá-la mais tensa do que ela já aparentava. Foi até seu quarto e pegou sua maleta, que continha o que necessitava para cuidar dos ferimentos. Bem, pelo menos, era um primeiro cuidado.

Quando voltou, Sophie segurava a mão de Philipe, chamando-o, mas ele não respondia, o que a deixou mais apreensiva.

– Por que ele não acorda?

– Vamos ver! Agora, sente-se aqui, vou cuidar do seu ferimento.

– Cuide dele primeiro, acho que é mais grave do que o meu.

– Pare de reclamar e deixe-me cuidar de você. Sente-se aqui e permaneça quieta.

Ela ia retrucar, mas decidiu ficar calada. Ele limpou o ferimento, que não era tão profundo, e fez um curativo de forma rápida e eficiente. Sophie entendeu por que ele escolhera a medicina. Suas mãos ágeis e delicadas não poderiam parar de exercer a profissão. Seria um grande desperdício.

Em seguida, ele lavou novamente as mãos e foi até Philipe. Fazia seis meses que não o encontrava. Recusava a vê-lo, pois temia quais seriam suas reações nesse encontro. A ideia de uma simples aproximação lhe causava perturbação. Ele sempre o faria se lembrar do trágico acidente. Sabia que ele não era o responsável, mas ele estava lá ao lado dela. Se ele não tivesse pedido que Diana o ajudasse...

Era o mesmo menino de sempre, seu irmão tão amado, mas que a vida se encarregara de afastar. E ele estava ali, precisando de sua ajuda. Suas mãos tremiam e ele não conseguia firmá-las. O corte precisava de pontos e precisava ser logo. Limpou o ferimento com cuidado e iniciou o procedimento. Quando foi dar o primeiro ponto, no entanto, não conseguiu. Largou tudo sobre a cama e saiu do quarto.

Sophie o seguiu, encontrando-o no sofá com as mãos na cabeça, em prantos.

– Não posso fazer isso! Não consigo! Jamais vou conseguir salvar alguém novamente!

– Não pode deixá-lo sem cuidados. Eu lhe peço!

– Ligue para Madalena, ela saberá o que fazer. Sinto muito! – e subiu as escadas.

A jovem foi até o telefone e tentou ligar, porém, a linha estava muda. Talvez a tempestade tivesse causado isso. Largou o telefone, e as lágrimas rolavam. Correu até o quarto e ficou ao lado do jovem. Limpou cuidadosamente o ferimento, que ainda sangrava, e a tensão imperou. O que poderia fazer para ajudar? Ele ainda continuava desmaiado, o que não poderia ser bom presságio. Teria ele algum ferimento interno mais grave? Uma hemorragia, sabe-se lá. Não era médica e só tinha suposições. O médico estava no andar de cima, com crises existenciais, disposto a ficar de mãos atadas, enquanto o irmão poderia morrer. Tudo era muito injusto! Estava presa àquela casa até que a tormenta cessasse, ou até que o telefone voltasse a funcionar.

Olhava o rapaz desacordado à sua frente e sentia-se impotente. O que poderia fazer? Não soube quanto tempo se passou, mas Philipe abriu os olhos e disse com voz entrecortada:

— O que aconteceu? Onde está Hector? — e se calou. Sophie não podia lhe dizer que o irmão estava no andar de cima, recusando-se a atendê-lo.

— Sente-se melhor? Fique calmo, tudo ficará bem, eu prometo — e limpava com toda a delicadeza o rosto do rapaz. Ele tentou se levantar, mas uma dor profunda o conteve.

— Dói demais! Onde meu irmão está? — Procurava pelo quarto com o olhar.

— Ele foi pegar algo e já vai retornar. Estou aqui com você! — e tentava sorrir mediante a situação extrema em que se encontravam. Onde estava Hector, que não se dispunha a auxiliar o próprio irmão? Sua vontade era sair dali e forçá-lo a cuidar de Philipe. E se algo mais grave ocorresse? Só de pensar, sentiu todo o corpo estremecer, e foi só nesse momento que percebeu que ainda estava molhada. E o jovem também! Viu um armário às suas costas e procurou toalhas ou alguma roupa seca. Achou algumas camisetas, que imaginou pertencerem a Hector. Tirou sua blusa encharcada, secou-se e vestiu uma blusa que lá encontrou.

– Você aí nesses trajes e eu impossibilitado de me mover! Uma cruel injustiça! – disse o jovem, tentando descontraí-la.

– Você não consegue ficar sério um instante sequer? – e direcionou-lhe um sorriso.

– Não posso perder meu bom humor, ainda mais estando ao seu lado. Tenho de agradecer-lhe por ter me trazido até aqui.

A jovem refletia se ele realmente teria algo para lhe agradecer, afinal, estavam lá presos, sem possibilidade de contatar ninguém para pedir o tão necessário socorro.

– Quero pedir-lhe desculpas. Se não insistisse em voltar para a fazenda, nada disso teria acontecido. Não me perdoarei se algo lhe acontecer. – e se aproximou, segurando suas mãos com carinho.

– Pare com isso! Estou bem, apenas um pouco zonzo e sonolento. – e tentava manter os olhos abertos, porém não conseguia, até que os fechou, deixando a jovem em pânico. Ela chamava seu nome, e ele não dava sinal algum de consciência. Começou a andar pelo quarto em total desespero. Foi até a sala verificar novamente o telefone. Ainda permanecia mudo. Voltou ao quarto e percebeu que Philipe estava mais pálido ainda, e seu coração ficou acelerado. Precisava ir embora de lá e pedir ajuda, mas como? Chovia torrencialmente lá fora, sem locomoção que lhe possibilitasse sair de lá. O que fazer?

Decidida, subiu as escadas e foi à procura de Hector. Encontrou-o no último quarto, deitado com as mãos na cabeça.

– Hector, por favor, eu lhe imploro: faça algo por seu irmão, ele precisa de você. Não sei o que fazer! – disse ela em tom de súplica, mas ele se mantinha impassível. – Fale comigo! O que está esperando acontecer? E se ele morrer? Terá mais com que se culpar! – e arrependeu-se do que acabara de dizer.

Ele se levantou e a encarou com aquele olhar profundo, dizendo:

– Uma culpa a mais não fará diferença alguma! Em breve, isso irá se encerrar. Pode falar o que quiser, eu não me importo com mais nada! – e começou a andar pelo quarto.

Sophie estava indignada com a passividade dele e o total descaso com o irmão:

– Não posso acreditar que seja capaz de vê-lo morrer e nada fazer para impedir. Que irmão é você? Vai ficar aí de braços cruzados? – Ela foi até ele e o sacudiu com fúria. – Faça algo, por favor! – As lágrimas escorriam de forma abundante.

Hector sentiu-se tocado pelas palavras da jovem. Porém, não tinha forças para fazer o que ela lhe pedia. Não queria mais usar aqueles instrumentos, não pretendia exercer a medicina, nunca mais! Assim prometera no túmulo de Diana, como se isso pudesse amenizar a dor que sentia. Devia isso a ela, assim pensava. Não poderia ajudar Philipe.

Mas Sophie não tinha intenção de desistir de seus propósitos e continuava a pedir:

– Apenas o examine, só isso que lhe peço. Por favor! – O olhar que ela lhe oferecia sensibilizou-o.

Ele soltou-se das mãos enérgicas da jovem e decidiu fazer o que ela solicitara.

Quando chegou ao quarto, seu coração ficou descompassado. O irmão estava muito pálido e parecia estar em choque. Sua respiração estava muito lenta, quase imperceptível. Hector pegou o material necessário e auscultou-lhe minuciosamente. Seu olhar foi ficando cada vez mais preocupado, conforme o exame do tórax de Philipe era realizado. A situação se complicara e pedia medidas extremas. Com gestos rápidos e hábeis, pegou um bisturi e o colocou bem próximo aos pulmões – tudo sob o olhar assustado de Sophie. Não falou absolutamente nada, nem ofereceu explicação alguma à jovem, apenas cuidou de realizar o procedimento de emergência, tentando salvar a vida do irmão, que estava por um fio. Fez uma incisão precisa em seu peito, e colocou um pequeno cateter. Tudo de forma eficiente e rápida, em seguida, passou a auscultar-lhe novamente, com gestos lentos e cuidadosos. Após alguns minutos, levantou-se dizendo:

– Ele precisa ir com urgência a um hospital. O procedimento é apenas temporário. – E examinou o corte profundo na cabeça, porém desta vez, limpou cuidadosamente o ferimento e deu os pontos necessários. Tudo em poucos minutos, sob o olhar atento de Sophie, que via à sua frente um eficiente cirurgião. Ao concluir, disse: – Ficarei aqui com ele, pode descansar um pouco. O caso dele é preocupante e precisa receber maiores cuidados. Esperemos que a chuva cesse logo ou que o telefone volte a funcionar. Até lá, nada podemos fazer senão aguardar suas reações.

– Ficarei aqui com você, se não se importar. Você não tem carro? – Morar em local tão distante sem um automóvel não era uma atitude a ser considerada. Não conseguia conceber tal isolamento.

– Tenho, mas, da última vez que tentei usá-lo, a bateria havia pifado. E assim permaneceu! Não preciso dele para mais nada.

– Hoje teria utilidade. – lamentou Sophie. – O caso dele é grave?

– Sim, mas se for conduzido a um hospital rapidamente poderemos reverter o quadro. Não adianta lhe explicar, pois pouco irá compreender. Vá descansar!

– Já disse que prefiro permanecer aqui com vocês. – e, timidamente, falou: – Obrigada!

Ele não esboçou emoção alguma no olhar, mas ela percebeu que ele estava deveras preocupado com o estado do rapaz. Havia duas poltronas no quarto, e cada um ocupou uma delas. Sophie lutava contra o cansaço que a dominava. Hector mantinha-se atento ao irmão, examinando-o detidas vezes. Ele ainda não acordara, e isso poderia ser também motivo de preocupação. As horas foram passando, e a chuva não abrandava.

Passava das cinco horas da manhã, quando a freada brusca de um carro despertou Sophie. Hector, que permanecera acordado por toda a noite velando Philipe, levantou-se e foi ver quem seria o salvador. A porta se abriu, e Gilles adentrou a casa tão familiar, deparando-se com o médico. Viu a tensão nos olhos do filho e imaginou o que poderia ter acontecido. Sophie veio até a sala e viu os dois frente a frente, em silêncio.

– O que aconteceu? Onde está Philipe? Ele está bem? – Seu olhar denotava grande temor, como se ele soubesse o que havia acontecido. Não era momento de explicações e inquiriu Hector:
– Sei que algo aconteceu. Conte-me tudo!

– Não temos tempo para isso. Venha comigo e me ajude. – e conduziu-o até o quarto onde o irmão ainda estava desacordado. – Precisamos levá-lo ao hospital com urgência. Seu caso é delicado. – Pediu ao pai que o ajudasse a levar o jovem até o carro. Após colocá-lo lá, com a presença de Sophie sempre ao lado, falou: – Leve-o com cuidado. Ele está com hemorragia, que precisa ser contida. Avise quem lá estiver.

Estava entrando na casa, quando o pai pegou seu braço e pediu-lhe:

– Venha conosco, eu lhe suplico. Sei que não há cirurgião mais competente que você. Salve-o, por favor, meu filho! Não posso perdê-lo!

O médico olhou o pai firmemente e disse:

– Não sei se consigo. Prefiro que alguém faça isso em meu lugar. E se algo acontecer? – Seu olhar tinha tanta dor, que o pai o abraçou.

– Confio em você, filho! Não o deixe morrer! Você é capaz e sabe disso!

– Não sei mais nada de minha vida! Nem sei se tenho ainda uma vida! – e finalizou: – Não sei se sou a pessoa mais indicada para uma cirurgia desse porte.

Sophie, que até então não se manifestara, disse com firmeza:

– Hector, seu irmão precisa de você. Deixe seus questionamentos para depois. Vi o que é capaz de fazer com um bisturi e sei que fará o melhor possível. – e pegou suavemente suas mãos. – Por favor! Venha conosco, confiamos em você!

O médico não sabia o que fazer, e ela o conduziu para dentro do carro, segurando sua mão com todo o carinho. Seus olhares se cruzaram e, pela primeira vez desde que o conhecera, viu ali uma emoção genuína presente. Ele não conseguiu se desvencilhar e entrou no carro ao lado de Philipe. A jovem foi na frente com Gilles. Ela apenas perguntou:

– Como sabia que estávamos aqui?

– É uma longa história. Teremos tempo para isso! – e saíram com a orientação de Hector para que fossem da forma mais rápida e segura ao hospital.

A chuva ainda persistia, e o trajeto até a cidade demorou mais do que supunham. Assim que chegaram, o médico, para surpresa dos que lá se encontravam, solicitou todo o auxílio possível para efetuar em tempo recorde a cirurgia em Philipe. Uma equipe foi requisitada e, em menos de vinte minutos, Hector adentrou novamente uma sala de cirurgia, algo que há seis meses não mais fazia. Sua habilidade era reconhecida, e os que lá se encontravam estavam felizes por seu retorno. Esperavam que fosse definitivo. O tempo diria...

O caso de Philipe inspirava extremos cuidados, e a cirurgia teria de ser imediata. A equipe já estava no aguardo das instruções e, assim que Hector chegou, o procedimento se iniciou.

Lá fora, Sophie e Gilles estavam silenciosos. Foi a jovem que iniciou o diálogo:

– Já ligou para Lucille contando o que ocorreu?

– Sim. Ela queria vir para cá, mas pedi que aguardasse notícias – respondeu, sem olhar para a jovem. Era nítido o quanto estava tenso com toda a situação. – O que estavam fazendo na estrada em meio ao temporal? Meu filho sabe o quanto é perigoso percorrer esse percurso nessas condições! Foi você que insistiu em retornar à fazenda? – perguntou ele, encarando-a fixamente.

Ela não iria esconder de quem fora a ideia insensata e, constrangida, disse:

– Fui eu que insisti para retornarmos. Não poderia supor que algo assim fosse acontecer. Foi um acidente! – Sua voz era um lamento sincero.

Ele ia dizer algo, mas se calou. Não era momento para acusações ou julgamentos infundados. Seu filho estava na mesa de cirurgia e só queria que ele se recuperasse. Hector não entrara em detalhes sobre as condições críticas em que o irmão se encontrava, pois de nada valeria deixá-los mais aflitos do que estavam. Gilles levantou-se e caminhou de um lado a outro da sala de espera. A tensão imperava entre eles, e Sophie decidiu tomar um café, com a intenção de permanecer acordada o tempo que fosse necessário.

– Quer um café? – perguntou atenciosamente.

– Quero, obrigado. – foi a resposta seca.

Já havia amanhecido, e a chuva ainda persistia. Passava das dez horas da manhã, quando Hector apareceu na sala com uma expressão séria e cansada. Os dois estavam ansiosos por notícias favoráveis.

– Ele ficará bem. Vamos mantê-lo sob intensos cuidados nas próximas horas, que serão decisivas. Fizemos o possível para conter a hemorragia interna e agora precisamos aguardar. – Ele ainda estava com a roupa de cirurgia e, naquele instante, era o médico que todos aclamavam por sua competência e comprometimento. Além da seriedade que ostentava, não se via outra emoção predominando.

– Posso vê-lo? – Gilles perguntou com a voz entrecortada.

– Mais tarde. Agora é melhor ele se estabilizar. Podem ir descansar!

– Posso ficar? – perguntou timidamente Sophie.

– Se quiser. A decisão é sua. – falou Hector, sem encará-la. Gilles abraçou o filho com carinho e disse:

– Obrigado, meu filho. Sabia que seria capaz. Não será hora de repensar suas escolhas?

O jovem médico apenas endereçou-lhe um olhar frio e distante, sem nada responder. A falta de sensibilidade era nítida, pensou Sophie. Aquele não era o momento para questionar-lhe sobre suas posturas com a própria vida.

– Se quiserem ver onde ele está, venham comigo. – e os conduziu por um longo corredor, chegando a uma sala repleta de equipamentos de monitoramento e algumas camas. Philipe estava em uma delas. – Aguardem aqui – e entrou. Conversou com uma enfermeira e uma médica, dando as orientações necessárias. Depois foi até o leito onde ele estava, ainda adormecido, e permaneceu calado, apenas observando o irmão. Havia um vidro separando a sala de terapia intensiva e a de espera, e Sophie pôde ver Hector ao lado de Philipe. Em dado momento, ele pegou a mão do irmão e a segurou entre as suas, proferindo algo que ela não decifrou. Depois, viu quando ele colocou a mão no rosto, enxugando algumas lágrimas. Em seguida, saiu. Ao passar por ela e o pai, disse:

– Seus sinais estão bons; ele é jovem e vai se recuperar. Fiquem tranquilos. Se quiserem ficar, já avisei a equipe. Mas será desnecessário, pois ele permanecerá sob o efeito da anestesia por algum tempo. Estimo que só no final da tarde, tenhamos alguma notícia. Pai, se puder me levar de volta para minha casa, agradeço.

– Eu o acompanho. Porém, não será adequado permanecer aqui monitorando-o?

– Ele está sendo acompanhado por uma excelente equipe, não se preocupe. Nada mais posso fazer por aqui. Quero ir embora! – e via-se sua insatisfação em permanecer lá.

– Vamos, então! – disse Gilles, procurando não contrariá-lo mais. – Você vem conosco, Sophie? Lucille está ávida por notícias.

Ela estava indecisa sobre sua permanência no hospital, que poderia ferir suscetibilidades. Gilles não aprovaria sua presença por lá, desde que ele não estivesse também. Ele era o pai! E ela, quem era? Decidiu que iria para casa, pois precisava de um banho quente e uma cama acolhedora. Mais tarde, voltaria em busca de notícias.

— Deixemos Philipe se recuperando. Volto no final do dia. Pedirei a Jairo que me traga e, assim, Lucille pode me acompanhar. — Gilles percebeu que a jovem já estava se inserindo na vida da família. Mas ela era da família, pensou ele. Essa ideia, no entanto, não o agradava. Para ele, aquela moça era apenas uma visitante que em breve voltaria a seu país, deixando-os da mesma forma que quando aqui chegara. Era uma intrusa!

Os três saíram em silêncio, cada qual com seus pensamentos e sentimentos.

Diana a tudo observava, esperando que o retorno de Hector à sua profissão finalmente se consolidasse. Porém, quando sentiu que ele pretendia continuar em seu isolamento, permitindo assim que aquele companheiro do passado prosseguisse com seus planos de vingança, entristeceu-se e disse a Olívia, a entidade iluminada que a acompanhava :

— Esperava que o evento pudesse surtir efeito favorável, e que ele repensasse seu caminho. Mas, infelizmente, isso não ocorreu. Vai retornar àquele local tão perturbador e se envolver cada dia mais com essas energias inferiores, que Manoel irradia, desejando que ele pague pelo passado, do qual nada se recorda. Uma vingança arquitetada há tanto tempo, e que o tempo não foi capaz de extinguir. Ele ainda se coloca como a vítima que foi vilipendiada, esquecendo-se dos próprios atos. É muito triste! — e derramou sobre o grupo energias reconfortantes.

# CAPÍTULO 14

# REENCONTRO

— Continue com suas vibrações, minha querida Diana. O tempo se encarregará de tocar esses corações, e as mudanças finalmente ocorrerão. Porém, o fruto ainda não está maduro para ser colhido; entenda isso e trará de volta a paz ao seu mundo íntimo. Tudo tem seu tempo, lição que devemos aprender quando estamos no mundo material, mas que a pretensão e o orgulho nos impedem de assimilar. Esses irmãos cometeram atos equivocados no passado, um pela ganância e prepotência, outro com o intuito de fazer justiça com as próprias mãos, acarretando, para ambos, dívidas que devem ser quitadas. Não podemos nos outorgar juízes, efetuando cobranças que acreditamos ser de nossa alçada. Somos apenas espíritos imperfeitos, lutando incessantemente, para quitar débitos contraídos por nós. Distantes estamos da perfeição maior, e fazer justiça com as próprias mãos, nos corrompe e nos torna semelhantes àqueles a quem julgamos. Gregório, hoje Hector, não tinha o direito de tirar uma vida, mesmo que ele fosse réu confesso. Cabia a Deus esse papel. E aos homens, a justiça penal. Enfim, delitos foram cometidos, e agora a cobrança chegou na forma desse assédio infeliz que Manoel impõe a Hector. Não será uma trajetória fácil, mas contamos com os recursos disponíveis para nos auxiliar. Sophie tem grande ascensão sobre Hector, como já deve ter percebido, o que vai facilitar nosso concurso. De certa forma, podemos comemorar a atitude humanitária a que ele se dispôs a pedido dela. Por muito pouco, ele não correspondeu aos nossos anseios. Temos que ser gratos pelo que já obtivemos!

— Certamente que a gratidão já está em meu coração. Ele tem muito a realizar nesta encarnação e não gostaria que retornasse sem realizar o que se propôs — disse Diana.

— Essa tarefa pertence a ele, não a você! — e Olívia concluiu: — A cada um as suas obras, lembre-se dessa lição. O que a ele foi designado, cabe a ele executar. Agora, temos que seguir. Despeça-se deles.

Diana abraçou com toda a ternura o marido e depois seguiu com Olívia.

Hector sentiu a emoção dominá-lo, enquanto se dirigiam à sua casa, imaginando que fosse em função de todas as experiências vividas nas últimas horas. Sentia tanto a falta de Diana, seu grande amor. Estar com Philipe, ter de salvar sua vida, despertara nele sentimentos perturbadores, e a revolta insistia em assomar novamente. Pensou no irmão deitado na mesa de cirurgia e não pôde deixar de fazer tudo para salvá-lo. Ele o amava tanto! Naquele momento, passou um filme em sua cabeça — todos os eventos desfilaram em sua tela mental, finalizando com a morte de Diana e todo o sofrimento que vivenciara desde então. Porém, Philipe era o responsável pelo desfecho trágico? Não aprendera que não existia o acaso? Queria tanto que aquela mágoa represada contra o irmão deixasse de imperar! Tudo poderia ser como antes! Entretanto, nada mais seria como antes, pois Diana não estaria mais com ele. Nada poderia fazer para que o passado voltasse!

Assim que chegaram, Sophie desceu também e acompanhou Hector até a porta.

– Eu lhe agradeço por tudo! Não sei o que teria acontecido se você não estivesse aqui – e o abraçou.

Ele sentiu a energia que dela irradiava e ficou momentaneamente em paz, como há muito não ficava. Quando se desvencilhou, Sophie olhou-o fixamente, transmitindo toda a gratidão e afeto que sentia. E algo mais, que não soube definir, mas que fez com que uma intensa energia percorresse todo o seu corpo, como se tivesse levado um choque. Continuava encarando-o e perguntou:

– Posso visitá-lo outro dia? – Ele estava parado na porta sem reação alguma, sem entender o que acontecia nesses infindáveis segundos, que lhe pareceram muitos mais.

– Não sou uma boa companhia, mas... – e tentou desviar seu olhar do dela, mas não foi capaz. – Pode! – foi a resposta, e entrou na casa.

– O que tanto conversavam? – inquiriu Gilles, curioso.

– Estava apenas agradecendo sua ajuda. – respondeu ela secamente.

– Ele faria tudo pelo irmão, tenho certeza. – Mal sabia ele o que acontecera naquela fatídica noite, e não revelaria isso a ele, por discrição. O caminho foi silencioso até a mansão. Assim que ouviu o barulho do carro, Madalena surgiu à soleira da porta, com o olhar apreensivo.

– Meu menino está bem? – foi a pergunta.

– Vai ficar... – e Gilles entrou. Ia subindo as escadas, quando a voz de Lucille o fez voltar.

– Gilles, conte-me tudo o que aconteceu. Quero saber de tudo – e ouviu a voz de Sophie, que conversava com Madalena. Esta lhe perguntava:

– Você está bem, minha querida?

– Lucille, posso tomar um banho e depois conversamos? Sophie terá muito mais a contar, pois esteve todo o tempo com eles. Quanto ao carro, vou providenciar o reboque para uma oficina, se não tiver sido perda total. – resmungou, já subindo as escadas.

– Vou contar tudo. Agora, as duas fiquem calmas, que a tempestade já passou. Refiro-me às duas tempestades. – Ainda mantinha o senso de humor, mesmo após todas aquelas aventuras. – E, Philipe ficará bem, tenho certeza. A cirurgia foi um sucesso e ele poderá contar como tudo aconteceu assim que acordar.

– Por que não permaneceram na cidade com todo o temporal que castigou a região? – foi Madalena quem perguntou.

– Não queria ficar na cidade e pedi para voltarmos. A culpa foi minha...

– Não existem culpados, minha filha. Não quero que se sinta responsável pelo que ocorreu. Tudo foi um acidente, quero crer. – Lucille já estava serena.

– Mas, se ficássemos lá, nada disso teria acontecido. – Seus olhos estavam tristes, revelando toda a aflição que sentia. E se algo mais trágico tivesse ocorrido?

– Pare com lamentos, está parecendo Philipe se culpando pela responsabilidade pelo acidente que vitimou Diana. Existem eventos que ocorrem sem que planejemos, mas que devem ter um propósito. Como ele está? – perguntou ela, referindo-se ao jovem.

– Agora está bem, mas vou confessar que fiquei em pânico por algumas horas. – Não conseguiria esconder nada dela, nem que quisesse. – No início, quando Hector viu que se tratava do irmão, recusou-se a atendê-lo. Que fique apenas entre nós. Não revelei sequer a Gilles.

– Será nosso segredo. Madalena, sente-se aqui. Conte-nos tudo, eu lhe peço.

Sophie relatou todos os eventos, sem ocultar nenhum detalhe. Era importante elas saberem em que condições Hector se encontrava. Conforme falava, sentia que as duas mulheres contraíam as feições. Haviam corrido grave perigo naquela estrada e mais ainda com a recusa inicial do médico em auxiliar o próprio irmão. No final do relato, contou sobre a cena observada no hospital, acrescentando que aquilo poderia ser algo positivo na reaproximação dos dois irmãos.

— Foi um momento tocante, tenho que admitir. No entanto, quando ele pediu para voltar àquele lugar tenebroso, fiquei com sérias dúvidas. Há algo lá que me perturba excessivamente, porém não sei definir em palavras o que sinto. É como se uma força poderosa desejasse que todos se afastassem de Hector. Aquele quarto com as telas me causa arrepios. Como ele consegue permanecer lá imune a isso?

— E quem disse que ele está imune a essas energias deletérias? Não, Sophie, ele não está, por isso tem apresentado esse comportamento doentio, na ausência de uma palavra que mais se adapte. Sinto o mesmo que você. É como se alguém quisesse me expulsar de lá, pois poderia atrapalhar seus planos. Deve imaginar a que me refiro. — O olhar de Sophie estava tenso. — Entidades malignas lá se encontram e temo pela integridade de Hector, tanto emocional quanto física. Madalena, conte-lhe o que vem acontecendo.

— Tenho ido lá vários dias da semana, e assim decidi, pois, desde a primeira vez que lá estive, ouvi nitidamente uma voz dizendo: "Saia daqui, sua escrava insolente". Desde então, tenho ouvido outros adjetivos ligados à minha cor de pele que não vale mencionar. Já lhe perguntei quem ele é, mas diz que não fala comigo, por não me considerar um ser humano, apenas um animal, e que devia ser acorrentada pela minha petulância. Deve ter sido algum feitor, ou alguém que lidava com escravos e os rebaixava a uma condição inferior. Sou insistente e vou quando posso, fazendo minhas preces, que Hector pouco percebe no estado de alienação em que se encontra, mas procuro assim mesmo transmutar as energias lá presentes. No entanto, sinto que ele não coopera e permanece assimilando essas ideias infelizes que esse justiceiro, se assim posso denominá-lo, lhe envia. Conforme a Doutrina Espírita nos orienta, trata-se de um caso de obsessão, que significa um irmão do plano espiritual assediando um ser encarnado. Como isso ocorre? Esse espírito envia, pelas ondas do pensamento, ideias que deseja que o encarnado assimile. Imagine alguém enviando-lhe pensamentos consecutivos com ideias infelizes, e você, por estar em uma faixa vibratória inferior, por estar em padrões de mágoa, raiva ou qualquer outra emoção de baixo teor, assimile e acredite serem os seus próprios? Hector está vulnerável e necessitando de toda a ajuda possível. Talvez esse evento inesperado, obrigando-o a tomar decisões com as quais não contava, possa ter causado um bloqueio a quem ele estava conectado e, por que não dizer, subjugado, dando-lhe instantes de trégua. Após seis meses, ele adentrou uma sala de cirurgia e realizou um procedimento complexo e delicado com sucesso. Isso foi uma vitória, quero crer. Sei que a jornada será longa, mas hoje já consigo visualizar uma paisagem menos inóspita que a anterior. Sua presença foi fator preponderante, acredite. Não sei que táticas utilizou, mas preciso que me oriente a seguir seu exemplo. — Madalena estava convicta de que Sophie tinha forte ascendência sobre Hector, o que favoreceria a todos.

— Não sei se tenho essa força, mas sei que posso tocar seu coração de algum jeito. Confesso que fui um tanto enérgica com ele mediante a recusa em cuidar de Philipe. Fiquei em pânico vendo as condições em que ele se encontrava, e Hector passivo, sem oferecer o suporte que Philipe necessitava. Fui até um pouco agressiva, mas a causa era justa. Cada um usa os métodos que possui. — e ofereceu um sorriso cansado.

— Não importa, Sophie. Seja qual tenha sido o método, surtiu o efeito desejado. Sinto que novos tempos se aproximam — e Madalena estava com um brilho novo no olhar. Ela era muito apegada aos dois irmãos, como se fossem seus próprios filhos, e os amava intensamente. Tudo faria para que se reconciliassem.

— Philipe soube da recusa em atendê-lo? — perguntou Lucille, com a voz mais tensa.

— Não. Ele praticamente ficou adormecido e teve poucos momentos de lucidez. Não percebeu nada, fique tranquila. E creio que a cena após a cirurgia fale por si só. Existe muito amor e cumplicidade entre eles, e, creio que o tempo falará por si. Confie!

— Você deve estar exausta, minha querida. Quer comer algo e depois descansar?

A jovem lembrou-se de que não fazia uma refeição desde o dia anterior e abriu um largo sorriso, pedindo:

— Aceito algo, Madalena. Depois vou tomar um banho e descansar. Vamos no final do dia visitar nosso doente? — Nem parecia que tinha ficado uma noite inteira em claro.

— Vou providenciar. Fique aqui com Lucille e a acalme um pouco mais.

— Aliás, como sabia que estávamos na casa de Hector? — questionou Sophie.

— Tive uma visão da casa dele. As visões são, muitas vezes, simbólicas e cabe a nós decifrar a mensagem que querem que chegue até nós. Gilles estava no hotel, em função da forte tempestade. Avisou-me assim que lá chegou. Falei-lhe sobre Philipe não estar ainda em casa, e ele supôs que estivesse, também, no hotel. Sem notícia alguma, eu e Madalena ficamos em preces todo o tempo. Passava das três da manhã quando liguei para Gilles, pedindo que fosse até a casa de Hector. A chuva ficou mais intensa, impossibilitando-o de ir até lá no mesmo instante. Ligava para a casa dele, mas o telefone não dava sinal algum. Foi nesse momento que tive a convicção de que estavam lá.

E, espero, tenha sido no momento certo. Foi uma longa noite, minha jovem.

— Para todos nós! Não esperava viver tantas emoções quando decidi vir para o Brasil.

Madalena chegou com uma refeição leve, que Lucille acompanhou. Em seguida,  todas foram descansar da intensa noite vivida.

Em seu quarto, Sophie relembrava todos os eventos da noite anterior. Jamais passara por uma situação tão tensa em sua vida. Pensou que Philipe poderia ter morrido, e seu coração ficou em descompasso. Se tivessem ficado na cidade, ninguém teria se exposto ao perigo! Era dela toda a responsabilidade. De tudo o que se lembrava, a figura de Hector não saía de sua mente. Queria tanto dizer-lhe que essa dor passaria logo, mas apenas se ele permitisse que Diana partisse. Lembrou-se de Berthe quando se referia ao único amor verdadeiro que tivera na vida, Thierry. Ficaram pouco tempo juntos, mas tinham sido anos tão maravilhosos, em que o amor fizera-se presente a todo instante, tornando a relação entre eles algo insuperável. Jamais amou alguém novamente, pois dizia que o que haviam vivido valera por toda a existência. Mesmo assim, sem se entregar novamente a outro homem, jamais fora ou se sentira infeliz. Viveu intensamente, oferecendo a cada um toda a sua energia amorosa, seu afeto incondicional, sua vivacidade contagiante. Jamais desistiu da vida! Era isso que Hector precisava entender: não poderia jamais desistir de viver. O que ele esperava encontrar com o comportamento doentio no qual se mantinha? A redenção para a culpa que a si mesmo atribuíra? Nada iria redimi-lo senão seguir em frente, realizando as obras que para ele estavam programadas! No entanto, essa verdade estava sendo ofuscada pela intensa dor que o acompanhava. Um caso difícil!

Tentou conciliar o sono, mas a figura de Hector não saía de sua tela mental. Era um homem interessante, de personalidade forte, mas com uma sensibilidade extrema – coisas antagônicas e que a atraíam intensamente. Seu olhar enigmático era algo que a mantinha conectada a ele. Tentou desviar esses pensamentos, afinal, ele era um grande e intrincado problema. Não poderia se envolver com ele em hipótese alguma. Não sabia o que iria fazer nos próximos dias, se permaneceria no Brasil, se voltaria a Paris. Tudo era uma grande incógnita e não estava apressada em desvendar esse enigma.

Em meio a tantos pensamentos e emoções, adormeceu. Viu-se novamente na biblioteca com Bertrand à sua frente. Ele a encarava com aquele olhar frio:

– Por que ainda está aqui? Já lhe disse que não desejo fazer-lhe mal, mas insiste em permanecer ajudando todas estas pessoas que aqui estão! – Havia amargura em sua voz.

– Nenhum deles lhe fez mal algum, e você sabe disso! Sua vida foi repleta de atos equivocados; cometeu muitos deslizes e feriu pessoas muito queridas. O que pensa fazer com todos eles? Eles estão encarnados, assim como eu. Mas e você? Seu lugar não é mais aqui; deve tentar seguir em frente, solicitando uma nova oportunidade para refazer seus caminhos, que vêm sendo conduzidos de forma tão leviana. O que espera encontrar com esses atos? – Sua voz era suave, destituída de temor.

– Não posso sair daqui! Fui eu que construí esta casa, e ela me pertence! – Caminhava pela sala como um animal enjaulado.

– E tudo o que fez enquanto aqui viveu? Acredita que ficou no esquecimento? Você comprometeu não apenas sua caminhada, mas a daqueles que o amavam. E o que fez com todo o amor que lhe foi dedicado? O que deu em troca? Saiba, no entanto, que ela já o perdoou e aqui se encontra, procurando aprender com as experiências difíceis que a vida lhe ofertou. Deixe-os em paz, eu lhe peço! Nenhum deles deseja seu mal. E você?

A entidade se calou, assustada com as palavras que ela proferia. Como poderiam tê-lo perdoado? Ela estava mentindo, era igual a todos eles! Não se renderia a seu discurso!

– Não tente me enganar. Sei quem é você e que aqui está para me tirar desta casa! Mas eu não sairei daqui, ouviu bem? Fique aqui e arque com as consequências de sua escolha. Não vá dizer que não avisei! – e saiu pelas paredes, passando por elas.

A batida à porta a despertou do sonho ou pesadelo. Não se lembrava de nada, mas estava com um pressentimento ruim. Teria acontecido algo com Philipe? Levantou-se de súbito e ouviu a voz de Rosa avisando que passava das quatro horas da tarde e Lucille queria ir até o hospital. Ela abriu a porta e agradeceu, pedindo que a tia aguardasse apenas alguns minutos.

Quando descia as escadas, pôde ouvir a voz exaltada de Gilles:

– Lucille, você foi seduzida por ela também! O acidente foi culpa dela, não entende? Philipe jamais sairia em uma noite como a de ontem. Conhece os perigos dessa estrada, principalmente com chuva. Ela o instigou a voltar para cá, e veja o que aconteceu. meu filho poderia ter morrido! – Ele estava furioso, atribuindo a Sophie toda a responsabilidade.

– Você não sabe o que está falando. Ambos poderiam ter morrido nesse acidente. O nome já diz: acidente. Por que é tão difícil para você olhar com imparcialidade os eventos da vida? Sophie, caso não saiba, foi quem ajudou Philipe e o salvou. Deve isso a ela, goste ou não. No entanto, se tem a intenção de tratar Sophie com rispidez ou deselegância, peço que vá em seu carro e, de preferência, mais tarde, pois agora eu irei com ela e Madalena em meu carro. Não quero nenhuma confusão no hospital, fui clara? Vamos. Sophie já chegou, não? Deve ter ouvido os destemperos de Gilles. Releve, pois ele está sensibilizado com o que ocorreu com o filho. Em breve retomará o juízo perdido. – Ele fez menção de retrucar, mas Lucille proferiu: – Já disse que o assunto está encerrado, meu querido. Não estou com tempo para discussões. Fique e relaxe um pouco mais. Voltaremos em algumas horas. – e, dirigindo-se a Sophie. – Minha querida, peço o mesmo a você. O assunto em questão está encerrado. Vamos? – e ofereceu o braço à jovem, que decidiu permanecer calada. Não estava com disposição para um embate. Lucille tinha razão.

Gilles ficou ainda mais irritado com Sophie, sem entender o motivo de tal animosidade com a jovem, que na verdade acabara de conhecer. Iria mais tarde ver o filho. Havia sido tão rude com ele nestes últimos meses! Se algo lhe acontecesse, sem ao menos ter tempo para rever suas atitudes, jamais se perdoaria. Decidiu pegar um livro e foi até a biblioteca. Entrou, pegou um exemplar e saiu tão rápido quanto possível. Não gostava de ficar lá. Algo o fazia sentir-se oprimido.

Ao chegarem ao hospital, as notícias foram animadoras. O estado de Philipe se estabilizara e ele acabara de acordar. Lucille e Sophie entraram primeiramente e encontraram o rapaz ainda sonolento.

– Duas mulheres lindas na minha frente e eu sequer posso abraçá-las – disse com a voz ainda fraca.

– Como se sente, meu querido? – perguntou Lucille, segurando a mão dele.

– Já estive em melhores condições, tenho que admitir. Porém, estou vivo e devo isso a você, Sophie, que me levou até Hector.

– Não, Philipe, deve isso a ele, pois foi ele quem operou você. – A surpresa estava no olhar do jovem. – Não faltará oportunidade de lhe agradecer.

– Quem conseguiu essa façanha? Só pode ter sido você – e sorriu, estendendo a outra mão para a jovem. – Então, sou grato a vocês! E Madalena?

– Ela será a próxima. Não perderia a oportunidade de ver se o estão tratando bem. Deve estar lá fora obtendo essas informações. – Lucille já se tranquilizara após ouvir a voz de Philipe e constatar que ele estava bem. – Quando ela entrar aqui, já saberemos tudo sobre a cirurgia e os cuidados que deverá ter. Seu pai virá mais tarde. – Quando disse isso, o semblante de Philipe se endureceu.

# CAPÍTULO 15

# ACERTO DE PASSOS

— Diga-lhe que não posso receber visitas. Preciso me recuperar para estar disposto a ouvir os infindáveis sermões acerca de minha atitude leviana. Faça isso por mim, eu lhe peço. Ou invente alguma desculpa. — Suas feições se contraíram, pois a dor retornara. No mesmo instante, entrou uma solícita enfermeira, ministrando-lhe um medicamento.

— Teve duas costelas fraturadas e a cirurgia foi delicada, peço que evite movimentos bruscos. — e ofereceu um simpático sorriso. — Tem uma senhora lá fora desejando entrar, e seus argumentos são fortes. O que você é dela? — perguntou.

— Ela é como uma mãe, e sei que, se não me vir, terá um colapso nervoso. — Ele sorriu perante a imagem que se delineou em sua mente.

— Peço, então, que esta seja a última visita do dia. Doutor Hector assim solicitou, para que sua recuperação seja rápida. Vou chamá-la — e saiu.

— Já conseguiu a desculpa de que precisava, meu querido. Mas não se esqueça de que seu pai o ama e se preocupa com você. Ele tem um jeito estranho de demonstrar, eu sei. — Lucille levou a mão de Philipe aos lábios e a beijou. — Fique bem e volte logo para casa.

— Você ainda me deve um *tour* pela região. Prometo aguardar sua recuperação — e beijou carinhosamente seu rosto. — Voltaremos amanhã. — disse Sophie.

— Prometo estar aqui. Não estou mesmo em condições de ir a qualquer lugar. Sophie, mais uma vez quero lhe agradecer. Você tem coragem! — As lembranças da noite anterior vieram a sua mente, e ele sentiu a tensão daqueles momentos novamente. — Uma experiência que não desejo repetir.

Com um sorriso, ambas se despediram e saíram. Madalena entrou em seguida, cobrindo-o de beijos e mimos.

Quando estavam saindo, encontraram Gilles na entrada do hospital.

— Como ele está? — Sua voz demonstrava grande preocupação.

— Está melhor, mas com excessivas dores. A enfermeira solicitou que não recebesse mais visitas por hoje — disse Lucille.

— Mas eu sou seu pai e vou vê-lo. Quero ver alguém me impedir. — e entrou a passos largos, deixando as três mulheres sem palavras.

— Este é Gilles! Ainda acredita que é um ser superior e que todos estão sob seu domínio. A vida há de lhe ensinar as regras da boa convivência. Vamos? — Jairo as esperava e pediu notícias de Philipe. Ele o conhecia desde criança e tinha grande afeto pelo jovem. — Nosso menino vai ficar bem, é o que importa. A maior preocupação, agora, é com Hector.

O motorista entendia bem o que aquelas palavras significavam. Ele acompanhava Madalena em suas visitas semanais e ouvia o desabafo dela todas as vezes. Aquele era um caso sério, para o qual não via um desfecho favorável. Mas jamais revelaria seus temores. Aquela casa estava repleta de espíritos maus, tinha plena convicção. Não sabia como proceder, pois não entendia muito dessas coisas, mas sua esposa, Luzia, confidenciara a ele que Hector corria sério perigo. Sentiu um estremecimento e, na mesma hora, entrou em preces, pedindo proteção para que o mal não vencesse.

Gilles retornou à mansão pouco tempo depois, e Lucille o inquiriu:

— Conseguiu ver Philipe?

— Sim, mas ele estava dormindo. Amanhã irei vê-lo — disse com a voz tensa. — O saldo foi desastroso. Ficará impossibilitado por algumas semanas, pelo que pude constatar.

— É só isso que lhe importa, Gilles? O tempo que ficará afastado do trabalho? Ele é seu filho! Trate-o com mais tolerância. Foi um acidente, entenda isso. Poderia ter acontecido com você! Quando deixará de ser tão rígido com ele? Não percebe o quanto ele está sofrendo com tudo o que aconteceu? — Lucille estava aborrecida com a postura dele.

— Isso se passou há mais de seis meses, é hora de seguir em frente. — disse ele com frieza.

— Foi assim que se comportou quando Mariane o deixou? — A pergunta foi direta.

— Pediria que fosse mais discreta com minha intimidade, que preservo e não discuto na frente de estranhos. — Referia-se a Sophie, que estava presente.

— Ela não é uma estranha, é parte integrante desta família, caso ainda não tenha percebido. Pare com esse linguajar mordaz, pois não vou mais tolerar isso. Já lhe disse que Sophie é minha sobrinha, tanto quanto você e os meninos. Não entendo sua intolerância exacerbada a ela. — Lucille levantara a voz, mostrando que ainda era a matriarca da família e as regras eram impostas por ela.

Gilles se calou e baixou a cabeça. Sentou-se e permaneceu calado, até que levantou o olhar e o dirigiu a Sophie.

– Você é uma estranha e não gosto de você. – Seu olhar era frio e cortante.

A jovem o encarou diretamente e disse:

– O que pensa a meu respeito pouco me importa. Acabamos de nos conhecer e posso afirmar que não é uma pessoa que eu teria em meu círculo de amizades. Você é prepotente e mesquinho, e não tenho por hábito escolher pessoas assim para participar de minha vida. Não aprecio sua forma de agir, mas esse é um problema exclusivamente seu. Se pretende afastar as pessoas de seu convívio, continue agindo dessa maneira. Não espere que eles o compreendam, afinal, não é compreensão que tem lhes oferecido ao longo da vida. Sua postura inflexível e insensível com seus filhos é inadmissível, afinal, você é pai. Cabe a você auxiliar, e não exigir condutas que está distante de oferecer. – Sua atitude desafiadora enfureceu ainda mais Gilles.

– Quem pensa que é para me dar lição de moral ou de como devo agir com meus filhos? Não se meta em minha vida! – proferiu ele com fúria.

Sophie ia responder, quando Lucille interveio:

– Parem com isso os dois! Não tolero esse tipo de comportamento em minha casa! Basta! Gilles, contenha seus ânimos e reflita sobre sua própria existência. Sophie, herdou o mesmo gênio irascível de Berthe e vou pedir-lhe o mesmo. Não quero que se sinta uma intrusa em nossa família, a qual pertence desde que veio ao mundo, mesmo que a distância não tenha possibilitado nosso encontro anteriormente. Somos uma família, e cada componente deve agir com compreensão e tolerância. Os laços se estreitam conforme cada um aprende a entender o outro, aceitando as diferenças e tolerando-as. Nenhum ser é igual ao outro, pois cada um teve as próprias experiências, que lhe conferiram aprendizado. E este não é o mesmo para todas as criaturas. Se pretendem a boa convivência, devem, sobretudo, não interferir na forma como cada um conduz sua vida.

Apontar os defeitos no outro implica ver os próprios, como se estivessem defronte a um espelho. Aquilo que tanto nos incomoda no outro é algo que ainda mantemos em nós e, por não aprovarmos essas condutas, tendemos a criticá-las. Vale como reflexão, meus queridos. Vocês dois são semelhantes em muitos comportamentos, devo salientar. A soberba é um defeito que nos remete ao passado glorioso de nossos antepassados, no entanto, o que todo poder, riqueza, bens materiais proporcionaram a eles? Reflitam sobre isso e encontrarão a resposta que obtive há muito tempo: apenas a infelicidade. Dinheiro não substitui amor, fraternidade, união. A maldição que insistem em atribuir a nossa família tem um só nome: ausência de amor. Aquele que compreende, tolera, releva, auxilia, esquece, não julga; infelizmente, o que bem poucos aqui ofereceram aos que estavam nesta encarnação pelos laços de sangue. As dissensões nada mais são do que ausência de amor, tornando os corações refratários às boas obras, ao bem comum. Estou cansada, finalizando minha existência, e prometi, no leito de meu pai, que lutaria com todas as forças para que o amor prevalecesse, superando todos os obstáculos do caminho. Tentei pautar minha vida dedicando-me a vocês, filhos de minha irmã, que o Pai chamou tão cedo e por um motivo justo, pois Deus é todo justiça e misericórdia. Vocês são os filhos que Ele me concedeu, para conduzi-los pelos caminhos da integridade, da benevolência, do amor maior. Sinto que não cumpri a tarefa a contento e deverei dar explicações quando daqui partir. Porém, fiz o que sabia fazer. Amei-os como meus próprios filhos e tentei oferecer os conhecimentos necessários para pautarem suas vidas com dignidade e honra. Gilles, você sempre foi meu filho mais próximo, talvez com quem mais falhei, por cobrar-lhe excessivamente. Vejo-o agindo assim com seus próprios filhos, e isso me entristece, pois sinto que falhei com você. Deixei, em algum momento, de estar ao seu lado, oferecendo-lhe o acolhimento quando o sofrimento o visitou? Não estive presente quando mais precisou de mim? Falhei tanto assim, meu querido? – A pergunta fez Gilles correr a abraçá-la. Lágrimas afloraram em ambos, que permaneceram juntos por alguns instantes.

– Lucille, querida, me perdoe! Você foi a mãe que eu não tive, nada tenho a falar quanto a isso. E foi muito além. Foi minha amiga, companheira de todos os momentos, jamais deixando de estar presente quando de você necessitei. Perdoe-me, eu lhe peço! Fez por mim o que outro não faria. Ofereceu todo o seu amor, puro e sincero, levantando-me todas as vezes que caí, e que não foram poucas. A última coisa que pretendo nesta vida é magoá-la ou feri-la. E não faço isso apenas para retribuir-lhe, mas porque a amo mais do que tudo. Estou infeliz, talvez, e, se cada um oferece o que tem, como sempre me ensinou, é isso que tenho ofertado ao mundo! Estes últimos meses foram dolorosos, tenho que admitir. E, diferente de você, não tenho a mesma habilidade para resolver conflitos. Você sabe exatamente o que fazer, o que dizer, algo que ainda não aprendi. Se gerenciasse minha vida como faço com os negócios, seria um ser mais realizado e feliz. Sabe a que estou me referindo, e isso tem sido uma pedra, de grandes dimensões, atravancando meu caminho. Tudo poderia ser mais fácil, mas, como diz, se assim fosse, como iríamos aprender novas lições? Tenho pensado apenas nos negócios, talvez a única forma de fugir à minha inútil vida. Perdoe-me, jamais iria feri-la propositalmente. Tenho negligenciado meus filhos ou, talvez, ainda não tenha aprendido a lidar com eles. Entreguei-os a você, que jamais recusou uma tarefa, até aquela que não lhe cabia. Quando Mariane foi embora, levando Julien consigo, pensei que fosse enlouquecer. Sabe o quanto sofri, e deixei os outros dois para você cuidar. Não estabeleci laços mais profundos de afeto com eles, e hoje posso perceber a grande lacuna que existe entre mim e os dois, difícil de transpor. A única linguagem que consigo fazê-los entender é a da crítica, das infinitas cobranças, a única maneira de tê-los a meu lado. Não consigo me aproximar deles e, quando isso acontece, não sei como proceder. Queria que eles fossem homens de fibra, coragem, força, mas que exemplo lhes ofereci? – Tentava conter as lágrimas a todo custo. – Porém, quero que saiba que os amo intensamente, mesmo que não consiga demonstrar isso o quanto gostaria. Philipe e Hector são tudo o que tenho de mais precioso, e os estou perdendo! – Havia tanta amargura em suas palavras, que Sophie se comoveu.

– Sei que seu amor é genuíno e os meninos também sabem, não tenha dúvida – falou Lucille. – Você precisa de um tempo de reflexão, Gilles. Reavalie a forma de conduzir sua vida e seu relacionamento com seus filhos. Eles precisam do pai, não do presidente das empresas. Querem seu amor, apenas isso. Sei que você visita Hector, entretanto, o que tem feito por ele, no sentido de auxiliá-lo a sair de seu isolamento? Você trabalha com Philipe e sabe de sua competência em sua área, mas quantas vezes elogiou uma atitude positiva dele? Você apenas enfoca os erros que eles cometem, critica seus feitos, como se fosse isento de atitude amorosa. Somos todos falíveis, eles e nós. Tem alguma dúvida disso? Avalie como os tem tratado ao longo da vida. Todos precisamos de incentivo para prosseguir, o que não significa sermos coniventes com os erros dos filhos, pois não podemos compactuar com eles. É nossa função conduzi-los por caminhos mais iluminados. Já pensou sob esse enfoque? Deixe o profissional nas empresas e permita que o pai esteja presente quando for necessário. Jamais interferi em sua vida pessoal e respeito suas escolhas, porém não se esqueça de que seus filhos são sua real família, o elo mais forte que existe. Procure fortalecê-lo enquanto é tempo! – Uma luz suave a envolvia, denotando a presença de companheiros espirituais da luz.

Gilles procurava assimilar as palavras duras, mas carregadas de verdade. Lucille, como sempre, estava certa. No entanto, não sabia como agir. Havia sido sempre assim com relação aos

filhos. Teria esse tempo para resgatar o afeto deles? Isso o perturbava de forma significativa. Sentia-se tão solitário, carregando
um vazio imenso em seu coração. Não sabia se algum dia ele seria preenchido. No quesito afetivo, era igualmente incapacitado
de fazer boas escolhas. Estava envelhecendo e sentia imenso
temor de ficar sozinho. O amor não estaria em seus planos?
Nunca compreendera essa sua incapacidade para amar! Quando
teve a chance de ser feliz, recusou a proposta genuína que ela
fizera. Agora era tarde!

Sentia-se um completo idiota. Estava a dizer tolices a Sophie,
alfinetando-a sempre que possível. O que ela havia feito para
que agisse assim? Apenas estava lá, participando da família que
lhe pertencia por direito. Ou estaria enciumado com a atenção
que Lucille lhe dedicava? Não podia se esquecer de que era neta
de sua tia Berthe, a quem Lucille venerava. A presença da jovem trouxera vitalidade à tia, e isso já deveria ter sido um feito a ser
comemorado. Mas ele preferira atacar, criticar, julgar. Esse era
Gilles! Nem conhecia Sophie para efetuar qualquer julgamento
acerca de suas condutas. Não entendia  sua antipatia por ela!
Só sabia que não gostava de seu jeito petulante de ser e agir.
Como a tia dizia, era muito parecida com Berthe. Conhecia algumas
histórias sobre ela, mas não se recordava em detalhes. Houve
muito burburinho quando ela fugiu para a França. Em seguida,
o pai havia morrido e, logo depois, a cegueira completa de Lucille.
Foram eventos próximos e que abalaram profundamente as
estruturas da família. Pouco tempo se passou e a própria mãe,
Celine, também morrera, deixando pesado fardo para Lucille
carregar. Muitas tragédias ocorreram com eles, sendo todas su-
peradas com muita bravura, coragem e determinação. Lucille
era o maior exemplo de superação, e a respeitava mais do que
tudo! Olhou-a com imensa ternura e gratidão, tudo acompanhado por Sophie, que estava com o semblante sereno. Madalena estava perto e sentiu a presença de amigos espirituais,

os quais em momento algum abandonam os que caminham na companhia da luz. Lucille era um espírito que buscava a evolução, ofertando o mais puro sentimento aos que com ela caminhavam. E, para tanto, era um receptáculo das mais puras vibrações de paz e serenidade.

O ambiente já se transformara por completo; até Gilles parecia mais calmo e equilibrado após os destemperos de momentos atrás.

— Lucille, seguirei suas orientações, sempre seguras. Espero ter esse tempo para modificar minhas condutas equivocadas com meus filhos. Peço, mais uma vez, sua ajuda nesse sentido. Fale com Philipe sobre tudo o que conversamos.

— Não, Gilles, fale você mesmo. É hora de assumir as rédeas há tanto tempo relegadas ao abandono. Faça isso por você, primeiramente, e sentirá que as mudanças serão naturais. São seus filhos, meu querido. Deve isso a eles, jamais se esqueça disso. Seja o pai amoroso e compreensivo que eles tanto necessitam. Porém, não espere que tudo aconteça no seu tempo. Essa condição não lhe pertence. Espere que tudo ocorra no seu próprio tempo. Confio em você! Você tem essa consciência? — perguntou Lucille.

— Sei que confia em mim, caso contrário, não estaria há tanto tempo à frente de nossas empresas — respondeu ele.

— Não me refiro ao lado profissional, o que é inegável. Estou falando do ser humano Gilles, dotado de tantos atributos, mas que os desconhece ou, quem sabe, não os aceita. Você é um bom homem, acredite. Mostre isso a Philipe e Hector. Seja o pai que eles ainda não conhecem, mas que eu sempre visualizei — disse ela com um sorriso.

— Queria tanto confiar em mim como você confia! Quem sabe algum dia...

— Faça a parcela que lhe cabe, meu querido. Apenas isso! O resto, entregue nas mãos de Deus, que sabe muito mais do que nós. Creio que nesta nova etapa que se inicia, deve começar por avaliar suas condutas e perceber quando ultrapassa os limites da educação e da cordialidade. Errar e pedir desculpas é um ato de coragem. Você se excedeu e creio que já compreendeu seu feito. – Ambos olharam para Sophie, que não esperava por isso, colocando-se à frente.

– Depois de tantas lições, creio que devo pedir desculpas por invadir sua vida, sua casa, sua família. Perdoe-me se fui indelicada e invasiva. – Ela estava constrangida por também ter se excedido.

– Porém, essa fala é minha, afinal, fui eu que iniciei o embate. Perdoe-me, Sophie. Sei que sua presença aqui está sendo algo positivo para toda a família. Sua energia e coragem são dignas de elogio. Tenho sido um estúpido por não observar a diferença das energias presentes. É o sangue novo que veio para revitalizar esta família, entregue a tantos dramas e inúmeros sofrimentos. Talvez esteja com ciúme de você com Lucille. – Essas palavras fizeram Lucille dar uma gostosa risada.

– Não acredito, Gilles, mas vou fingir, está bem? – falou Lucille. – Saiba que meu coração é imenso e capaz de abrigar todos os meus afetos. Bem, creio que a discussão esteja encerrada e o jantar será servido, não é mesmo, Madalena? – Ofereceu um braço para cada um, e seguiram para a sala onde seria servida a refeição.

Apesar dos problemas existentes, a noite foi tranquila. Gilles ligou para o hospital e recebeu a informação de que o filho estava em franca recuperação. Desligou e contou a notícia com euforia. Decidiram visitá-lo no domingo pela manhã.

O dia realmente havia sido longo e estavam todos exaustos. Após o jantar, o café foi servido na varanda, sob um céu estrelado, coisa a que Sophie custava a se acostumar. Na noite anterior houvera a maior tormenta, e agora o inverso ocorria. Essas alternâncias climáticas eram algo que não conseguia compreender.

Gilles a acompanhava e comentou:

— Quando criança, isso me fascinava. Vivi aqui toda a minha vida, e hoje compreendo como isso se processa e até quando irá ocorrer. Você vai se acostumar! — disse ele sorrindo.

Lucille já tinha se recolhido e estavam apenas os dois conversando.

— Nossa tia é uma mulher admirável. Sabia que, até eu assumir os negócios, era ela o cérebro de tudo? Sua competência superava a limitação visual, que jamais foi um empecilho para gerir todo o patrimônio. Contava com uma boa equipe, é certo, mas as decisões competiam a ela. E sempre agiu com garra e destemor! Ela me treinou desde muito jovem, dizendo que caberia a mim a responsabilidade quando fosse a hora, o que não tardou a chegar. Desde então, participa apenas ocasionalmente das decisões. E sempre tem as ideias apropriadas, pois não perdeu o tino para os negócios.

— Você não teve irmãos? — perguntou ela com curiosidade.

— Eu sou o filho do meio. Fabrice era o mais velho e morreu muito jovem; contava apenas vinte e cinco anos. Era muito parecido com Lucille e a acompanhava nos negócios. Teve um mal súbito e morreu, para consternação de todos, em especial de Lucille, que depositava nele todas as expectativas. Camille casou-se muito jovem e vive em Portugal com sua família. Pouco nos visita; apenas nos envia alguns cartões em ocasiões especiais. Bem, eu acabei sendo sua última opção, mas superei as expectativas, conforme Lucille gosta de frisar. Confesso que temia assumir a responsabilidade. Isso já faz mais de trinta anos.

— Ela confia plenamente em você, Gilles — disse Sophie, levantando-se. — Estou exausta, vou me recolher também. Espero que possamos ser amigos.

— Assim será. — respondeu ele, um tanto relutante. — Boa noite!

# CAPÍTULO 16

# REFLEXÕES NECESSÁRIAS

O dia amanheceu cinzento, com prenúncio de chuvas intensas. Decidiram sair logo cedo para visitarem Philipe no hospital.

O jovem amanheceu febril, o que causou preocupação aos médicos que o atendiam. Desta vez, o pai foi o primeiro a entrar e, ao se deparar com o filho nas condições em que se encontrava, entrou em pânico, movimentando todo o hospital.

— Quero os melhores médicos atendendo meu filho!

Uma das médicas, ainda bem jovem e plantonista na unidade, disse com firmeza:

— Estamos oferecendo o melhor para ele. Tenha calma; isso faz parte do quadro e já era esperado. Todas as providências já foram tomadas.

Gilles mediu-a de alto a baixo e, de modo arrogante, disse:

— Gostaria de falar com seu superior, minha jovem. Onde ele está?

– Eu estou cuidando de seu filho, portanto, sou a responsável por ele. Já disse que tudo está sob controle. – A jovem médica estava se irritando com a prepotência daquele senhor. Não iria preocupá-lo dizendo que uma comissão médica avaliava o quadro de Philipe. – Peço que se acalme, por favor.

– Pai, está tudo bem – disse o filho percebendo que a tensão entre os dois estava no limite. – Fique tranquilo. Como está Lucille? – perguntou, tentando mudar o rumo da conversação.

– Como se sente, Philipe? – Ele pegou a mão do filho e sentiu como estava quente. – Está ardendo em febre! Doutora, faça algo! – e ofereceu um olhar de súplica à médica.

Ela saiu apressada, retornando com mais dois médicos, que passaram a examinar o jovem detidamente.

– Vou pedir para o senhor esperar lá fora, por favor. – e o levou até a porta, sob protestos.

Lá fora, encontrou as mulheres aflitas pela movimentação que ocorria.

– Gilles, aconteceu algo? – Lucille estava com o semblante tenso.

– Ele está com muita febre, o que não estava nos planos. Se Hector estivesse aqui...

– Fale com ele, meu querido. Peça sua ajuda, mais uma vez. Ligue para ele. – e Gilles saiu apressado atrás de um telefone. Esperava que o filho atendesse, caso contrário, iria até ele. Sua presença era imprescindível mediante aquela complicação de quadro.

As três permaneceram na sala ao lado, esperando notícias sobre o estado do jovem. Minutos depois, Gilles apareceu com a expressão séria:

– Ele disse que fez o que podia. Que isso poderia acontecer, mas que é passageiro. Nada há que ele possa fazer que já não tenha sido feito. Vou até lá buscá-lo à força. Ele precisa vir até aqui e ajudar o irmão! – e dispôs-se a sair, quando Madalena pegou seu braço.

— Não faça isso, eu lhe peço. Tenho certeza de que Philipe responderá ao tratamento nas próximas horas. Não vá se indispor com Hector. Ele sabe o que faz e, se disse que isso era esperado, confiemos nele. Ele é o melhor, Gilles. Sabe disso! – e suas palavras acalmaram o aflito pai.

No meio da tarde, a jovem médica apareceu com um discreto sorriso.

— Fiquem tranquilos, a febre começou a ceder. Fizemos novos exames, e seu quadro é satisfatório. A cirurgia foi um sucesso; a hemorragia foi contida integralmente. Doutor Hector já havia nos orientado sobre possíveis imprevistos. Peço que o deixem descansar nas próximas horas e, se possível, que a visita seja rápida. Ele solicitou que entrassem todos, e abrirei uma exceção, pois sei o quanto estão apreensivos. Venham comigo. – Ela parecia muito segura na condução da situação.

Philipe estava com os olhos fechados e parecia dormir. Lucille aproximou-se vagarosamente e pegou a mão dele:

— Pare de nos assustar, está entendendo? – e beijou a mão do rapaz.

— Não será desta vez, Lucille. Tenho muito a viver! – disse ele sorrindo timidamente.

Gilles segurou sua mão e percebeu que, de fato, a febre cedera. Com um sorriso, falou:

— Filho, fique bem logo. Preciso de você! Temos tanto a conversar, e não pretendo que seja aqui. – Seu olhar estava sereno e havia tanto amor nele, que Philipe se emocionou.

— Vou ficar bem e sair daqui o mais rápido que essa doutora permitir. – A médica sorriu.

— Assim que estiver em condições, isso acontecerá. Basta apenas se recuperar e lhe darei alta. Agora, como orientei, não devem se exceder na visita. Já viram que ele está bem. O doente está carente, eu sei, mas ele necessita descansar. – e ficou aguardando as visitas saírem.

Sophie foi até o rapaz e beijou seu rosto com carinho:

— Saia logo daqui. Está me devendo um passeio pela região — e sorriu, enquanto saía.

Todos se despediram do rapaz e deixaram o quarto. A médica, Débora, ficou lá examinando-o novamente:

— Como se sente? — perguntou, concentrada no exame.

— Vou ficar bem. Ainda não entendo como isso foi acontecer. Uma simples pancada foi capaz de causar tantos danos. Imagino como o carro tenha ficado. — e deu um sorriso.

— Foi um acidente grave, Philipe. O estrago poderia ter sido maior se não tivessem chegado a tempo — e seu olhar ficou sério. — Doutor Hector é um cirurgião competente e estava aqui naquele momento, o que foi o diferencial. Ele salvou sua vida.

— Meu irmão é uma pessoa incrível — e uma sombra percorreu seu olhar. Passou um filme pela sua mente, enquanto lembrava-se do acidente com Diana e o desfecho nada favorável.

— É um médico admirável e tenho aprendido muito com ele. Bem, até seis meses atrás. Todos se ressentem de sua ausência desde então. Quando ele chegou aqui ontem à noite, a equipe ficou extremamente eufórica, imaginando que seria seu retorno. Porém, quando a cirurgia se encerrou, ele deu as orientações especiais acerca de seu caso, despediu-se e deixou o hospital. Não disse se voltaria. É lamentável que ele tenha feito uma escolha tão drástica para sua vida. Sei o quanto está sofrendo, afinal, convivi com Diana e sei o quanto ela era especial, em todos os aspectos. Porém, como médicos, lidamos a todo instante com perdas irreparáveis e temos de dar continuidade ao que abraçamos, que é salvar vidas. Perdoe-me se estou sendo invasiva, sei que ele é seu irmão, mas não consigo aceitar sua recusa em retornar à prática da medicina. — e se calou, pois sentiu que adentrara um terreno delicado. Lembrou-se de tudo o que havia ocorrido, da participação de Philipe e dos boatos acerca da ruptura entre eles. O jovem não precisava dessas lembranças naquele momento em que estava em franca recuperação e com as defesas fragilizadas. – Mais uma vez, me perdoe a indiscrição. – e, procurando mudar o rumo da conversação, perguntou: – Quem é essa moça bonita que o convidou para um passeio? Uma fã, devo supor!

– Minha prima Sophie, uma grande amiga. Por que, está com ciúmes? – disse ele, jogando seu charme para a médica.

– Certamente! Não se lembra do que me prometeu quando estava sedado após a cirurgia?

– Não me lembro de nada – disse ele, curioso. – O que disse?

– Bem, vou tentar reproduzir sua fala: disse que jamais tinha visto uma médica tão linda e se eu estava disponível para um jantar. Vou deixar de lado as demais palavras. – e ofereceu um cativante sorriso. – Mas fui alertada de que você fala isso para todas as mulheres que passam pelo seu caminho.

– Uma grande injustiça! Apenas aprecio as coisas belas da vida. Não falo isso para todas as mulheres, apenas para aquelas nas quais tenho algum interesse – disse o jovem.

– Vou acreditar! – e ia saindo, quando ele perguntou:

– O convite para jantar está sendo considerado?

– Primeiro, recupere-se, depois conversamos, combinado? – e saiu do quarto sorrindo.

No caminho de volta para casa, o grupo estava silencioso. Passaram próximo à casa de Hector, e Sophie lembrou-se do acidente, sentindo a mesma tensão daquela noite. Queria saber como ele estava depois de todos esses eventos. Pensou em visitá-lo no dia seguinte.

– Vou preparar um lanche para todos. – Madalena saiu e deixou-os conversando.

– Gilles, ao falar com Hector, sentiu algo diferente? Alguma mudança de postura? – A voz de Lucille denunciava preocupação.

— Permanece refratário ao nosso concurso. Temo por ele, hoje mais do que nunca. Estou sem fome, vou descansar um pouco e refletir em tudo que tem acontecido conosco.

— Volte mais tarde para nossa reunião. Sei o quanto reluta em participar de nosso culto do Evangelho, mas esta é uma ocasião especial. Necessitamos do concurso de nossos amigos espirituais mais do que nunca. Não estamos abandonados à própria sorte em momento algum, por mais que as circunstâncias possam apontar o contrário. Precisamos nos fortalecer em meio a tantos eventos traumáticos e agradecer pelas bênçãos recebidas, uma demonstração de que estão atuando em nosso favor. Acredite, apesar das aparências, temos recebido muita ajuda do Plano Maior. Fique conosco! — disse Lucille.

— Prometo pensar a esse respeito. Tenho que colocar minhas ideias em ordem e encontrar uma alternativa para resgatar Hector do mundo das sombras, no qual ele insiste em permanecer. Não ficarei mais passivo perante tudo o que está acontecendo. Eu lhe prometi assumir as rédeas e assim farei. Vou me recolher um pouco. — e subiu lentamente as escadas, sob o olhar apreensivo de Sophie.

— Sei o que está pensando, minha querida — falou Lucille, lendo os pensamentos da jovem.

— Você não tem jeito! — brincou ela.

— Gilles tentará recuperar seus filhos, porém ainda acredita que exista uma regra definida para isso ocorrer. Crê que pode controlar os eventos e até as reações que eles oferecerão. As relações humanas não podem ser colocadas dentro de um padrão único e objetivo. Se ele assim insistir, os afastará ainda mais. Sempre será um controlador. Não deveria ter abordado os problemas de maneira tão ostensiva. Agora ele não desistirá até conseguir uma solução adequada.

— Adequada ao que ele acredita, Lucille. Talvez não seja a que eles necessitem para seguir com suas vidas. Uma situação complexa, você há de convir. — disse Sophie.

– Vamos contar com o tempo, que sempre é determinante. Gilles tem um longo caminho a percorrer para encontrar as respostas que tanto busca! E você, posso contar com sua presença em nossa reunião? – perguntou ela.

– Confesso que estou curiosa e ficarei para conhecer. Quem vai participar?

– O grupo de sempre e você. Gilles, como sempre, não participará. Encontrará uma desculpa, como se isso fizesse alguma diferença. Ele simplesmente não acredita nas energias que vai receber e que tanto o auxiliariam neste momento tumultuado que vive. A escolha é dele, que decide no que acredita ser o mais apropriado aos seus intentos. Está desprezando recursos importantes, porém a decisão lhe pertence. – Madalena surgiu com uma bandeja, servindo-as.

– E Gilles? – perguntou ela.

– Deixe-o, minha amiga. Tem muito a refletir. Sente-se conosco – e ficaram a conversar sobre a saúde de Philipe, que ainda era a grande preocupação.

Subitamente, o estrondo de um trovão assustou-as. A tempestade se iniciava novamente. Há muito não chovia tanto.

– Mais um temporal se aproxima. Estremeço só de me lembrar daquela noite. Foi algo que jamais imaginei vivenciar – disse Sophie com o semblante contraído.

– Agora está protegida aqui. Deixe essas recordações para trás, Sophie. Você viveu uma experiência marcante, porém isso agora é passado. Aprenda a se desapegar, especialmente da bagagem inútil que insistimos em carregar. – A jovem ficou a refletir naquelas palavras.

A chuva se iniciou já com fortes ventos, e a previsão era de que durasse toda a noite. No horário marcado, o grupo se reuniu. Gilles, como a tia previra, não desceu.

O grupo era reduzido, composto por Lucille, Madalena, Rosa, Jairo, Luzia e Sophie. Sentaram-se na sala de jantar e iniciaram com uma preparação simples e amorosa, realizada por Lucille. Rosa fez a leitura de um capítulo do livro *O Evangelho segundo o Espiritismo*, de Allan Kardec, e, em seguida, uma pequena discussão sobre o tema lido foi iniciada. Sophie permaneceu calada, apenas observando, porém, sua percepção aguçada a fez sentir muito além do que lá acontecia.

Em determinado momento, a jovem pôde visualizar a profusão de luzes que se fez presente, um espetáculo que a deixou emocionada. Não via seres do mundo espiritual, apenas essas luzes envolvendo todos os presentes, como se os brindassem com a revitalização de suas energias. Um momento inesquecível, que jamais supôs vivenciar. Lágrimas escorriam por seu rosto e fechou os olhos momentaneamente, com a gratidão imperando. Jamais sentira a paz tão presente!

Coube a Madalena a prece final.

– Amigos queridos, somos criaturas ainda muito imperfeitas e necessitamos de auxílio para superarmos nossas deficiências. Só assim seguiremos em frente, realizando as tarefas a que nos programamos. Sabemos, no entanto, que sem o concurso de vocês estaríamos distantes do êxito, por isso pedimos: não nos abandonem à própria sorte. Não podemos mais falhar em nossos propósitos e temos que aproveitar cada oportunidade do caminho. Mãe Santíssima, tu nos ensinas a todo momento que só o amor é capaz de modificar as situações críticas que enfrentamos, pois só ele auxilia sem nada pedir; simplesmente ama! Que possamos tê-la como referência em nossas vidas. Mestre amado, tuas lições nos fazem discernir entre o bem e o mal, entre a porta estreita e a porta larga, mas, ainda assim, se não estivermos conectados a tua energia, nada conseguiremos realizar. Dá-nos a coragem para enfrentarmos nossas mazelas e modificar o rumo de nosso caminhar. Fica ao nosso lado, amigo querido, e continua confiando em nós. Pai de amor, antes de mais nada, agradecemos teu amparo neste conturbado momento, cuida de nós, mesmo que ainda estejamos distantes de cometer mais acertos do que erros. Protege nossa família, e que estejamos atentos a cada oportunidade que colocares à nossa frente, prova essa de que ainda confias em nosso potencial criador. Encerramos este culto semanal agradecendo em especial aos nossos mentores individuais, que têm a dura tarefa de nos acompanhar nesta existência, tentando nos inspirar a todo instante. Equipes espirituais, continuem a nos auxiliar! Em teu nome, Pai querido, despedimo-nos! Graças a Deus!

Uma luz intensa a envolveu durante a prece, e Sophie pôde visualizar alguns vultos próximos, que, ao término, depositaram sobre cada um dos participantes energias sutis e reconfortantes. A emoção novamente se instalou, desta vez em todos eles.

— Realmente, jamais estamos sós. — Lucille tinha os olhos marejados. — Tudo ficará bem, mais uma vez.

Os demais participantes assentiram e foram saindo, não sem antes agradecer pelo magnífico culto cristão de que haviam participado. Permaneceram apenas as três mulheres, que estavam silenciosas, absorvendo ao máximo a energia lá deixada. Foi a matriarca quem quebrou o silêncio, dirigindo-se à jovem:

— E então, Sophie, o que tem a nos dizer após esta experiência? — Era como se ela soubesse das percepções que vivenciara.

— Quando conseguirei esconder algo de você? — disse ela com um sorriso radiante.

— Já lhe disse que, na ausência da visão, outros sentidos se aprimoraram ao longo do tempo. Na verdade, seria como se pudesse perceber integralmente uma outra realidade. Aprendi a confiar e a interpretar aquilo que vejo com os olhos espirituais. E, posso garantir, jamais me senti isolada do mundo nestes anos todos. Digo, insistentemente, que Deus jamais me abandonou, o que é a mais pura verdade. — Seu olhar era límpido.

— Vi muitas coisas, Lucille, se é isso o que deseja saber. Talvez a palavra que melhor defina o que vi seja: proteção. Foi exatamente isso que mais pude perceber. Você tem razão ao dizer que jamais estamos sós e abandonados. Berthe sempre frisou isso para mim, todas as vezes que reclamava da ausência de minha mãe. Quando lhe dizia que me sentia muito sozinha, ela afirmava que jamais estaria só. Não conseguia compreendê-la, mas aceitava seus argumentos. Quando ela se foi, pela primeira vez em minha vida, entendi o que ela queria dizer. Senti tanto amparo, tanta proteção, como se ela ainda estivesse ao meu lado. Só assim pude entender que a solidão é imposta por nós, se a desejarmos.

– Berthe era uma mulher muito sensível e, mesmo a distância, sempre a senti ao meu lado. E ela sempre teve consciência de que estamos neste mundo em jornada de aprendizado, desde que estejamos receptivas às lições. Nosso pai tinha uma fé inabalável, ensinando-nos que somos aprendizes da escola da vida. Sempre salientou que existe muito mais que nossos olhos materiais poderiam detectar. Ele se referia aos companheiros da luz que se encontram em outras esferas e cuidam de nosso aperfeiçoamento. Daí Berthe dizer que tudo depende de nossas deliberações. Aquele que acredita estar só, assim se sentirá em qualquer situação. Aquele que deseja a felicidade, assim irá se propor. Porém, jamais devemos permanecer passivos, esperando que as coisas aconteçam por si sós. O trabalho é a ferramenta de nosso progresso.

– Concordo com você, Lucille. E, mudando o rumo da conversa, amanhã tenho a intenção de visitar Hector. Algum problema? – questionou a jovem.

– Não, minha querida. Vá e procure conversar com nosso menino, ainda tão perdido em seu mundo sombrio. Procure resgatá-lo das regiões torturadas em que ele se colocou. Sei que usará de toda a sua percepção para conduzir essa conversa. Confio em você. Madalena, deseja que ela se faça portadora de algo?

– Sabe que sim, Lucille. Não vou deixar meu menino à míngua. Como acredita que ele vem se mantendo todos estes meses? – perguntou Madalena.

— Você sempre será a mãe dele, minha amiga, e serei eternamente grata por tudo.

— Eu o amo, apenas isso. Nossos caminhos se cruzaram tempos atrás e preciso reparar alguns danos que eu mesma provoquei, causando males desnecessários. O que puder fazer para lhe trazer um pouco de paz, eu farei. — Seus olhos denunciavam o conhecimento de fatos a que poucos tinham acesso.

— Sei, querida, e posso lhe garantir que sua dívida já foi quitada, afinal, resgatou algo que dinheiro nenhum compraria. — A conversa subliminar confundia Sophie, que nada compreendia.

— Bem, creio que estou deslocada nesta conversa. Vou pegar um livro na biblioteca que me instigou outro dia. Algum problema?

— De modo algum, a casa é sua, volto a insistir. Mas lá não é um lugar aconchegante e peço que o leve a seu quarto. Só de pensar em ficar lá, sinto certa indisposição.

— Temos que reverter isso, não acha? Sei o que pensa acerca daquele local e eu sinto o mesmo, mas podemos modificar essa condição. Boa noite, meninas! — e saiu a passos firmes, decidida a ficar na biblioteca lendo o tal livro.

As duas mulheres sorriram ante a determinação de Sophie. Lucille comentou:

— Esta jovem veio para mudar o rumo de muitas vidas. Deste plano e do outro. Espero que continue convicta de seus propósitos. Sinto como se a conhecesse há muito tempo — e seu olhar se perdeu no infinito.

— Eu também. E posso imaginar a que veio. Lembra-se do que seu pai dizia de sua tia Claudine? — Madalena deu um sorriso.

— Como poderia esquecer ! — e seu semblante se iluminou.

# CAPÍTULO 17

# NOVOS ACONTECIMENTOS

Sophie entrou na biblioteca e foi em busca do pequeno exemplar que vira quando lá estivera. A mesma sensação da outra noite fez-se presente, como se adentrasse um local gélido e desconfortável. Procurou atentamente e encontrou-o entre dois livros. Pegou-o delicadamente entre as mãos e folheou suas páginas. Tratava-se de um caderno de capa dura com uma letra já familiar Datava de mais de um século, e a curiosidade imperou. O que estaria lá escrito? Seria um dos diários de Claudine? Lucille dissera que os guardava como um precioso tesouro, então por certo não estariam ali, entre os demais livros. Folheou-o com cuidado, receosa de causar algum dano. Compenetrada que estava, ouviu um barulho forte de algo batendo pesadamente. No susto, derrubou o livro, que caiu aberto em uma página, como se isso houvesse acontecido de modo proposital, para que verificasse o conteúdo do que lá se encontrava.

Sentou-se em uma poltrona confortável e iniciou a leitura. Havia sido escrito em uma manhã chuvosa, assim iniciava o relato.

Tratava-se de uma narrativa ágil e instigante, prendendo a atenção de Sophie, que permaneceu lendo o conteúdo até o fim. Fora escrito por Claudine. Os fatos narrados eram decorrentes de uma discussão que Gina, a escrava liberta e amiga de Anne Marie, ouvira acidentalmente. Claudine já contava com dezesseis anos e adorava escrever sobre fatos que haviam ocorrido com a família. O nome de Bertrand fora mencionado inúmeras vezes, o que fez Gina ter a certeza de que o assunto era ele. O pai estava ainda sofrendo pela morte do único irmão, e a mãe, sem conter seu ímpeto, dissera que havia sido a melhor coisa que acontecera nos últimos anos. Talvez pelo estado em que se encontrava, ou mesmo por estar sufocada devido a um segredo jamais revelado, contou ao esposo o tipo de pessoa que era o irmão e os atos infames que ele praticara em sua ausência. Patric não acreditou no relato doloroso da esposa, dizendo que o irmão não seria capaz de tal gesto. A discussão ficara acalorada, e Patric, em um gesto impulsivo, segurou os braços da esposa, dizendo que tudo era uma grande mentira com o intuito de difamar o irmão morto. Anne Marie viu seu casamento ruir naquele instante e disse que, após o filho nascer, ela não ficaria mais naquela casa. Claudine contava toda a história pela sua óptica juvenil, colocando em palavras todo o sentimento de dor que a mãe vivenciara, conforme narrara Gina. O que Bertrand fizera à mãe? era o que Claudine perguntara a Gina. Esta respondera apenas que ele não era quem ela pensava. Para ela, era um tio muito querido. Teria ele magoado a mãe de alguma forma? Só tinha lembranças felizes dele, sempre espirituoso e divertido. Jamais tivera alguma atitude indecorosa com as meninas, O que teria feito para deixar a mãe tão decepcionada? E por que o pai não acreditara nela, seu grande e único amor? Esses questionamentos estavam gravados nas páginas de seu diário.

Gina, no entanto, havia sido reticente em seu relato, preferindo manter o segredo oculto.

Lucille já lhe contara sobre Bertrand, o mesmo que a assustara naquela noite, cujo quadro estava em frente à biblioteca. A morte dele fora algo arquitetado, um gesto de vingança pelos atos indignos que ele, mais uma vez, cometera. Só não conseguia compreender ainda por que ele não aceitava sua condição e não saía de lá. Por que insistir em permanecer naquele mausoléu? Se a vida continua depois da morte do corpo físico, por que não dar continuidade ao processo evolutivo? Tudo era muito confuso para Sophie. Outra coisa que não compreendia era por que, se Bertrand cometera tantos equívocos, ele se julgava no direito de se vingar dos que ali permaneceram? Não entendia muito a lógica de Bertrand, se é que tinha alguma. Ele mais parecia um ser aprisionado ao passado, temendo as consequências pelos seus atos infames. Não era a vítima, mas um companheiro muito endividado perante a lei divina. Quando se conscientizaria de que precisava modificar suas ações? No mesmo instante, dois livros caíram pesadamente ao chão, como se tivessem sido atirados.

— Eu sou a vítima, compreendeu? Vocês não me ajudaram quando eu mais necessitei! E vão pagar caro por isso! E, se estiver com eles, minha ira também a atingirá. Agora, saia daqui! Este é o meu domínio! — disse Bertrand com toda a fúria.

Sophie não captou as palavras exatas, apenas ouviu em seu íntimo: "Saia daqui!" Foi suficiente para que recolocasse o livro na prateleira e saísse. Não pretendia encontrar novamente aquele ser tenebroso, nem se indispor com ele. Devia haver um jeito de retirá-lo de lá, mas não tinha a menor ideia de como fazer isso.

A chuva persistia e decidiu subir para o quarto, onde se sentia protegida. No dia seguinte, se o tempo permitisse, iria ver Hector. O simples fato de pensar na visita deixou-a ansiosa e estranhamente inquieta. Queria muito estar perto dele e ajudá-lo!

Na manhã seguinte, segunda-feira, a rotina se iniciaria para Gilles, agora duplicada com a ausência de Philipe dos negócios.

Quando Sophie acordou, ele já saíra para o trabalho. Disse que passaria no hospital e depois seguiria para a empresa.

Incrivelmente, após a tempestade que durara toda a madrugada, o dia amanheceu sem nuvens, com prenúncio de um dia ensolarado. Era algo complexo demais para Sophie, ainda não acostumada a essas variações climáticas tão intensas.

Passava das dez horas quando Jairo a deixou na porta da casa de Hector. Disse que precisava ir até a cidade e voltaria em uma hora.

Bateu à porta insistentemente e ninguém respondeu. Abriu a porta e entrou, percorrendo os aposentos, mas nem sinal de Hector. Subiu as escadas e adentrou o quarto onde estavam as telas sinistras que conhecera no outro dia. No sofá, jogado desajeitadamente, estava Hector. Havia algumas garrafas vazias de bebida, o que a fez supor que ele ingerira álcool em excesso. Chamou seu nome, e ele não respondeu. Seu estado era deplorável; não parecia o mesmo daquela noite, tampouco o médico ágil e competente que salvara Philipe. Era apenas um homem infeliz e cheirando a bebida, dormindo pesadamente. Isso a irritou profundamente! O que ele pretendia com essas atitudes insanas? Queria morrer? Se assim fosse, que fizesse o serviço correto e não ficasse prorrogando seu martírio. Por que se punia a tal ponto?

Em um gesto impulsivo, pegou um copo cheio de água e jogou no rosto dele, que acordou assustado. Ao vê-la, levantou-se de súbito:

— O que pensa estar fazendo? Deixe-me em paz! Não quero sua piedade — e saiu da sala, indo até o banheiro ao lado.

— Isso mesmo, tome um banho e faça algo que se preze! — e ligou o chuveiro, empurrando-o para dentro. Não imaginou ter a força necessária para tal gesto, mas assim procedeu. Ele tentou se esquivar, porém ela segurou seu braço com tamanha força, que ele não ofereceu resistência, simplesmente cedeu. E lá permaneceu, sentindo a água limpar seu corpo e sua alma. Sentou-se no chão e colocou as mãos no rosto, como se quisesse impedi-la de ver as lágrimas abundantes que rolavam.

Sophie viu toda a sua energia se esvair ao se deparar com ele naquelas condições, sentindo toda a dor contagiá-la também. Sentou-se no chão e ficou a seu lado em silêncio. Não havia nada mais a dizer.

Hector chorava copiosamente, completamente vencido. Seu sofrimento parecia não ter fim, e isso era o que mais angustiava a jovem, que já se arrependera da atitude forçada.

Os dois permaneceram naquela posição por um tempo que não souberam definir, até que ela, com cuidado, desligou o chuveiro e disse suavemente:

— Isso precisa ter fim, Hector. Quero ajudá-lo! — e pegou seu braço com carinho, trazendo-o para fora. Pegou a toalha e lhe entregou. — Tire essa roupa molhada, vou providenciar algo para vestir. — e saiu do banheiro.

Quando retornou, ele estava com a toalha cobrindo seu corpo e disse apenas:

— Não consigo mais suportar essa dor! — A expressão que ele exibia deixou-a comovida, e limitou-se a abraçá-lo com toda a força. Ele estava entregue àquele momento, sem nada dizer. As lágrimas insistiam em rolar por seu rosto, mas agora parecia mais controlado.

— Vista-se, eu o espero lá fora. — e, quando ela ia sair, ele segurou sua mão com energia, fazendo-a se virar.

— Obrigado! — e soltou-a.

Sophie saiu de lá com a sensação de que sua vida jamais seria a mesma depois daquele dia. Sentira uma energia intensa, um calor percorrer todo o seu corpo, como jamais sentira na presença de um homem. O que significava aquilo? Sua vontade era abraçá-lo e retirar toda a dor que ele abrigava em seu coração.

Eram emoções confusas e não sabia definir o que lá ocorrera, mas sabia que algo os conectara de tal forma, que não sabia se conseguiria se desprender-se dele.

Foi até a sala e lembrou-se da encomenda de Madalena, tratando de guardar tudo na geladeira. Eram algumas refeições que ela preparara para seu menino, como ela definira. Sentou-se e ficou a refletir em tudo o que acontecera e o que poderia advir depois disso. Ele exercia forte atração sobre ela, isso pudera perceber desde a primeira vez que o encontrara. Sabia, porém, que não poderia alimentar qualquer tipo de expectativa, afinal, ele não tinha olhos para ninguém a não ser para seu sofrimento. Era macabro e, no entanto, era a real situação. Agora constatara que ele estava no limite de seu equilíbrio, solicitando ajuda para sair desse panorama hostil e doloroso. Queria parar de pensar nas inúmeras possibilidades, mas sua mente ágil assim a conduzia. Foi retirada de suas divagações com a entrada dele na sala. Estava vestido e trazia roupas em sua mão.

— Você está toda molhada. Vá se trocar! — e estendeu as peças para Sophie, que só então percebeu seu estado. Trocou-se e voltou para a sala.

Hector olhava o vazio, mas endereçou-lhe um olhar quando ela retornou.

— Desde quando não faz uma refeição decente? — perguntou ela timidamente.

— Não tenho fome. — foi a resposta lacônica que ele ofereceu.

— Madalena ficará ofendida se não comer ao menos um pouco — e, sem esperar que ele se pronunciasse, foi até a cozinha e providenciou algo. Voltou com uma bandeja e colocou-a sobre a mesa. — Faça isso por ela, sei o quanto a ama. Senão, contarei que sequer tocou na comida que ela lhe preparou com todo o carinho.

— Você é uma jovem convincente, Sophie. Realmente é sobrinha de Lucille. — e se levantou, dirigindo-se à mesa. A comida parecia saborosa e ele se rendeu, comendo algumas garfadas. —

Pronto, agora pode dizer que estava tudo magnífico. Não pretendo magoá-la em nenhuma hipótese.

— Mas é o que tem feito com suas atitudes. Todos estão muito preocupados com você e não sabem o que fazer para modificar essa situação — disse Sophie, séria.

— Ninguém pode fazer nada; aceitem isso, e tudo se tornará mais fácil. Minha vida é meu patrimônio; sou eu que decido o caminho a seguir. Todos desejam resolver o que não é possível. Se estão sofrendo, sinto muito. — Sua voz era baixa e sem emoção.

— Por que insiste em fazer isso com você? Esqueceu-se de tudo o que já aprendeu? Sua profissão não o ensinou a lidar com perdas? — e arrependeu-se no mesmo instante do que acabara de falar. Ele virou-se para ela, com seus olhos verdes magnéticos e frios:

— Não sabe o que fala. E não pode me ajudar! Agradeço o que fez por mim, mas é melhor ir embora. — Ele se levantou e estava prestes a sair, quando Sophie se pronunciou:

— Sei muito bem o que falo. Você não quer enfrentar a realidade à sua frente. Diana não está mais aqui; será que ainda não entendeu? Ela se foi e não vai voltar, pois seu caminho agora é outro. Não vou discutir com você, apenas quero que saiba que seus atos não a trarão de volta. Que toda a sua dor não vai fazer com que ela se afaste de sua nova jornada. E, se insistir nessa conduta, apenas se afastará cada vez mais dela. Se fizer algo que antecipe seu retorno, não pense que ela o estará esperando. Você entende isso melhor do que eu. Lucille disse o quanto vocês dois eram adeptos da Doutrina dos Espíritos. Muito me admira sua postura quando é chamado a dar seu testemunho. Esqueceu-se de todas as lições aprendidas? Acredita que Diana está feliz vendo-o nessa condição deplorável, desprezando tudo o que aprendeu? Não a retenha mais, liberte-a, para que ela possa dar continuidade a sua evolução! Faça isso por ela, já que a ama tanto! E siga seu caminho, pois há tarefas ainda a realizar. Sentar e chorar não vai modificar nada; será que é tão difícil entender?

As feições de Hector se endureceram, e ele pegou um vaso e atirou na parede, espatifando-o. Em seguida, foi até Sophie e pegou-a firmemente pelo braço. Assim permaneceram por alguns instantes. Ambos se olhavam fixamente, e nenhum deles desviava o olhar, como se uma conexão se estabelecesse entre os dois. Havia tanto a desvendar naquele olhar... Estavam tão próximos, que ela podia sentir a respiração entrecortada dele; podia perceber as emoções contraditórias que ele irradiava. Ela foi se aproximando, atraída por aquele mar profundo e revolto que eram aqueles olhos verdes. Ele, por sua vez, não entendia a energia que se fizera presente entre ambos, como se Sophie exercesse forte domínio sobre ele, impedindo-o de ter qualquer reação. Sentiu-se, também, controlado por aqueles magnéticos olhos verdes. De súbito, seus lábios se aproximaram, e eles se beijaram. Foi um momento terno que durou apenas alguns segundos. Em seguida, ambos se afastaram, desconcertados. Aquilo não estava previsto; como pudera acontecer?

— Perdoe-me, não sei o que aconteceu! É melhor você ir embora, por favor. — Hector estava confuso com o que acabara de acontecer, assim como Sophie.

— Esqueça o que ocorreu. Já vou embora. — Estava já na porta, quando se virou e não resistiu em perguntar: — Posso voltar outro dia? — Havia tanta paz naquele olhar, que ele não poderia recusar.

— Sim, quando quiser. — Sua voz se acalmara, seu semblante se modificara; era outro Hector que ela deixava ao sair.

Jairo já estava à espera e não entendeu o rosto sereno que visualizou:

— Como ele está? — perguntou.

— Creio que ficará bem! — e deixou sua mente divagar. Seu coração estava acelerado e, ao lembrar-se do beijo, sentiu que enrubescia. Porém, não poderia negar que a experiência fora interessante. O que diria a Lucille, pois nada lhe passava despercebido? Que tentara seduzir seu sobrinho? Riu dos próprios pensamentos. Jamais pensara que isso aconteceria, tampouco estava em seus planos. Mas acontecera, e teria de pensar no que mais poderia advir, levando em conta o estado emocional em que Hector se encontrava. Estava confuso, carente, depressivo, sem condições de avaliar corretamente o que havia ocorrido entre os dois. Esse trabalho lhe pertencia, e teria de avaliar as consequências desse ato.

Hector, por sua vez, também analisava o que tinha acontecido entre eles. Estava fragilizado e perturbado como há muito não se sentia. Nem quando sua mãe o deixou, preterindo-o por seu irmão. Não havia um dia sequer em sua adolescência que não se questionasse sobre isso. Por que ela agira assim com ele? O que teria feito para que ela os deixasse, indo viver tão distante deles? Teria sido o pai? Jamais entendera os motivos dessa fuga, acabando por culpar o pai por isso. E ele apenas contribuíra para que ele assim pensasse, mediante sua conduta, deixando-os aos cuidados de Lucille e Madalena. Sempre foram tão distantes! Cuidara de Philipe, que mais se ressentira com a ausência da mãe, sendo seu protetor e mentor. E, agora, nem eles estavam mais tão próximos. Ele o afastara de sua vida e quase causara sua morte, caso se recusasse a atendê-lo naquela fatídica noite. E, se o fizera, devia a Sophie, essa jovem que estava mexendo com suas estruturas como há muito tempo não acontecia. Como pudera ser tão insensível com o irmão? Estaria ele bem? O pai havia pedido que fosse vê-lo, mas não tinha a mínima intenção de voltar àquele hospital. Não no momento. Pensou em ligar para saber das notícias, mas, se algo tivesse ocorrido, Sophie teria dito, o que não acontecera.

Foi até o quarto e pegou uma tela em branco, começando a desenhar as feições do irmão tão amado. Ele poderia ter morrido e, dessa vez, ele seria realmente culpado, pois teria lhe negado socorro. Agradeceu pela insistência da jovem, que o convencera a cuidar dele. Quando finalizou, horas depois, olhou com atenção para o rosto jovial de Philipe. Queria tanto que ele soubesse que não o culpava pela morte de Diana, mas sim que sua presença o fazia se lembrar de momentos muito infelizes, por isso preferia não encontrá-lo — para não ativar novamente sua mente, fazendo-o se recordar do trágico acidente. Era uma fuga deliberada, mas era isso, ou não sobreviveria. Será que ninguém o compreendia?

Desceu as escadas e sentiu-se novamente oprimido, como na noite anterior. Seu pai deixara uma adega repleta de rótulos caros e raros, e aquelas garrafas pareciam exercer um domínio sobre ele. Bebera excessivamente na noite passada e não pretendia fazer o mesmo de novo. No entanto, era como se um ímã o atraísse, chamando sua atenção. Jamais fora afeito a excessos de qualquer ordem, e a bebida jamais o seduzira. Diferente de Philipe, que a consumia em larga escala. Porém, nos últimos dias, sentia-se tão oprimido, quase sufocado, como se estivesse sob o jugo de alguém. Sentia-se observado a todo instante, e aquela sensação não lhe dava trégua em momento algum. A morte seria o fim de tudo! Ou não!

Depois que Sophie o chamara à realidade, para que observasse sua conduta e os possíveis atos contrários à lei divina, tinha se conscientizado de que a morte, definitivamente, não seria o final de tudo. Pelos conhecimentos adquiridos, sabia que ninguém tinha o direito de decidir quanto à própria vida, no sentido de reduzir sua jornada na matéria. Atentar contra a vida causaria-lhe consequências inexoráveis, das quais não poderia fugir. Antecipar seu retorno ao mundo espiritual implicaria aceitar as consequências dessa ação indevida. E, certamente, se distanciar ainda mais de Diana, era uma delas. Infelizmente, Sophie estava com a razão. Não poderia acompanhar Diana nessa viagem, pois seu tempo ainda não se expirara.

Teria de continuar sua jornada sem a presença da amada em sua vida. Seria uma tarefa complexa, mas era o que lhe cabia no momento – e nada poderia fazer para alterar os fatos! Sentia-se impotente perante seu destino, mas tinha de aceitá-lo e seguir em frente.

Manoel, a entidade satânica que o acompanhava, estava profundamente irritado com a nova postura de Hector. Não queria que ele recebesse qualquer tipo de ajuda, pois ficaria distante de seu assédio, impossibilitando assim sua vingança, que estava prestes a se concluir, não fosse a presença daquela jovem intrometida. Chamou seus comparsas e pediu que continuassem sugando as energias do médico, para que ele se sentisse ainda mais fragilizado mental, física e emocionalmente. Ele pagaria pelo que lhe fizera. Planejara uma emboscada e o matara friamente, sem dó nem piedade. Ele merecia o sofrimento eterno pelo que lhe causara. Tinha muito ainda para viver e, não fosse aquela escrava ignorante e sonsa, nada disso teria acontecido. Ao menos ela apodrecera na prisão; a justiça fora feita nesse caso. Mas não deixaria aquele homem impune e, se preciso fosse, eliminaria um por um dos que tentavam impedi-lo.

– Você vai voltar para cá mais rápido do que imagina – e deu uma gargalhada satânica.

Hector sentiu um calafrio percorrer seu corpo e novamente olhou para as garrafas...

# CAPÍTULO 18

# NOVOS FATOS

Sophie chegou quando o almoço estava sendo servido.

— Sente-se e conte-me tudo, Sophie. Como ele está? — perguntou Lucille.

— A situação está bem tensa, devo dizer. — e contou tudo o que acontecera, omitindo apenas o beijo, pois não sabia como ela iria encarar aquilo.

— Hector jamais foi afeito a vícios. E bebida ainda! — A senhora estava consternada com a notícia. — E após essa discussão, acredita que ele possa ter despertado?

— Não sei, Lucille. Ele é uma caixa de surpresas, não sei o que esperar. Entretanto, vou monitorá-lo, pois permitiu que eu o visitasse outras vezes. É um bom começo!

Madalena estava tensa, pois sabia o quanto o jovem médico estava vulnerável. Sentia tanto não poder fazer mais por ele! Saiu com a expressão cansada, deixando-as a sós.

– Gilles ligou mais cedo e disse que nosso doente está se recuperando a contento. Se isso perdurar, podemos tê-lo em casa até o final da semana. Já mandei Rosa preparar um quarto ao lado do meu. Aqui, pelo menos, receberá todos os cuidados possíveis. – Ela fez uma pausa e, em seguida, perguntou: – Algo mais a preocupa, minha jovem. Sinto a tensão no ar. Refere-se a Hector ou Philipe? – perguntou a senhora.

– Hector. – Ela foi direta, porém teve cautela com o que falaria a seguir. – Lucille, aconteceu algo que preciso lhe contar, pois talvez possa me ajudar a decifrar esse enigma. Eu e Hector nos beijamos. Não sei como aconteceu, foi mais forte que eu. Quando vi, já havia acontecido, e o desconcerto de ambos foi a consequência. Não consegui impedir que isso acontecesse, estou sendo franca com você. Não sou mulher de colecionar aventuras, aliás, não estou em um relacionamento sério há muito tempo. Quero que saiba que não foi intencional, ainda mais porque a situação é complexa demais e não consigo visualizar o que vai acontecer amanhã. No entanto, confesso que fiquei tocada com isso. Talvez as aventuras vividas, a tensão desses dias, a proximidade dele e de seu coração tão angustiado, tudo isso me sensibilizou, e o que eu mais queria era que a dor dele cessasse. Foi isso o que aconteceu nesta manhã – e se calou, esperando Lucille se pronunciar, algo que se deu mais rápido do que poderia supor.

– Não há o que explicar nem tampouco o que entender, Sophie. Sabia que isso poderia acontecer e não impedi. Não temos controle sobre o que poderá advir desse acontecimento, e nada mais podemos fazer a não ser esperar. Hector é um bom homem no quesito moral. Mas é também dotado de atrativos físicos que podem fazer uma mulher se interessar por ele, mesmo nas condições em que se encontra; e posso garantir que, apesar de não poder ver, tenho plena convicção de que seu aspecto é deplorável, em vários sentidos. Não se pode explicar a atração entre dois seres e por que ela ocorre. Não quero que fique preocupada com o que ocorreu entre vocês, apenas siga sua vida, minha jovem. Ele precisa de todo o auxílio possível e, se confiar em você, teremos mais chances de ajudá-lo. Não acha?

— Temo que isso possa afastá-lo. Não sei bem o que penso, estou muito confusa.

— Fique calma; a confusão não ajudará em nada, Sophie.

— Talvez esteja com a razão — e, mudando de assunto. — Vamos ver Philipe mais tarde?

— Vá você, não acordei muito bem hoje. — Sua expressão parecia cansada.

— O que está sentindo?

— Nada que possa preocupá-la. Não se esqueça de que não sou mais uma jovem como você, e a idade começa a pesar. Essas preocupações todas mexeram comigo. Ficarei bem!

— Não, ficarei aqui com você — disse ela, decidida. — Gilles visitará Philipe, certamente.

— Pare com besteiras. Não estou doente, é apenas uma pequena indisposição — disse a tia.

— Ficaremos conversando toda a tarde, assim ela passará rápido e estarei atenta a qualquer sinal. Tenho algumas perguntas a fazer acerca da família.

— Uma tarde só não será suficiente — brincou Lucille. — O que quer saber?

— Encontrei um caderno na biblioteca que, pelo que pude constatar, era de Claudine. Você não disse que guardava todos os seus diários como um tesouro precioso? E este? Estaria perdido entre os demais livros? — O semblante de Lucille se contraiu.

— Estranho... Julgava que todos eles estavam bem guardados. Pegue-o para mim, Sophie!

A jovem foi até a biblioteca e buscou o tal livro, mas não o encontrou. Ficou a examinar cada prateleira detidamente, mas não viu sinal algum daquele livro. Onde estaria? Voltou até onde Lucille estava e, contrariada  disse:

– Não o encontrei. Agora, sou eu que digo que é muito estranho. Tirei-o da prateleira, li e recoloquei-o no mesmo lugar. Não está mais lá!

– Os mistérios desta casa. Vá se acostumando... Mas vamos ao que interessa. De quem era o diário que você leu?

– Como falei, acho que era de Claudine e, pelo que pude entender, foi escrito após os pais dela morrerem. Gina era a escrava que cuidou dos filhos de Anne Marie, certo? Era uma pessoa confiável?

– Sim, pelo que os relatos nos mostram. Quando Patric morreu, alguns anos após sua esposa, era ela quem cuidava da família e, em especial, das meninas e Jules. Já lhe contei o quanto sofreram após a morte do garoto. E foi Gina quem descobriu o plano macabro de Manoel e Layla, a escrava ambiciosa. Foi uma presença marcante na família e, pelo que me consta, era uma pessoa adorável.

– Se não estou enganada, você contou sobre as ações indecorosas de Bertrand com Anne Marie, as quais jamais foram relatadas a Patric, certo? – perguntou Sophie. – Pois neste diário Claudine narra sobre um evento que Gina lhe contou: uma conversa entre os patrões, em que a esposa contou tudo sobre Bertrand ao marido. Diz que ela ficou decepcionada quando ele se recusou a acreditar em sua história. Finaliza contando que, após o nascimento do filho, ela iria embora dessa casa. É possível que isso tenha realmente acontecido? – perguntou a jovem, sob o olhar atônito de Lucille.

– Encontre este livro, pois agora estou curiosa para saber sobre isso. Se aconteceu, alguns fatos são explicáveis – disse a senhora.

– Como assim?

– Se isso realmente ocorreu, explica-se o desespero de Patric após a morte da esposa. Ela deve ter partido muito infeliz e magoada com a descrença do marido. A revelação de que o irmão era um ser desprezível não o convenceu e, infelizmente, a única que poderia ter falado algo era Anne Marie. Mas ela não estava mais aqui. São histórias da família contadas sob a ótica de uma narradora muito tendenciosa, não podemos nos esquecer.

— Porém, isso não muda o que Bertrand fez. Ele destruiu uma relação de muito amor, mesmo não estando mais presente. E responderá por seus atos — disse com firmeza.

— Talvez por isso até hoje não tenha encontrado a paz — concluiu Lucille. — Ele terá que compreender a dimensão de seus erros, arrepender-se e tentar a correção. Porém, ele prefere aqui permanecer e perturbar os que aqui habitam. — Havia certa tristeza nela.

— Parece que você sente pena dele! — disse a jovem.

— As pessoas cometem erros por desconhecerem a melhor maneira de agir, por não saberem fazer o certo. Bertrand acreditava que sua vontade imperava em detrimento da do outro. Por certo cometeu delitos reprováveis, comprometendo vidas alheias, desprezando todo o amor que recebeu. O entendimento de nossos atos ocorrerá quando nos dispusermos a aprender as lições, e ele ainda não estava em seu tempo, ignorando os sinais que a vida lhe ofertou. Sei o quanto sofre ainda hoje por não avaliar seus atos com os olhos da verdade. Porém, esse dia chegará, e ele poderá compreender quanto tempo perdeu, negando-se ao esclarecimento. Não o julgue, minha jovem, pois desconhecemos quantos atos falhos já cometemos também, e, mesmo assim, tivemos o apoio de irmãos que apenas estenderam as mãos, sem efetuar julgamentos.

Próximo às duas mulheres, Bertrand, habitante do mundo espiritual, ouvia com atenção tudo o que Lucille falava e, em um gesto de raiva, gritou:

— Não quero sua compreensão! Nem hoje, nem nunca! — e saiu furioso.

Sophie sentiu uma energia intensa deslocando-se tão rápido quanto um raio, algo que lhe causou calafrios por todo o corpo.

Quem era ela para julgar? Poderia ter cometido mais infrações que Bertrand e lá estava, talvez pela misericórdia de alguém.

— Tem razão, Lucille, quem sou eu para julgar? Que ele encontre a paz algum dia! Voltando a Gina, foi ela quem descobriu o plano sórdido de envenenamento do garoto. Essa escrava, Layla, tinha acesso a todos os cômodos da casa? Parecia ser íntima também.

— As más línguas disseram que ela tinha uma paixão platônica por Gregório, a qual nunca foi correspondida, pois ele era fiel a Louise. Naquela época, era comum os patrões se deitarem com as escravas, porém Gregório não era afeito a esse tipo de conduta. Diziam que ela o cercava por todos os cantos e sempre era desprezada. E só não se vingou de Louise porque ela era realmente um anjo, uma jovem dotada de compaixão a todos de sua raça, jamais se indispondo com qualquer um deles. Já Jules era um garoto arrogante e petulante, capaz de infernizar a vida de muitos. Layla era sua vítima principal e se comprazia em humilhá-la a todo momento. Ela pagou caro por seu gesto, terminando seus dias em uma prisão.

— E o capataz, Manoel? Ele foi o mentor de tudo, como saiu impune?

— Nem tanto, pois teve sua vida ceifada pouco tempo depois. Os detalhes nunca foram esclarecidos, apenas sabe-se que foi vítima de uma emboscada de alguns ladrões, que lhe roubaram tudo e o mataram. — disse ela, meio reticente.

— Mas não é nisso que acredita, certo? — questionou ela.

— Gregório era apaixonado pela esposa e não aceitava o sofrimento de que ela foi vítima. Sei que ela jamais aprovaria a vingança e, por esse motivo, esse assunto nunca foi discutido entre eles. Como eu disse, foram boatos. Ele era um homem bom, temente a Deus, cumpridor de suas obrigações, não macularia sua honra... — Porém, a dúvida imperava.

— As pessoas escondem seu lado negro, Lucille. E ele jamais confessaria esse gesto a quem quer que fosse. Esse era seu segredo, o qual manteve por toda a vida. Até hoje, pelo menos!

A conversa ocorreu durante o almoço, e outros detalhes da família foram discutidos, entre eles, Madalena. Sophie esperou que ficassem sós e perguntou:

— Qual é o segredo que Madalena guarda? Berthe evitou entrar em detalhes, mas disse que algo sério ocorreu com ela quando não estava mais aqui.

A senhora ficou silenciosa, avaliando se poderia adentrar o terreno da intimidade da amiga. Era um assunto que ela não gostava de discutir.

— O que você sabe? — perguntou ela, cautelosa.

— Que tem uma filha e que mora fora do Brasil. Quem é o pai?

— Minha amiga é que decidirá abordar esse assunto, se assim se dispuser. Ela tem uma filha, Gigi, uma pessoa linda, inteligente, determinada e com um coração imenso. É executiva de uma grande empresa e mora fora do país. Merece todo o sucesso em sua carreira. Deve vir nos visitar em breve. Sua idade é próxima à de sua mãe, Corine. Vai gostar de conhecê-la e, se desejar saber mais acerca dessa história, sugiro que converse com Madalena.

— Ela se casou? Tem filhos?

— Sei que se casou, mas hoje está sozinha. E não teve filhos. Mais alguma curiosidade?

— Desculpe-me, Lucille, se estou sendo inconveniente. Não tive a intenção.

— Você é uma jornalista, é impossível negar — disse ela com um sorriso.

— Parece que sua indisposição já é coisa do passado. Estamos conversando há horas e não vejo nenhum sinal de que não se sente bem. Sou um bom remédio! — brincou a jovem.

– É verdade, e eu lhe agradeço, Sophie. Estou bem melhor.

– Fico feliz, mas seria bom você descansar um pouco, senão vou continuar com meu interrogatório. – A jovem pegou o braço da senhora: – Vamos, eu a acompanho!

Sophie a conduziu até o quarto e depois foi até o seu, tinha muito a refletir sobre os eventos ocorridos pela manhã. Pensou em Hector e em toda a sua dor represada, mas o que poderia fazer por ele? Sentia que ele estava em seu limite de controle emocional, porém havia algo naquela casa causando mais transtornos aos já existentes. A situação, por si só, já era conflitante, mas ficava a refletir como um ser tão experiente, dotado de tantos recursos, entre eles, a capacidade de salvar vidas, poderia ter a própria sendo aniquilada pelo sofrimento da perda de um ente querido. Era algo a se considerar além da categoria do que era plausível. É certo que o sofrimento era consequência inevitável, porém, permanecer tanto tempo nessa condição, como era o caso de Hector, denunciava algo mais. Pelo que sabia, ele era uma pessoa equilibrada emocionalmente e deveria ter superado essa situação há algum tempo. A resistência em retornar à prática da medicina poderia ser uma reação natural no instante em que sua tragédia pessoal ocorrera. Mas já tinham se passado seis meses! Por que ainda permanecia nesse isolamento, distante da ação das pessoas que se preocupavam com ele e tudo fariam para seu retorno ao convívio com os seus? Era realmente preocupante o que ela visualizava. Não era supersticiosa e não acreditava, como a própria Lucille falava, em uma maldição sobre a família. As pessoas construíam os próprios caminhos, e suas ações é que definiriam se a luz ou a sombra as acompanharia. Assim tinha aprendido com Berthe. Somos responsáveis pelas escolhas efetuadas, sejam elas adequadas ou não, e somente elas proporcionarão a paz ou a infelicidade.

Os integrantes dessa família aceitavam a condição de que o sofrimento era causado por efeitos externos, porém ela assim não pensava. No entanto, ficava a analisar Lucille e ponderava em que momento ela infringira as regras da boa conduta nessa vida. Era uma pessoa forte, capaz de superar os inúmeros obstáculos e sempre seguindo em frente de forma resoluta – e, principalmente, jamais permitindo que a revolta assomasse e dominasse suas ações. Entretanto, se vivemos várias existências, como aquele livro que estava lendo assinalava, era possível que estivesse resgatando débitos de outras vidas. Seria isso possível? Estava tão confusa desde que chegara àquela casa, onde suas crenças estavam sendo colocadas à prova. Tudo parecia areia movediça e precisava encontrar terreno seguro, pois só assim conseguiria analisar os fatos sob a ótica da racionalidade. Pensou em seu editor, em seu trabalho, ambos distantes de seus objetivos atuais e que, antes, representavam sua segurança em todos os aspectos. Seu emocional estava conturbado, sua lógica, sempre tão atuante, parecia tê-la abandonado nos últimos dias. Desconhecia quem realmente era na atual circunstância. Sentia-se fragilizada, era essa a verdade. Berthe fazia muita falta, era inegável. Somente ela era capaz de lhe trazer paz e confiança, assim sempre tinha sido. Sua mãe era sempre tão ausente e não cumpria seu papel. Mas a avó representava seu esteio nesta existência, coisa agora distante. Tinha muito a reavaliar e decisões a tomar, porém, nas circunstâncias em que se encontrava, tinha dúvidas de se conseguiria. Precisava de um tempo para analisar tudo com que se deparava; uma nova vida lhe fora mostrada e precisava ter certeza de se se encaixaria, ou não, nesse novo papel. Entre tantos questionamentos, ainda sem condições de respostas efetivas, decidiu ler o livro espírita. A tarde passou rapidamente e, quando se deu conta, já havia anoitecido. Tomou um banho e desceu as escadas. No final delas, ouviu a conversa de Lucille com Gilles, em tom alterado.

— Não os quero aqui, já disse, Gilles. — Era a voz da senhora.

– É para nossa segurança. Você nem perceberá a presença deles. Temos que ser cautelosos, mediante a situação. – O tom de Gilles denunciava toda a sua preocupação.

– Não fomos responsáveis pelo que aconteceu. Por que temos que viver como prisioneiros?

– Não seja tão dramática, Lucille. Já aconteceu em outras ocasiões; será apenas por precaução, até tudo se esclarecer. O que a incomoda tanto?

– Não gosto de ser vigiada mais do que já sou. A presença de estranhos próximo ao nosso convívio não me agrada, sabe disso. – Sua voz era firme.

Madalena estava ao lado de Lucille, amparando-a, e percebera o desconforto que ela apresentava. No entanto, tinha de admitir que Gilles tinha razão ao providenciar pessoas para protegerem a mansão. A história era complicada e, infelizmente, não se podiam prever as consequências.

Sophie ouviu a justificativa de Gilles, sem entender o que se passava.

– Procure argumentar com ela, Sophie. Não tenho mais argumentos convincentes – e sentou-se pesadamente no sofá.

– O que aconteceu? – perguntou a jovem, dirigindo-se a Gilles.

– É uma longa história e você precisa saber. – e iniciou o relato. – Contarei desde o início. Temos muitos funcionários em nossas empresas, e Jorge era um deles. Trabalhou na contabilidade durante anos e tinha uma ficha exemplar. Jamais poderíamos imaginar que fosse capaz de fazer o que fez, pela confiança que nele depositávamos. Há cerca de um ano, uma auditoria revelou que alguns desvios estavam ocorrendo e que ele era o responsável. Chamado a prestar contas, no início reagiu com indignação, dizendo ser um homem digno. Porém, a história era bem diversa, e as evidências apontavam-no como responsável pelos desvios. Infelizmente, a polícia foi acionada e o caso levado adiante, culminando com sua prisão, em função do elevado desfalque em nossos cofres. Esse dinheiro jamais foi reposto, o que poderia ter minimizado sua pena. Ele simplesmente manteve-se em silêncio durante todo o processo, nada alegando em sua defesa. Tentamos entender os motivos para tal crime e não encontramos uma causa plausível. Ele cumpria pena em um presídio próximo à cidade e semana passada ele morreu, em decorrência de um problema de coração. Era viúvo há anos e deixou apenas um filho, esse que está nos ameaçando. Disse que somos responsáveis pela morte do pai e jurou vingança. Recebemos uma carta esta tarde dizendo que nossos dias de paz estavam contados. Essa ameaça pode ser apenas fanfarronice, no entanto, não podemos ter certeza de que é. Sendo assim, deixarei a fazenda com uma proteção armada, caso tenhamos visitantes indesejados. É uma hipótese que temos que considerar; não podemos simplesmente ignorá-la.

— E quem é esse jovem? Você o conhece? — perguntou Sophie.

— Levantamos informações, e isso é que me impeliu a tomar essa atitude. Ele tem ficha na polícia por uma série de delitos, porém não foi julgado por ausência de provas. Jamais investigamos a vida dos filhos de nossos funcionários, apenas a dele, e Jorge nunca cometeu qualquer contravenção em toda a sua vida. Era muito querido por sua atuação discreta e exemplar. Foi um grande choque saber do que foi capaz de fazer. Não conhecemos profundamente o ser humano, que é capaz de atos abomináveis quando sua índole não é sedimentada em valores nobres. Já havíamos recebido ameaças anteriormente, quando ele foi preso. E, de forma discreta, a vigilância foi feita por vários meses. Temos muito a zelar em função do patrimônio que possuímos. Porém, desta vez, sinto que a ameaça é real. Não podemos descuidar, Lucille. Sinto muito, mas minha decisão foi tomada, para seu benefício. Terá segurança ostensiva até que isso perdure. Eles serão o mais discreto possível, posso lhe garantir. Mas estarão todo o tempo na fazenda, em especial, nas proximidades da casa-grande. Não costumo contrariá-la, mas, desta vez, sua segurança é prioridade.

— O que o levou a agir com tanta cautela dessa vez? — questionou Sophie.

# CAPÍTULO 19

# HISTÓRIA DE AMOR

Gilles ficou em silêncio por instantes, organizando as ideias, tentando dar uma justificativa aceitável. Não deixaria a tia ainda mais apreensiva.

— Uma ameaça deve ser sempre considerada, sobretudo de onde provém. Uma pessoa de índole duvidosa, com desejo de vingança, não pode simplesmente ser desprezada. Lucille, seja razoável e não coloque empecilhos. Será apen]as pelo tempo necessário. Já contatei a polícia, e ele está sendo procurado para dar explicações sobre seu envolvimento. Como foi uma carta anônima, poderá alegar desconhecer totalmente o fato, e isso se torna ainda mais preocupante.

— Como pode ter tanta certeza de que o filho de Jorge está envolvido nisso? — perguntou Lucille.

— Não posso afirmar, mas as evidências indicam que seja. Ele nos contatou assim que o pai morreu dizendo que fomos os responsáveis pela morte dele. Hoje recebemos a carta. Não existem coincidências, Lucille. Tudo indica que seja ele. Bem, minha decisão já foi tomada. Não correrei riscos e não deixarei você vulnerável. Sabe que não posso conceber a ideia de que algum mal lhe aconteça – e segurou as mãos da tia com carinho.

– Meu dia chegará, meu querido, porém, ainda não está próximo. E, se isso o tranquiliza, faça o que achar mais conveniente. Peço apenas que não nos perturbem com sua presença ostensiva.

– Agradeço, Lucille. Não é uma situação permanente, confie em mim. Já coloquei dois seguranças no hospital. Estive lá hoje à tarde, e as notícias são bem alentadoras. Philipe já se encontra no quarto e deve sair nos próximos dias. Virá para cá e ficarei mais tranquilo com ele se recuperando em casa. Você o conhece melhor do que eu e sabe o quanto ele abomina vigilância excessiva. Faria tudo para me desafiar. Foi providencial esse acidente, assim ficará por aqui sob sua supervisão.

– Não diga isso, Gilles. Esse acidente poderia ter sido trágico. Agradeço a Deus por nada mais grave ter acontecido. Mas tenho que concordar com você. Aqui ele ficará sossegado. Madalena ficará com o encargo de vigiá-lo. – e sorriu para a amiga.

– E Hector, não seria conveniente avisá-lo também? – perguntou Sophie.

– Passei por lá e comuniquei sobre a ameaça. Ofereci dois seguranças para ficarem próximos à casa, e ele disse que era desnecessário, ignorando meus apelos. Farei do meu jeito; já solicitei que façam diariamente a ronda e, qualquer fato estranho, devem contatá-lo. Gostaria apenas que, quando saíssem, um carro as acompanhasse.

– Fique tranquilo, Gilles. Suas recomendações serão seguidas. Quanto a você, peço o mesmo: cautela. Você é o alvo mais fácil desta família, pois se desloca o tempo todo. E digo o mesmo: se algum mal lhe acontecer, não me perdoarei – e ofereceu-lhe um sorriso afetuoso. – Porém, não pensemos no pior. Apenas precaução, correto?

– Sim, Lucille. E essa situação será passageira – e saiu para conversar com um dos seguranças. Voltou alguns minutos depois. – Bem, procuremos seguir em frente. A vida segue seu curso e não podemos nos submeter a essa ameaça. Madalena, vamos jantar?

A noite, apesar da tensão reinante, foi agradável. Gilles e Sophie trocaram alguns olhares pouco afetuosos e, no final do jantar, ela disse que daria uma volta. Gilles a seguiu e, quando a encontrou, perguntou:

– O que aconteceu entre você e Hector? – A pergunta foi direta e cortante.

– Creio que isso não diga respeito a você. – A resposta foi no mesmo tom.

– Esteve lá hoje?

– Sim, mas por que o interesse em minha vida? Não parece simpatizar comigo, apesar de nada ter feito para que isso aconteça. No entanto, não quero que isso persista e vou lhe contar o que aconteceu. Apenas fui visitá-lo, pois sei o quanto ele necessita de ajuda.

– Sei que a situação de Hector é delicada e estou tentando restabelecer laços afetivos com ele, mas ele impôs uma distância quase intransponível. O que vocês conversaram?

Ela estava curiosa com o rumo da conversação. Hector dissera algo sobre ela?

– Vou contar com que eu me deparei quando cheguei lá – e ela contou tudo o que havia acontecido, ocultando apenas o beijo, pois isso era assunto exclusivamente seu. – O que ele falou a meu respeito? – perguntou ela, receosa do que iria ouvir.

– Praticamente nada, apenas queria saber se você estava bem e se voltaria a visitá-lo. Você é a primeira pessoa que conseguiu estabelecer um contato com seu mundo tão hermético.

Não sei que artifícios utilizou, mas surtiu efeito positivo. Até então, nada havíamos conseguido. Qualquer aproximação era barrada no início, e ele, a cada dia, adentrava mais por um caminho sombrio. Não sei o que poderia advir dessa atitude; no entanto, parece que algo se modificou, e creio que você seja a responsável por esse feito.

— Se estou colaborando com ele, por que essa atitude hostil comigo?

— Não sei o que pretende com isso. Não me sinto confortável com sua presença e não sei qual era sua real intenção ao vir para o Brasil — disse ele, desafiador.

— Não precisa se preocupar comigo, pois não sou uma ameaça. Não pretendo reivindicar meus direitos de herdeira, se isso o tranquiliza. Vim apenas para conhecer minha família e confesso que tive muitas surpresas. A melhor foi conhecer Lucille, e você foi a pior delas. É um ser egoísta, que vê maldade em tudo e em todos. Talvez seu padrão de avaliação esteja baseado em sua condição moral, ainda precária. Mede os outros com a própria medida. — Seu olhar era carregado de energia e emoção. — Não sei por que não gosta de mim ou mesmo, porque me considera uma ameaça. Hector é seu filho, está em situação crítica e vou ajudá-lo a sair desse buraco em que ele se colocou. Quero que volte a ser quem ele era, resgate sua vida e se valorize. E, se isso o perturba ou o incomoda, sinto muito — e virou-se para ir embora, quando então ele pegou seu braço.

— Não envolva meu filho em falsas ilusões. Não sei o que realmente aconteceu, mas ele está vulnerável e não necessita de mais problemas em sua vida. Você é uma mulher bonita e sedutora, consciente de seus atrativos, e pode conseguir o que desejar. Porém, cuidado com o terreno em que pisa; estou de olho em você.

Em um impulso, ela o esbofeteou.

— Você é grosseiro! Não me conhece, então não me julgue! Não lhe dei esse direito. Se o que pretendia era me expulsar daqui, fique tranquilo, que já obteve sua vitória. – e saiu de lá correndo para o quarto. Passou por Madalena e disse apenas:

– Cuide de Hector, eu lhe peço – e saiu, sem que ela entendesse o que se passava. Viu Gilles entrar a passos largos, e a fúria estampava seu rosto.

– O que aconteceu, Gilles? – Ela tinha grande ascendência sobre ele.

– Essa jovem não é quem vocês pensam. Espero que esteja longe daqui tão logo seja possível.

– O que você fez? Lucille não vai gostar nada disso – ela o repreendeu com energia.

– Fiz o que deveria ter feito assim que ela chegou. Seu lugar não é aqui. Ela está interferindo em nossas vidas e não vou permitir que isso continue a ocorrer. Lucille viveu tanto tempo sem a presença dela; em breve, nem lembrará que ela existe. – Havia tanta fúria em suas palavras, que Madalena ficou apreensiva.

– Você está equivocado e não sabe o que fala. Acalme-se! Sophie é uma boa garota, não entendo sua implicância com ela.

– Não vê maldade em ninguém, e não a julgo por isso. Entretanto, precisa estar atenta e observar o que eu já vi desde o princípio. Ela está aqui apenas para obter facilidades. Pouco me importa se ela é filha de Berthe. Essa também não merece minha consideração.

O olhar que Madalena lhe ofereceu era carregado de indignação.

– Creio que está alterado demais e não sabe o que fala. Não ouse se referir a Berthe novamente dessa forma. Era uma pessoa íntegra e generosa, caso não saiba. Não fale coisas que desconhece. Lucille ficará muito magoada se ouvir esses comentários acerca da irmã. Essa situação deve tê-lo perturbado demasiadamente. Vá dormir, e amanhã peça desculpas pela grosseria que deve ter feito a Sophie.

– Não me peça isso, Madalena, pois não poderei atendê-la. Boa noite! – e saiu.

Em seu quarto, Sophie chorava de raiva. Colocou as roupas na mala e decidiu que iria embora daquela casa na manhã seguinte. Não iria tolerar as ofensas de Gilles. Ele não perdia uma oportunidade para envolvê-la em seu rancor desmedido. Como ele era infeliz, pensava ela. Mas isso não lhe dava o direito de ser tão hostil com ela! Sentou-se na cama e só naquele momento viu a caixa. Abriu-a e notou que continha alguns cadernos de capa dura, uns já bem desgastados pelo tempo. Pegou-os cuidadosamente e viu a mesma letra já conhecida. Era de Claudine, a escritora da família. Cada um deles representava uma época da vida dela, desde a juventude até a maturidade. Um, em especial, chamou-lhe a atenção. Começou a lê-lo.

Claudine acabara de se casar com Bernardo, um rico fazendeiro da região, muitos anos mais velho que ela, o que era normal na época. Não se casara por amor, mas nutria sentimentos elevados por ele, como respeito e afeto, julgando que isso seria suficiente para um casamento feliz. Os meses demonstraram que isso não era suficiente. O marido mostrara-se muito diferente na intimidade, com posturas agressivas e indecorosas. Claudine era uma mulher muito bonita, e ele tinha um ciúme excessivo da esposa. Ela vivia reclusa, e a infelicidade passou a acompanhá-la. Os filhos vieram para iluminar sua vida, e o sorriso voltou aos seus lábios. Bernardo começou a vigiá-la mais ostensivamente, imaginando que poderia estar a traí-lo. Ela adorava cavalgar e fazia isso diariamente, talvez seu raro momento de liberdade. As fazendas das duas famílias eram próximas, e ela aproveitava para visitar Louise. Eram os preciosos momentos em que ela se sentia livre e feliz. No entanto, jamais reclamava do esposo, pois sabia que eles eram assim mesmo. Bernardo deitava-se com as escravas, o que era conduta natural entre os fazendeiros da época. Claudine sabia e jamais interferira na vida do marido. Era até melhor que ele assim agisse, pois não a procuraria para exigir seus direitos de esposo. E assim a vida foi passando.

Até que algo aconteceu que perturbou o coração de Claudine. Havia muitos escravos na fazenda, e ela exigia do marido que fossem bem tratados e instruídos, responsabilizando-se por ensiná-los a escrever e a ler. Ele dizia que eles não tinham intelecto para assimilar, mas, se ela assim desejava, não colocaria empecilhos. Havia um, em especial, que era arredio e pouco falava. Era muito bonito, com misteriosos olhos verdes, o que era uma raridade. Aos poucos, ela foi se aproximando e conseguiu que ele frequentasse as aulas junto com os demais. Era o mais atento e aprendia com facilidade as lições da jovem professora. Seu nome era Kamau e ficava na casa-grande, sendo responsável pelas tarefas mais pesadas. Todas as vezes que ela saía para cavalgar, ele se aproximava e preparava o cavalo. Fazia isso com especial cuidado, e os cavalos pareciam respeitar seus comandos com facilidade. Isso não passou despercebido a Claudine, que certo dia perguntou-lhe:

— Você gosta de cavalos, Kamau?

— Sim. – foi a resposta dele. – E a senhora gosta deles também! Dá para se notar!

— Gosto mesmo! Um dos meus maiores prazeres nesta vida é cavalgar e sentir a liberdade em meu rosto. – Ele sentiu que havia certa amargura em sua voz e preferiu se calar. – E você, já cavalgou antes? – perguntou ela, curiosa.

— Sim, mas foi em outra vida, que já não existe mais. – e seu olhar se entristeceu.

Claudine não entendeu exatamente o que ele quis dizer, mas perguntou:

— Gostaria de me acompanhar qualquer dia desses?

— Adoraria, mas não me é permitido. Talvez em uma próxima vida!

– Não, será nesta vida mesmo. Vamos, sele outro e me acompanhe. Se alguém questionar, direi que está cuidando da minha proteção. – Os olhos de Kamau brilharam, mas ele recusou.

– Não posso, minha senhora. Não quero causar nenhum problema com seu esposo. Ele não permitiria que eu me aproximasse, nem a acompanhasse. Mas agradeço!

– Ninguém precisa saber. Venha, não tenha medo. Eu me responsabilizo – e assim se iniciou uma bela amizade entre eles. Quase que diariamente, eles saíam a cavalo de forma discreta, para que ninguém notasse.

Essa proximidade, no entanto, foi além do razoável. Claudine estava cada dia mais encantada com Kamau, que era respeitoso em todos os momentos. E o inevitável aconteceu em uma manhã na qual o cavalo de Claudine se assustou e o escravo correu a socorrê-la. Nada foi premeditado, mas estavam tão próximos, que seus lábios se tocaram suavemente. Em seguida, a paixão tomou conta de ambos, e assim permaneceram por horas intermináveis. E agora, o que fazer? Kamau era um escravo; era uma loucura o que acabara de acontecer. Claudine estava encantada com a delicadeza dele em relação a ela, tendo Kamau superado todas as expectativas que um dia poderia ter.

Os encontros passaram a ocorrer regularmente – uma paixão proibida, porém que ambos decidiram levar adiante, independentemente do perigo que corriam.

O marido percebeu que a esposa estava diferente, mais feliz, sentindo que algo estava acontecendo. Decidiu que precisava descobrir o que era e a seguiu em seu passeio habitual. Ficou a uma distância segura, mas pôde visualizar a troca de carinho entre ela e o escravo, o que o deixou furioso e disposto a resolver a questão de forma definitiva.

Quando retornaram, nada aconteceu. Entretanto, naquela mesma noite, Kamau teve sua vida ceifada de forma covarde pelo feitor da fazenda, a mando do patrão. Foi enforcado em uma árvore próxima à casa-grande, e seu corpo foi achado pela manhã pelos seus amigos de raça. Consternados, fizeram a cerimônia de despedida, acompanhados por todos os seus amigos. Havia sido suicídio? Era o que parecia ter sido.

Claudine ficou arrasada com a notícia, mas não poderia revelar toda a sua dor, principalmente ao marido, que parecia também ter se sensibilizado com a perda de um escravo que valia muito dinheiro.

Os dias passaram, e Claudine voltou a ostentar tristeza em seu olhar. Uma das escravas, que gostava muito dela, confidenciou o que presenciara naquela fatídica noite. Kamau fora morto por ordem do patrão, assim dissera o feitor. O marido descobrira sua paixão proibida e decidira tirá-lo do caminho.

A indignação tomou conta da mulher, que não concebia a ideia de alguém agir de forma tão covarde e indigna. Se antes apenas o respeito imperava, agora ele deixara de existir, dando lugar ao desprezo. Bernardo jamais comentou a traição da esposa com quem quer que fosse, afinal, isso seria humilhante demais para um homem de sua estirpe.

A vida seguiu em frente, porém a alegria não mais visitava o semblante de Claudine, que só tinha olhos para os filhos pequenos, única razão de sua felicidade. Bernardo continuou com sua rotina, procurando as escravas mais bonitas e levando-as para dentro de sua casa, com Claudine fingindo nada ver. Sua saúde andava precária, e o coração pedia por calmaria – algo com que ele não contribuía. O médico ministrara-lhe um remédio caso as dores no peito se intensificassem, e ele o mantinha sempre por perto. Com exceção de uma noite, em que estava com uma escrava, e as dores quase o deixaram sem fôlego. Ele pediu então que ela buscasse o remédio em seu quarto. Claudine, porém, disse que não sabia onde estava. Foi acudir o marido, que a olhava com súplica, implorando que ela lhe trouxesse o remédio. Ela, placidamente, olhou-o e disse que não sabia onde poderia estar, pois procurara por todo o quarto. Pediu que a escrava buscasse ajuda e ficou a seu lado, segurando sua cabeça, apenas encarando-o com seus lindos olhos verdes. Havia tanta paz naquele olhar que Bernardo entendeu o que significava. A dor se intensificou e, em questão de minutos, seus olhos se fecharam em definitivo. Ele morrera em seus braços, e seu martírio se encerrara. Jamais sentira tanta paz em sua vida!

Essa história estava sendo contada por Claudine em seu diário. Voltara para a casa da família e lá permanecera por toda sua vida.

Sophie entendeu, então, por que o quadro que Louise pintara da irmã apenas a retratava com os filhos, sem a presença do marido, o qual ela vira morrer sem nada ter feito para evitar que isso ocorresse. Um relato triste que mostrava uma época em que os homens exerciam sua supremacia sobre as mulheres, não importando a condição social que ostentassem.

Sua raiva passara após a leitura do diário, esquecendo Gilles e seu comportamento indecoroso momentos atrás. Ele era semelhante a Bernardo, um ser hipócrita e preconceituoso, que visava apenas o próprio bem-estar. Como era diferente de Lucille, uma mulher abnegada e generosa em todos os aspectos. Ele tinha tanto a aprender nesta vida, e a primeira lição seria o respeito. Olhou a mala já pronta e passou a refletir se seria a conduta mais adequada a lhe oferecer. Era cômodo demais ir embora de lá, deixando-o pensar que vencera a disputa.

Contaria a Lucille sobre o ocorrido, porém decidiu que não iria embora, não apenas porque ele assim pretendia. Ele não tomaria decisões que apenas a ela concerniam.

Deu um sorriso, imaginando a cara dele quando ela descesse no dia seguinte, como se nada tivesse ocorrido. Gilles era o único que a destratara desde que lá chegara. Tinha ainda muito a conhecer sobre a família e não iria embora tão cedo.

Olhou o relógio e percebeu que já era madrugada. Ficara tão entretida com o relato de Claudine, com quem particularmente se identificara, que não conseguira parar de ler. Porém, o sono a tomara e colocou a mala sobre um pequeno sofá, adormecendo com um sorriso vitorioso no rosto.

Em seu sonho, caminhava por uma estrada repleta de árvores e muitas flores. No meio do caminho, viu a figura de um homem se aproximando. Ele sorria e trazia muita paz em seu semblante. Ela sentiu tanta ternura por ele, como se o conhecesse. Foi até ele e o abraçou com carinho, permanecendo nesse abraço, sentindo a energia que ele irradiava.

— Você sabe que tenho cuidado de você todo esse tempo, não sabe? — ele perguntou.

— Sei. Sempre senti sua presença em minha vida. — ela respondeu com um sorriso. — Por que não pudemos estar juntos novamente?

— Temos pendências a resolver e só depois poderemos planejar uma nova encarnação. E, desta vez, tudo será diferente, eu prometo. Até lá, façamos o que nos é possível.

— Sinto tanto a sua falta! — As palavras saíam sem que pudesse contê-las. Era tudo tão misterioso! Queria poder abraçá-lo e permanecer a seu lado sem jamais se apartar dele!

— Eu também, meu amor. Nosso encontro perfeito ainda irá ocorrer, confie em mim!

— Por que não veio comigo? Por que continuou distante de mim? — perguntou ela.

— Você sabe que nossas ações comprometeram vidas e temos que quitar essas pendências, pois só assim poderemos retornar juntos. Porém, quero que saiba que jamais a deixei sozinha. Acompanho seus passos desde que aqui retornou, consciente de que terá que viver essa vida em sua plenitude, amando e sendo amada, auxiliando aqueles que necessitam de você. Quero que aproveite cada momento desta oportunidade, minha querida. Reencontre seu caminho; só assim poderemos estar juntos novamente. Avalie cada ação que oferecer ao mundo, e isso a preservará de novos equívocos. Não desanime em tempo algum! Vigie seus pensamentos e sentimentos, sem desprezar a força de nossos oponentes, que hoje se encontram a seu lado. Reconcilie-se com eles! – e abraçou-a com a força do seu amor, sendo correspondido por Sophie, que despertou sentindo ainda a força desse abraço. Lágrimas de emoção escorriam por seu rosto, sem que entendesse o que se passara, pois de nada se recordava, a não ser do abraço de alguém muito especial.

# CAPÍTULO 20

# PENDÊNCIAS
# DO PASSADO

Na manhã seguinte, Sophie desceu como se nada houvesse ocorrido. Encontrou Madalena, que perguntou com um sorriso:

— Sente-se melhor hoje, Sophie?

— Sim, após a leitura de um lindo diário. Não imaginava que isso tivesse acontecido. Uma linda e trágica história de amor — respondeu a jovem. — E Lucille?

— Está conversando com Gilles na biblioteca. Creio que possa imaginar o assunto.

— Ele foi desrespeitoso, tenho que admitir, mas extrapolei também. Dei-lhe uma bofetada. — Sentia que deveria contar tudo.

— Gilles deve ter merecido, mas você precisa aprender a conter seus ímpetos. Não se resolvem os problemas com esses artifícios — e a reprimenda delicada surtiu efeito.

— Sei que tem razão; preciso aprender a controlar essa minha impulsividade. Porém, ele foi extremamente indelicado comigo,

Madalena. Falou de forma ofensiva acerca de minha índole, a qual desconhece. Deveria apenas dar-lhe as costas, reconheço. Espero que a fúria dele não se expanda após a conversa com Lucille. Foi você quem contou a ela sobre ontem ou o próprio Gilles?

— Digamos que as duas faces da história chegaram a ela. Estão lá reclusos por mais de meia hora. Conhecendo minha amiga, sei que ela abomina esse tipo de conduta, de ambas as partes. Sua hora chegará — disse ela com um sorriso, deixando Sophie com uma ruga de preocupação.

— Devo ir até lá? — questionou.

— Não, querida, espere que eles se resolvam primeiramente. Essas conversas são habituais entre eles, e Lucille sempre é a mais ponderada. Ele acaba reconhecendo seus equívocos. Vamos aguardar! Quer um café? — Sophie assentiu e sentou-se.

— Madalena, quem era realmente Kamau?

— Teve uma vida curta, pelo que você leu no diário de Claudine, mas deixou significativas marcas na vida da jovem. O que sabemos dele foi o que ela própria escreveu. Era um bonito escravo e, pelos seus traços, talvez tivesse linhagem nobre.

— Como assim? — perguntou.

— Alguns dos escravos que aqui chegaram, por meio do tráfico abominável, eram reis e príncipes de tribos africanas que foram capturados e trazidos para cá. Eram submetidos a trabalhos exaustivos e muita crueldade, esses mesmos que eram governantes em seu país. Eram ultrajados e humilhados, porém mantinham sua fibra, denotando sua estirpe real. Meu povo contava muitas dessas histórias. Kamau, pela descrição, era um desses, trazendo em sua essência a bondade e a dignidade desse nobre povo. E cativou Claudine, como você deve ter lido, trazendo alegrias para sua existência tão sofrida. Após a morte do esposo, ela se recusou a permanecer em sua propriedade e tornou a viver nesta casa com os filhos. Encontrará mais escritos acerca de Kamau, que apesar de distante fisicamente, já na pátria espiritual, sua presença jamais foi esquecida. Em um dos relatos mais tocantes, Claudine conta de seus sonhos nos quais o reencontrava, assim como a força para continuar sua caminhada. Ela teve uma vida longa e muito feliz, dizendo ser isso o que ele esperava dela, pois só assim poderiam se reencontrar. Uma linda história de amor, como bem definiu.

— Claudine o descrevia como um ser sedutor, com uma presença marcante e dotado de virtudes raras naquela época. Um ser realmente especial! É possível compreender os motivos pelo qual ela se apaixonou por ele. Eu talvez não resistisse aos seus encantos — e deu um sorriso enigmático, que fez Madalena a encarar fixamente por instantes. Seu olhar parecia ter captado uma mensagem recebida por seu mentor. O quebra-cabeça, enfim, tinha se completado. Um segredo que levaria consigo. O som de vozes alteradas a desconectou. Era a voz de Gilles.

— Não me peça isso, Lucille. Recuso-me a participar. — Passou perto de Sophie, que o olhou diretamente nos olhos. Parou diante dela e disse: — Creio que sou voto vencido. Só lhe peço que não conturbe ainda mais a vida de Hector. Não a perdoarei se algo mais acontecer. — Ia saindo, quando desta vez foi ela quem pegou seu braço e o segurou delicadamente.

— Você não é obrigado a gostar de mim. Porém, não posso retribuir-lhe na mesma moeda. Desculpe-me o tapa, jamais havia agido assim anteriormente. Não sei o que ocorreu que me fez agir dessa maneira. Decidi que vou permanecer aqui, quer você goste ou não. Entretanto, saiba que não sou uma oportunista nem pretendo perturbar a vida dessa que também é minha família. Prezo demais Lucille e todos nesta casa, e não pretendo me indispor com você. Quanto a Hector, sei que sua tia já lhe contou o que houve. Posso apenas afirmar que não foi premeditado, acredite. Não sei se isso irá se repetir; não posso prever o futuro. Mas, se isso o fez sair de seu isolamento e o trouxe de volta à vida, sei que foi positivo. — Ele se desvencilhou de seu braço e finalizou:

— Não gosto de você desde o dia em que chegou a esta casa. Não me pergunte os motivos, pois não saberei dizer. É como se esperasse algo desfavorável de você. Desculpe. — e saiu da casa, acompanhado de um segurança.

As palavras de Gilles causaram intenso desconforto em Sophie. Sentia essa hostilidade desde que chegara, e ela própria sentia-se incomodada em sua presença. Não sabia explicar o motivo dessa animosidade gratuita. Coisas do passado? Quem poderia dizer?

Madalena observava o diálogo tenso entre os dois e só agora compreendera o que ocorria entre esses dois seres — uma história do passado, que exigia de ambos a reconciliação, alinhando novamente sentimentos antes tão conturbados. Eram Claudine e Bernardo, ambos reencarnados e com tarefas específicas, que se traduziriam no autoperdão e na renovação de posturas. Conseguiriam êxito? O tempo era senhor dessa história, marcada por desrespeito, atitudes ignóbeis, desamor, orgulho desmedido, comprometendo vidas e a evolução desses companheiros.

— Lucille, me perdoe todos os problemas que tenho causado desde que aqui cheguei. Se quiser que eu vá embora, entenderei — disse Sophie, constrangida com o depoimento sincero de Gilles. Sentia-se uma intrusa, verdadeiramente.

— Não, minha querida, não quero que vá. Sua presença aqui é providencial, e Gilles terá que se adaptar a sua presença. Não fique ressentida com o que ele disse. A sinceridade dele demonstra o quanto ele tem a aprender sobre a existência. O tempo o auxiliará a reencontrar sua essência, hoje tão conturbada. E, quanto a você, espero que aprenda a dominar sua impulsividade. Tentemos uma convivência saudável, é o que eu lhe peço. Gostou do presente que deixei em seu quarto? — perguntou.

— Uma história muito tocante, Lucille. Gosto do jeito dela de escrever. Eu me identifico com ela. — disse a jovem com o olhar perdido.

– Eu já lhe disse isso. – e seus olhos brilharam intensamente. – Bem, vamos ao café.

– Gostaria de visitar Hector, Lucille. Vem comigo? – perguntou Madalena.

– Vá com Sophie. Gilles disse que terei de assinar alguns documentos mais tarde. Ossos do ofício aos quais ainda tenho que me submeter. Mande-lhe um beijo e diga que estou saudosa, aguardando sua visita.

Após o almoço, as duas mulheres, na companhia de Jairo e de seguranças, dirigiram-se à casa de Hector.

O dia estava quente novamente, mas não havia prenúncio de chuva. Madalena abriu a porta, chamando pelo médico, e foi grande a surpresa quando ele apareceu.

Havia feito a barba, coisa que há muito não acontecia. Os cabelos ainda estavam longos, mas pareciam limpos – nem isso ele se dignara a fazer antes. E o mais surpreendente, ofereceu um sorriso a Madalena, que o abraçou efusivamente.

– Meu menino, como estou feliz em vê-lo assim. – disse ela. Sophie estava atrás e sorriu também.

– Está mais apresentável do que das últimas vezes – disse a jovem.

Ele parecia encabulado perante os elogios das duas mulheres.

– Pensei que aprovariam, mas creio que vou retornar à minha forma habitual. – disse Hector com seriedade.

– Estamos apenas felizes por encontrá-lo nessa condição favorável. Trouxe alguns quitutes para você. – e entregou-os a Sophie, que os levou até a geladeira.

– Entrega feita; só espero que usufrua de todas essas delícias. – e a jovem ofereceu um radiante sorriso, encarando-o fixamente.

– Não tenho apetite, mas prometo que vou tentar. Quero que veja algo, venha comigo! – e puxou a mão de Sophie, conduzindo-a até o quarto das pinturas.

Madalena observou os dois jovens e deu um sorriso. Ela fazia grande bem a ele, isso é o que importava.

Hector mostrou-lhe um quadro que acabara de pintar. Era a figura sorridente do irmão. Sophie ficou com os olhos marejados ao ver a pintura sobre o cavalete.

— Quero que entregue a Philipe. Faça isso por mim!

— Entregue você mesmo — disse ela, segurando a mão dele com carinho.

— Não posso! Não me peça isso, não ainda! — e virou-se, para que ela não visse as lágrimas escorrendo por seu rosto.

— Hector, faça isso por você! — Ele permaneceu silencioso. Em seguida, pegou o quadro e o entregou a ela.

— Por favor! Ele entenderá a mensagem. Não quero que ele pense que ainda o culpo pelo que aconteceu. Ele está bem? — perguntou.

— Ainda está no hospital, mas sairá até o final da semana. O médico que o operou era competente — disse ela com um sorriso.

— Posso contar com você? — perguntou ele, tentando se esquivar de qualquer tema que o remetesse à sua profissão. Tinha tantas dúvidas se conseguiria retomar de onde havia parado.

— Naturalmente que pode, apenas pensei que você mesmo poderia fazer isso, visitando-o na mansão. Lucille mandou-lhe um recado: está saudosa e quer vê-lo.

— Ela está bem? Essa mensagem tem algum significado oculto? — Ao falar da tia, a preocupação assomou.

— Apenas preocupada com os sobrinhos queridos, em especial você. Vá vê-la, eu lhe peço.

O silêncio novamente imperou, e a jovem percebeu que ele estava desconcertado, talvez pelo que tivesse ocorrido no dia anterior. Não queria causar-lhe embaraços e decidiu tocar no assunto:

— Não sei se é o momento, mas quero que saiba que o que ocorreu ontem não foi premeditado. Simplesmente aconteceu.

Foram momentos tensos, e a proximidade, talvez... Não sei bem o que foi, nem sei se isso ocorrerá novamente. No entanto, não quero que se sinta constrangido comigo. Antes de mais nada, quero ser sua amiga – e ofereceu-lhe um sorriso leve e acolhedor. Ele pareceu relaxar e esboçou um sorriso.

– Você é uma jovem insistente, tenho que admitir. E não me constrange, de forma alguma. Talvez tenha sido o único alento em todos esses meses. Só tenho a lhe agradecer. Quanto ao que aconteceu, não precisa se justificar. – e olhou fixamente para ela, acrescentando: – Não sei o que foi, nem o que significa. Sei apenas que minha vida está em um momento conturbado, meu coração ainda está dilacerado. – Ia dizer mais, porém se calou.

– Não quero que se justifique, Hector. E não estou lhe pedindo nada, a não ser sua amizade. Quero que confie em mim, apenas. Aprenda a viver um dia de cada vez, realocando cada peça do quebra-cabeça em que se transformou sua vida. Aceite suas limitações momentâneas e não se cobre excessivamente. Sofreu duro golpe e somente o tempo será capaz de fazer esse trabalho com você. A dor vai permanecer, assim como a saudade, é inegável. Precisa apenas aceitar o fato de que isso vai passar. Acredite, Hector. Esse será o diferencial em sua vida! – Seus olhos tinham um brilho intenso, que o contagiou.

– Você faz parecer que tudo pode ser diferente do que hoje é.

– E pode, se você acreditar. Respeite seu próprio tempo! A vida vai lhe mostrar que o que estou dizendo é a verdade. – Ele continuava encarando-a com aqueles olhos verdes ainda tristes, mas nos quais já podia ver uma chama surgindo. A esperança parecia estar brotando.

– Já disse que é uma jovem insistente? – falou com um sorriso.

– Duas vezes, e vou aceitar isso como um elogio. – e olhou-o fixamente. Novamente aquela energia intensa percorreu seu corpo, fazendo-a desviar o olhar. Ele pareceu sentir o mesmo e disse, mudando o tema em questão:

– Madalena está nos esperando. Vamos? – e pegou a mão de Sophie, segurando-a com carinho. O simples toque despertava-lhe algo novo; não sabia se estaria preparado para o que poderia advir daquela situação. Foi ela quem o retirou de suas divagações:

– Vamos! – e desceram as escadas.

Madalena arrumava a sala e perguntou:

– Onde está aquele vaso que ficava nesta mesa?

– Eu o quebrei em um acesso de fúria – disse Hector. Baixou o olhar, envergonhado, o que fez ela correr a abraçá-lo com todo o seu amor.

– Meu menino, não faça isso com você! Controle sua impulsividade! Essa dor vai passar, acredite. Sei que essa fase difícil está com tempo determinado para se encerrar. Não faça nada de que possa se arrepender! Volte para casa, não fique mais sozinho aqui. Ainda mais agora, que temos esse problema a resolver.

– Agradeço sua preocupação, mas estou bem. Ninguém virá aqui, você sabe disso. Poucos conhecem esse local. Sei que ficaria mais tranquila se estivesse na casa-grande, mas sabe que não estou em condições de tolerar... – Ia falar, mas se calou.

– Não fale assim de seu pai. Ele apenas deseja o seu bem, sabe disso. É uma pessoa difícil de conviver, mas também está em aprendizado.

Sophie, até então calada, ofereceu um sorriso malicioso.

– Já tive mostras do difícil temperamento dele. Tivemos alguns contratempos, e posso entender sua resistência em estar lá. – Ia continuar, mas o olhar de reprimenda que Madalena lhe direcionou a fez se calar.

– Vocês dois têm um gênio muito semelhante, tem de convir, Sophie – disse ela.

– Já entrou na lista dos indesejáveis de Gilles? – perguntou Hector com um sorriso. – Além de insistente, você tem coragem!

– Gilles e Sophie se desentenderam, mas creio que tudo já foi esclarecido, certo? – disse Madalena, dirigindo-se à jovem.

– Bem, estamos na tentativa de nos acertar. Prometi a você e a Lucille que vou me esforçar. E assim farei! Sou insistente – e sorriu para Hector, que lhe devolveu o gesto.

– Se quiser, posso lhe dar algumas dicas de como lidar com Gilles. A primeira delas é: não discuta com ele, pois ele sempre terá razão, em qualquer circunstância. Volte outras vezes, que lhe ofereço um curso intensivo. Pretende ficar algum tempo no Brasil?

– Lucille me fez uma proposta, que estou ainda analisando. Quem sabe eu não fique aqui definitivamente? É uma opção – e seus olhares se cruzaram. No mesmo instante, Sophie sentiu como se alguém estivesse às suas costas, a mesma sensação daquela noite. Só que, desta vez, sentiu muita animosidade e arrepios por todo o corpo. Foi nesse momento que ouviu uma voz bem forte e agressiva vociferar:

– Saia daqui e não volte mais! Não vai atrapalhar meus planos, entendeu bem? Acabo com a sua vida se insistir em auxiliar este crápula! Vá embora! – Sophie sentiu como se uma força a empurrasse para frente. Pensou que fosse desabar no chão, mas os braços de Hector a ampararam. As pernas bambearam, e ela ficou zonza. Ele a depositou na poltrona e viu que estava muito pálida.

Madalena sentiu o mal-estar presente no ambiente e apressou-se em buscar água para a jovem.

– O que aconteceu? Sente-se bem? Outra vertigem como a daquele dia? – perguntou ele, solícito. – Fale algo, está me assustando.

Sophie estava tremendo, apesar do calor intenso que fazia naquele dia. Suas mãos estavam geladas e parecia estar longe dali. A voz de Hector trouxe-a de volta à realidade e encarou-o com aflição:

– Esta casa me dá calafrios; aceite o conselho de Madalena. Venha conosco! Não fique aqui sozinho! Não gosto do que sinto quando estou aqui. Tem algo que me assusta. Desta vez, ouvi vozes – e se calou, pensando se seria uma boa ideia contar-lhe. Falaria com Madalena sobre o que acontecera naqueles breves momentos. Bebeu a água que ela lhe ofereceu e, aos poucos, foi se acalmando. Queria sair dali o mais rápido que pudesse! Mas não queria que Hector lá permanecesse. Ele corria perigo!

O médico segurava seu pulso e, em instantes, disse:

– Sua pulsação já está voltando ao normal. Já fez um *check-up* neste último ano? Essas indisposições não são consideradas normais, deve ver um médico – e soltou a mão dela delicadamente. – Sente-se melhor?

– Quero apenas ir embora. Venha conosco! – Sua voz era uma súplica.

– Sinto muito, mas ainda não estou pronto. Madalena, é melhor levá-la daqui. E descanse o resto do dia, mocinha. – Sorriu para ela. – Vou ficar bem, não se preocupe. Ninguém me fará mal, não mais do que eu mesmo faço por mim. – Seu olhar se perturbou.

– Vou voltar! – disse ela já na porta. Ele a acompanhou, pegou sua mão e a beijou ternamente. Sophie ficou parada, encarando-o e desejando muito mais que isso. Algo a impelia a sair dali, mas seu coração lhe alertava que o médico corria perigo.

Madalena se despediu, não sem antes pedir aos amigos espirituais que derramassem fluidos salutares, dissipando toda a negatividade com que companheiros invigilantes das leis divinas saturavam o ambiente. Sentiu a presença do obsessor que perseguia Hector, desejando todo mal a ele. Sabia que se tratava de um ser obcecado pela vingança, alguém a quem Hector ferira mortalmente, e tinha ideia de quem era, sobretudo pelas palavras com as quais a ela se referia. Havia tanto mal a ser retificado! Ela própria tinha dívidas a resgatar, porém decidira transformar as emoções em desalinho em atitudes nobres. Esforçava-se nessa encarnação. E Hector precisava fazer o mesmo, caso contrário, seria sufocado pelo mal que lá se encontrava presente, clamando pela correção de seus erros.

A vingança sempre é atitude dos que desconhecem a lei de ação e reação, propondo-se a executar, com as próprias mãos, as correções que deviam ser realizadas pelo Pai Maior. Esse irmão infeliz, capaz de provocar tanto mal, precisava despertar para a realidade da vida, conscientizando-se de que o único caminho que proporcionaria a paz era o das atitudes no bem. No entanto, ele ainda estava distante desse despertar. E, se Hector não se propusesse a sair do padrão inferior de seus pensamentos e sentimentos, o assédio iria persistir, podendo comprometer seriamente seu equilíbrio. A morte de Diana havia sido um duro golpe, fragilizando-o, permitindo que sua mente fosse invadida por pensamentos indesejáveis e funestos. Porém, algo se modificara com a presença de Sophie, e Manoel o obsessor implacável, não iria permitir que ela impedisse sua vingança. Era isso que Madalena, naqueles poucos instantes, tivera de informações de seus amigos espirituais. Pediria que a jovem voltasse mais vezes...

# Capítulo 21

# O MAL À ESPREITA

No caminho de volta, Sophie estava silenciosa, pensando nas palavras duras que ouvira momentos antes. Aquele ser desejava executar sua própria justiça, e Hector era sua vítima. Ainda não conseguia entender como isso era possível, mas o temor a invadira desde então. Não desejava que nenhum mal sobreviesse a Hector, e tinha a percepção de que isso poderia ocorrer. Madalena perguntou-lhe:

— O que você ouviu que tanto a perturbou?

— Que ele iria se vingar e eu não poderia impedir. — Só de lembrar as palavras ásperas, estremeceu. — Como isso é possível? Como um habitante do mundo espiritual é capaz de interferir de forma tão ostensiva nesta nossa realidade material? — ela perguntou.

— Sei que parece estranho e absurdo, mas é possível, em função de nossa própria participação, como encarnados, que nos sintonizamos com esse invigilante companheiro, permitindo o acesso dele à nossa mente, normalmente em desarmonia. Imagine alguém emitindo pensamentos contínuos e nós, assimilando-os, isso de maneira ostensiva e intermitente. Em determinado momento, passamos a admitir que esses pensamentos nos pertençam, ou seja, sejam efetivamente nossos. Daí, estamos a um passo da subjugação, que é o estágio mais avançado de uma obsessão. O grande temor é que esse companheiro vingador instale na mente de Hector, hoje fragilizada, ideias nefastas, que você pode imaginar quais sejam. É um caso complexo e que demanda atenção constante. Porém, essa ofensiva sobre você já denota que a entidade percebeu mudanças no comportamento de Hector, dificultando o acesso à sua mente, agora não mais tão invigilante. Foi um aviso para que se afastasse dele, correto? — A jovem assentiu com a cabeça. — É exatamente isso que não iremos fazer, querida. E você terá que marcar presença constante. Sei que isso não será nenhum sacrifício. — e sorriu para ela, que devolveu o sorriso.

— Não sei o que isso significa, Madalena, mas sinto que preciso estar ao lado dele. São emoções confusas, não posso negar. E não sei se devo dar vazão a esse sentimento. Não quero machucar-me, tampouco a ele. Aonde isso vai chegar?

— Não posso responder a sua pergunta, minha querida, mas aprenda a ouvir a voz do seu coração. Ele jamais se engana. — Havia tanta paz em suas palavras que ela se sensibilizou.

— Durante toda a minha vida, não tive um relacionamento sério como homem algum. Era como se eu me bastasse, entende? Não fazia questão de estar com alguém; pode parecer estranho, mas era assim. Mas desde que cheguei aqui e conheci Hector, algo se modificou. Ele me atrai, não apenas fisicamente, mas de forma plena; algo que nem eu mesma sei explicar. É como se isso estivesse fadado a acontecer. No entanto, tenho tanto medo! É tudo tão instável, que não sei se devo seguir meu coração ou minha razão, que me impele a ficar longe dele a todo custo. – Um conflito estava instalado e só naquele momento, proferindo aquelas palavras, foi que Sophie percebeu o quanto já estava envolvida com ele.

– Hector é um homem de muitos atrativos, mas sempre foi fiel a seus preceitos, desde que aqui renasceu. Casou-se com a mulher que amou desde que a conheceu. Foi muito feliz enquanto o relacionamento durou, e ele precisa se conscientizar de que a vida lhe pede ação agora. Tem que seguir em frente, não pode ficar à beira do caminho lamentando o que não mais possui. Você apareceu em um momento no qual ele estava praticamente entregando os pontos, dando um alento à sua existência. Você tem seus atrativos, que vão além de sua bela e sedutora aparência física. É uma mulher de fibra, de caráter, de bondade e generosidade; facilmente um homem vai se apaixonar por você. E, se isso ainda não aconteceu, foi pelo motivo de não estar receptiva, de estar fechada como uma ostra inviolável. Não sabemos exatamente o que a vida nos reserva, mas fazemos programações, antes de aqui chegarmos, que nos impulsionam a seguir por essa ou aquela direção. Confie em sua intuição, que jamais falha. Viva um dia de cada vez.

– Foi o que eu disse a Hector – disse ela com um sorriso.

– Isso vale para todos nós, minha querida. Se vivemos pensando no passado, não aproveitamos o presente. Se vivemos pensando no futuro, não aproveitamos a viagem esclarecedora que é a existência humana. Viver um dia de cada vez, aproveitando ao máximo a oportunidade de estar viva, com possibilidades de refazer os caminhos equivocados do passado. E quem não os tem? – Havia sabedoria em seu olhar.

– Sei que tem razão, Madalena. No entanto, tenho receio do que possa acontecer se um envolvimento mais profundo acontecer.

– Tem medo de amar, Sophie? Pois amar significa entregar-se. E é disso que mais tem receio: da entrega! – Ela sabia o motivo dessa resistência, mas jamais poderia revelá-lo. Podemos esquecer o passado, algo que o véu do esquecimento proporciona, mas ele irradia através de nossas ações no presente. Sophie tinha medo de se entregar ao amor, pois isso a fazia se lembrar do sofrimento que já vivenciara no passado. A dor da separação, a dor do amor que não pudera ser plenamente vivido. Tudo estava gravado em seu inconsciente, refletindo através de sua conduta atual. Porém, o simples fato de estar em conflito significava que algo se modificara em seu mundo íntimo. E Hector poderia ser a chance de voltar a acreditar no amor. Ambos mereciam essa oportunidade. Assim pensava Madalena.

— Talvez esteja certa. Mas e se ele não corresponder?

— Você já sabe que isso não vai acontecer, minha menina. É disso que tem medo; a possibilidade de ambos se envolverem não é mais remota, e sim uma chance possível.

— Você faz tudo parecer tão simples. Berthe era assim como você. Será que ela está bem em sua nova condição? — Essa dúvida a incomodava.

— Você tem alguma dúvida? — Ela riu. — Berthe era uma mulher acima de preconceitos, de regras obsoletas e castradoras; estava além de seu tempo. Creio que sua lucidez a conduzirá a um rápido esclarecimento sobre sua nova condição. Sei que ficará bem! E sei também que, se ela estivesse aqui, estaria dizendo exatamente o mesmo que eu.

— Com certeza. — Segurou a mão da mulher com força. — Obrigada por me ajudar.

— Faria isso em qualquer situação. Você é muito querida, Sophie. Chegaram em casa, e Rosa as aguardava, ansiosa.

— Dona Lucille não está passando bem. Já disse que chamaria um médico, mas ela não permitiu. — Madalena entrou apressada e foi em direção ao quarto da amiga. Sophie a acompanhou, e ambas encontraram Lucille deitada, com os olhos fechados.

— Estou bem, se é o que vieram saber. Já lhe disse que minha hora ainda está distante. Tenho pendências a resolver e só depois poderei partir. Os problemas, no entanto, têm me perturbado além da conta. Ligue para Hector e peça que venha me ver. Não estou com bons pressentimentos. Peça que Jairo vá buscá-lo. Rosa, faça-me aquele chá. — Ela estava dando ordens, sinal de que estava bem.

— Não me dê mais sustos como este, Lucille — repreendeu Madalena. — Creio que pretenda me matar antes do meu tempo.

— Ora, quem fala! — Lucille segurava a mão da amiga e sorria. — Agora vá ligar para ele e peça que venha imediatamente. Diga que preciso dele! — Madalena saiu apressada, prestes a executar a solicitação que lhe fora feita. — Sophie, sinto que algo a perturba. É o mesmo pressentimento de que algo ruim está prestes a acontecer?

— Pedi a ele que viesse para cá por esse mesmo motivo, mas ele se recusou, alegando não haver problemas. Mas agora creio que não recusará seu convite, ou sua intimação — e sorriu para a senhora.

— Nosso menino é muito teimoso, e suas ideias estão confusas. Aquela casa não me dá uma sensação favorável. Sinto-a tão sombria! — e estremeceu.

— Tenho a mesma sensação. Não se pode fazer algo para neutralizar essas forças negativas? — perguntou ela.

— Até poderíamos, mas ele precisa aceitar nossa ajuda nesse sentido. Foi muito difícil ter acesso a ele, e só conseguimos isso em questão de alguns meses. Você foi uma das poucas pessoas a visitarem-no. Ele não permitia a presença de estranhos, e hoje podemos entender o que realmente ocorria. Mas se fosse apenas isso... — Franziu a testa, denotando que outra preocupação assomava. — A presença desses homens nos vigiando a todo instante me incomoda em demasia. E o pior é que podemos estar correndo sérios riscos com aquele homem vingativo solto por aí, fazendo ameaças graves. Quem mais se encontra vulnerável é Hector, por isso quero-o por perto. Esta casa sempre nos protegeu, não será diferente agora. Philipe sairá no final da semana e virá imediatamente para cá. A presença de todos por perto me tranquilizará.

— Esperemos que ele acate seu pedido! – disse ela.

— Ele não me negará isso. Confiemos! Como foi reencontrá-lo? – perguntou Lucille.

— Ambos estávamos constrangidos no início. Aquele beijo nos perturbou, tenho que admitir.

— Não se importe com as palavras duras de Gilles, que nada entende sobre amor, compreensão, relacionamentos. Tem um longo caminho a percorrer nesse sentido. Releve suas palavras desprovidas de sensibilidade. Sei quem você é e isso me basta. É neta de Berthe, e posso imaginar a educação que ela lhe concedeu. – Buscou a mão da jovem, segurando-a carinhosa-mente. – A vida oferece oportunidades àqueles que desejam aprender suas lições de como bem viver. Para isso, renascemos tantas vezes forem necessárias. Uma oportunidade desprezada pode custar a retornar. Esteja atenta aos sinais, minha jovem. É sua parcela a realizar. Se você e Hector têm algo a aprender juntos, siga esse caminho e valorize a oportunidade à sua frente.

Madalena surgiu à porta com um sorriso vitorioso.

— Ele diz que virá. Vou pedir a Jairo para buscá-lo imediatamente.

— Faça isso. – disse Lucille, já aliviada. – Pronto, em breve ele estará aqui. Conto com você, Sophie. Resgate-o das sombras, eu lhe peço.

A jovem estava com os olhos marejados. Talvez ambos ne-cessitassem ser resgatados.

— Farei o que for possível.

Na casa de Hector, a situação espiritual parecia confusa. Ma-noel, o perseguido, estava furioso com o desenrolar dos acon-tecimentos. Sua vítima estava escapando de seu controle e não poderia permitir que isso ocorresse. E a emboscada que ele pretendia fazer, devolvendo o mesmo que ele lhe oferecera? Teria de acompanhá-lo, para não o perder de vista. Esperara tanto tempo! Poderia esperar um pouco mais. Chamou seus homens e pediu que estivessem ao lado dele todo o tempo.

Porém, não eram apenas perseguidores espirituais que lá se encontravam. Próximo à ponte, três homens lá estavam a vigiar todos os movimentos da casa. Um deles, que parecia o líder, disse:

— Os demais estão sob proteção intensa. Ele está só. Talvez seja nosso melhor alvo. Mas não vamos nos precipitar. Deixe que eles fiquem abalados com a ameaça. Quero que se sintam vulneráveis, apreensivos, inseguros. Quando sentirem que tudo parece ser apenas fanfarronice, daremos o bote. — Era Rogério, filho de Jorge, responsável pelas ameaças feitas à família. — Vou tirar deles todo o dinheiro que puder. Depois, arremato causando toda a dor possível. — Havia muito ódio em seu olhar.

— O que quer que façamos por ora? — perguntou um dos homens que o acompanhavam, também com aparência hostil.

— Vamos apenas vigiá-los. Precisamos ser discretos e não podemos permitir que detectem nossa presença. Estejam atentos aos seguranças. Voltarei mais tarde. Tenho alguns detalhes a observar. Aquela mina oferece riscos? — perguntou.

— Olhamos com toda a atenção e creio que seja um excelente local para ficarmos com nosso refém, quando ele estiver em nossas mãos — disse com um sorriso sarcástico.

— Não poderia ser um local mais adequado. A sugestão foi excelente.

— Não se esqueça de que conhecemos a região melhor do que ninguém. Quero muito que eles sofram pelo que minha família passou. Depois de tanto trabalho, o que receberam? — Era o homem de aparência ofensiva quem falava. A ira impregnava sua fala. Seu nome era Sérgio, e conhecera Rogério em suas ações também indevidas. Eram companheiros de violação de regras. Os iguais se atraem, essa era a grande verdade.

– Fique tranquilo que você receberá tudo o que merece. Eles terão que pagar pelo que nos fizeram sofrer. Ficará rico! Todos nós! – e deram uma gargalhada.

Os amigos da luz observavam esses invigilantes companheiros, que haviam permitido que a ganância, a inveja e o orgulho os conduzissem a caminhos tão sombrios. Nada poderiam fazer para evitar que os planos deles se concretizassem, mas poderiam enviar pensamentos diversos dos que povoavam aquelas mentes perturbadas. Não se podia interferir nem mudar os desígnios de Deus, apenas enviar as melhores energias para que repensassem os caminhos escolhidos. Todo mal praticado a outrem terá que ser revisto. Toda infração à lei divina terá a correção devida. Não se pratica o mal esperando que a felicidade possa acompanhá-lo! Porém, nem todos aceitam essa verdade.

Jairo chegou em seguida, e Hector o acompanhou. Rogério sabia qual seria o destino e teria de aguardar o momento certo para o ataque. Tinha todo o tempo do mundo!

Assim que chegou à mansão, Hector se dirigiu ao quarto de Lucille, que continuava deitada.

– O que lhe aconteceu, Lucille? O que sente? – perguntou, abraçando-a ternamente.

– Não venho me sentindo bem nestes últimos dias. Sinto muito cansaço, uma angústia presente a todo instante. Tem momentos em que penso que vou desfalecer.

Sophie e Madalena estavam com ela e o cumprimentaram com um sorriso.

– Quer que saiamos? – perguntou Sophie.

– Não será necessário – respondeu Hector, e passou a examinar a tia com toda a presteza e cuidado. Em poucos minutos, já tinha seu diagnóstico. – Bem, já sei o que a aflige, Lucille. – Com um ar de muita seriedade, constatou: – É a síndrome da preocupação excessiva com seus sobrinhos, que apenas lhe trazem problemas. Isso tende a evoluir, se insistir em querer resolver todos os embaraços que eles cometem. No entanto, tenho um bom remédio: viva sua vida, Lucille. Deixe que esses seres ingratos aprendam a lidar com suas próprias vidas. Você já fez tudo o que podia por eles, mas, se não querem aprender a viver sem se meter em complicações, não é mais de sua alçada. – Ele estava tão sério, que ninguém ousou rir de suas explicações. – E então, será que tem algum medicamento para isso?

Madalena, sempre atenta e perspicaz, falou:

– Sim, meu filho. Fique aqui esta noite apenas, para que ela se sinta mais confortável e segura com sua presença aqui nesta casa. Eu lhe preparei um quarto para esta noite, que pretende ser chuvosa por toda a madrugada. Deixei uma vela, caso a luz falte. – e sorriu para ele, sendo impossível resistir a seu argumento.

– Quando vou conseguir negar algo a uma de vocês? Acho que foi um feitiço lançado desde que nasci. Vocês duas são imperdoáveis! – Ele as abraçou com a força de seu afeto. Sophie o observava, sentindo-o diferente de quando estava naquela casa tenebrosa. Parecia mais descontraído, menos depressivo e mais simpático. – E meu pai?

– Infelizmente precisou permanecer na cidade. Creio que ficará mais confortável sem a presença dele, estou certa? – disse Madalena, com reprimenda no olhar.

– Não me olhe assim, Madalena. Vou me sentir culpado.

– E é para se sentir mesmo. Pare com essa implicância com seu pai – falou Lucille. – Ele faz o melhor que pode, acredite! – Hector baixou o olhar, relembrando naqueles breves momentos toda a sua vida naquela casa, desde a infância, sem a presença paterna.

– Sabe que ele poderia ter feito diferente, não sabe? – questionou.

– Todos podemos fazer diferente, é questão de escolha, não é, meu querido? – Lucille dirigiu-lhe um olhar que dizia mais que qualquer palavra. – Cada um faz o que pode e sabe. Todos estamos em aprendizado, jamais se esqueça disso.

– Ficarei esta noite apenas. Com uma condição. – e ficou sério novamente. – Que você nos acompanhe nesse jantar especial que Rosa certamente está preparando, pois todas vocês sabiam que eu ficaria aqui. – Ofereceu um sorriso que Sophie ainda não tinha visto e que confirmou o que ela sentia sobre ele: alguém especial em quem ela poderia confiar. – Vamos, levante-se desta cama e jante conosco.

– É o que farei com todo o prazer. O que não faria por você, meu querido?

– Tudo, Lucille, talvez por isso eu seja assim tão mimado. – Ele riu novamente. – A chuva assolará a região mais uma vez? – perguntou ele, lembrando-se daquela noite do acidente com Philipe. – E Philipe? Quando estará de volta?

– Gilles disse que sua recuperação está sendo perfeita e que sairá do hospital até o final da semana. Conto com você! – e o olhar dele se contraiu. Era um assunto que gerava ainda muita tensão.

– Mostre-me qual quarto escolheu para mim, Madalena. – Os dois saíram de lá, deixando Lucille e Sophie conversando.

– Quero lhe agradecer, minha jovem – disse a senhora.

– Não fiz nada, Lucille. Ele está aqui por você, sabe disso. – disse ela serenamente.

– Sabe que não é bem assim. Talvez ele quisesse estar por perto, já pensou nisso? – A pergunta foi direta.

– Não creio, mas o simples fato de ele sair de sua toca já deve ser motivo de celebração. Vamos para a sala? Eu a ajudo. – As duas se encaminharam para a sala de refeições.

O jantar foi tranquilo e descontraído. Como previra Madalena, a chuva havia chegado com toda a intensidade e com trovões ensurdecedores.

Sophie estremecia a cada barulho provocado pelo trovão.

– Engraçado como aqui tudo parece muito mais intenso do que na cidade. Ainda não me acostumei a isso, tenho que admitir. – disse ela com as feições tensas.

– Estamos no campo, e isso pode fazer a diferença. As construções da cidade abafam os sons, e aqui isso não acontece. Quando Philipe era um garotinho, corria para o meu quarto quando a tempestade chegava. – disse Hector, com o semblante triste. Sophie lembrou-se daquela noite em que encontrara o jovem chorando em seu quarto. Será que os dois se entenderiam algum dia?

– Lucille, vamos que eu a acompanho. Deve estar cansada – disse Madalena.

– Sim, minha amiga. Hoje vou dormir tranquila com sua presença, Hector. Agradeço seu carinho. Boa noite! – Beijou seu rosto e o de Sophie, e as duas saíram.

– Rosa, quero mais um café e depois pode se recolher também – disse o médico.

Ficaram apenas os dois na pequena saleta aconchegante, em silêncio.

– Se quiser ir dormir, pode ir. Estou sem sono. – disse ele.

– Minha presença o incomoda? – perguntou ela.

– De forma alguma. Apenas quis ser gentil. Não me leve a mal.

– Você conhece as histórias da família? – perguntou ela, curiosa.

– Quase todas. Algum personagem em especial de que tenha gostado mais?

– Sim, Claudine, a escritora da família. Talvez porque sejamos muito parecidas.

– Já olhou o quadro dela no corredor próximo à biblioteca? – Levantou-se, pegando a mão da jovem e puxando-a para o local. As luzes piscaram por diversas vezes; possivelmente teriam interrupção de energia, como da outra vez.

Ele ia falando os nomes de todos os personagens da família, até chegar ao quadro de Claudine. Desta vez, ao olhar para ele, Sophie sentiu algo estranho, como se fosse ela quem tivesse posado para a pintura. Como seria possível?

# CAPÍTULO 22

# FORTES EMOÇÕES

Sophie ficou parada em frente ao quadro, sentindo-se paralisada. Só agora dera-se conta de como eram parecidas. A mesma expressão, os mesmos olhos, o sorriso meigo. Hector olhava a pintura e percebia as semelhanças.

— Vocês são tão parecidas! Olhando o quadro e você juntos parecem até a mesma pessoa. Madalena já me falara de como se pareciam, mas agora pude comprovar. Acredita em sucessivas encarnações? — ele perguntou.

— Até chegar aqui, pouco entendia acerca da vida espiritual. Madalena e Lucille me apresentaram uma doutrina interessante, que tenho procurado conhecer. Porém, alguns pontos ainda são questionáveis. Por que perguntou?

— Pois poderia afirmar que Claudine e você são a mesma pessoa. Ou, melhor dizendo, que você é a reencarnação de Claudine. Então já deve ter vivido aqui nesta mesma casa, em um passado não muito distante. Acredita nessa possibilidade? – Ele a olhava firmemente, esperando sua resposta.

Para a jovem, tudo isso ainda era muito confuso, porém tinha de admitir que isso fazia sentido. A percepção de que já conhecia aquela casa, os corredores... Tudo lhe parecia tão familiar. Seria isso possível?

– Não sei. Quando li os diários dela, parecia que haviam sido escritos por mim; têm uma linguagem que muito se assemelha à que utilizo. Bem, se for isso, que diferença faz para a atual encarnação? – A pergunta também foi direta.

– Talvez nenhuma. Jamais pensei sobre isso, mas creio que o que fomos e o que fizemos constituem apenas nossa bagagem. Esta oportunidade é um livro em branco para que possamos escrever uma nova história. Não fique encucada com isso. Podem ser os genes da família, apenas, traços genéticos que trazemos no corpo físico. Ou melhor dizendo, hereditariedade. Claudine viveu naquela época, teve a oportunidade de escrever sua história. Agora é você quem está aqui, Sophie. Cabe a você efetuar suas escolhas e se comprometer com elas. Esta é sua vida! – Havia tanta força em suas palavras, que a jovem o abraçou.

– Tenho tanto medo de falhar novamente! – Não entendeu por que assim pensava, sentindo as lágrimas escorrerem por seu rosto.

– Não diga isso! Você é uma jovem corajosa, perseverante, insistente. – Quando ele disse isso, ela se desvencilhou dele e sorriu.

– Já disse tantas vezes isso hoje que estou até acreditando. – Ele enxugou as lágrimas que escorriam com seus dedos, encarando-a com seus magnéticos olhos verdes.

– Não faça isso com você, minha menina. Tem tanto a viver; não perca jamais a esperança de ser feliz. Errar, todos iremos, pois aqui estamos para testar nossas potencialidades. E, se erramos, é porque estamos buscando aprender. Este é o caminho!

— Depois que minha avó morreu, senti que estava definitivamente sozinha nesta vida. Então, como um último desejo dela,
aqui estou e conheci vocês, minha família. E não sei se conseguirei sobreviver sem a presença de vocês ao meu lado. É tudo
tão estranho!

— Então, não pense em ir embora. Fique aqui conosco! — e
concluiu baixinho: — E comigo! — Segurou seu rosto molhado
pelas lágrimas e beijou seus lábios com delicadeza, ao que ela
se entregou completamente. As luzes, nesse instante, apaga-
ram-se junto com o ribombar de vários trovões. Ficaram enla-
çados, beijando-se, como se o tempo não existisse, no corredor
em frente à biblioteca. Quando se separaram, olharam-se com
carinho.

— Não tenho muita coisa a lhe oferecer, Sophie. — disse ele
com lágrimas nos olhos.

— Não quero nada além de você! — e desta vez foi ela quem o
beijou com toda a paixão. — Não vou cobrar nada que não possa me
oferecer. Um dia de cada vez, lembra-se? Estamos nos conhecendo e vou respeitar seu próprio tempo, Hector. Você é uma
pessoa maravilhosa, não merece protelar sua felicidade. Diana
não está mais aqui, e tenho certeza de que ela espera isso de
você: que siga em frente. — A simples menção ao nome da esposa o fez ficar com as feições contraídas. Separou-se dela e se
virou, falando baixinho:

— Eu fiz juras de amor eterno a ela. Estarei traindo sua memória? — Havia culpa em suas palavras.

— Não, querido. — e virou-o, ficando novamente frente a frente
com ele. — Você não morreu com ela; está aqui e precisa retomar seu caminho. Ou pretende antecipar seu retorno? — As
palavras duras o tocaram.

— Não vou negar que esse pensamento povoa minha mente
diariamente, várias vezes por dia. É como se a única resposta
à minha dor fosse isto: morrer. Porém, sou um covarde! Não

tenho coragem de tirar minha vida! – As lágrimas agora eram abundantes.

– Covarde é aquele que desiste de lutar, não aquele que supera todos os obstáculos e procura entre os escombros em que se transformou sua vida um incentivo para prosseguir. Você é um guerreiro; procure as energias que julga perdidas e vá à luta. E, se quiser, conte comigo ao seu lado! – Beijou-o de novo, e desta vez ele a segurou em seus braços com toda a sua força.

– Ajude-me! – e lá ficaram, abraçados, sem ninguém a testemunhar esse idílico momento.

Sem testemunhas encarnadas, diga-se de passagem, pois Bertrand a tudo assistia, sem nada entender. O que os dois faziam não era da conta dele, mas queria muito saber porque todos podiam ser felizes, menos ele. Era uma injustiça! Passou por eles e empurrou Sophie, que só não caiu porque estava nos braços de Hector.

– O que foi isso? Está bem? – Ela estava com as mãos geladas. Acontecera de novo. Ele a segurou delicadamente e a conduziu de volta à sala, sentando-a.

– Era ele de novo! – foi o que conseguiu balbuciar.

– Ele quem? – Hector olhava com curiosidade para Sophie.

– Bertrand. – disse simplesmente o nome.

– Ora, ele morreu há tanto tempo. Está impressionada com o quadro dele em frente à biblioteca. Não creio que ainda permaneça aqui após tudo o que Madalena e Lucille fizeram. Desde criança ele me causava pavor, mas achei que isso tinha se encerrado após aquela sessão espírita que fizeram. – Arrependeu-se de ter falado, pois poderia assustá-la ainda mais. – Bem, pelo menos, era no que acreditava.

– Ele ainda está aqui e não pretende ir embora. Quer que os culpados paguem pelos seus erros. Sei que pode parecer absurdo, mas foi isso o que ele me falou.

– Ele quer que os culpados paguem? Então ele será o primeiro a quitar suas dívidas, pois é o mais culpado entre todos – disse ele com a expressão dura.

– Entendo seu ponto de vista e sei de seus deslizes morais. Porém, ele acredita que poderiam tê-lo ajudado e não o fizeram. Daí toda a mágoa represada por pessoas dessa família. Ainda permanece cego aos próprios erros, acreditando ser vítima de uma injustiça. – disse ela, já refeita.

– Diga isso a Anne Marie, a Patric e aos que acompanharam essa encarnação repleta de equívocos. Como ainda crê ser uma vítima?

– Não julgue, Hector. Conhecemos a história que nos foi contada, não a versão real dos fatos. Alguém ouviu seu relato?

– Está a defendê-lo? – perguntou ele com as feições contraídas.

– De forma alguma, apenas acho que, se ele ainda sofre, deve ter seus motivos. Não seja tão duro com ele. – Ela pegou sua mão com carinho e a beijou.

– Não será nossa primeira discussão, certo? – e retribuiu o beijo.

Estava tudo envolto em uma intensa escuridão, e Hector pegou um castiçal, acendendo a vela.

– Assim está melhor, posso ver seu rosto. – e sorriu. – Creio que essa queda de eletricidade durará a noite toda. Quer ir para seu quarto? Eu a acompanho.

– Não, prefiro ficar aqui com você – e se aconchegou em seus braços, adormecendo em seguida. Ele ficou a observá-la, tomado por um imenso e inexplicável carinho. Queria tanto acreditar em tudo o que ela lhe falara. Deu um longo suspiro e fechou os olhos, tentando expulsar toda a dor que ainda estava presente. A presença dela a seu lado transmitia-lhe tanta paz! Abraçou-a e, em instantes, também adormeceu.

A chuva persistia, e a luz não voltou por toda a noite. Na manhã seguinte, Madalena se deparou com a cena e sorriu. Os dois estavam abraçados e ainda adormecidos, mas algo acontecera, tinha plena convicção. Passou por eles e tocou-os delicadamente:

– Hector, Sophie, não seria melhor descansarem um pouco na cama? – Ambos acordaram sobressaltados, sentindo-se como crianças pegas no flagra. – Ainda é muito cedo, durmam um pouco mais.

– Acho que vou embora! – disse o médico.

– De forma alguma. Vá para o quarto que lhe preparei. Eu acordo você mais tarde. E você também, Sophie. – Os dois saíram sob o olhar atento de Madalena.

Quando chegaram ao quarto de Sophie, ele abriu a porta e a beijou suavemente.

– A jovem está entregue. Durma bem!

– Você também! – Quando ele se afastava, ela pegou sua mão e disse: – Foi uma noite maravilhosa. Podemos repetir?

– Não em um sofá da sala, prefiro algo mais confortável. – e saiu sorrindo. Nem ele acreditava no que estava acontecendo em sua vida.

Passava das dez horas quando Sophie desceu para tomar seu café. Encontrou Lucille conversando com Hector, que estava com seu semblante leve. Podia até se ver uma luz brilhando em seus olhos. Isso tinha um nome: Sophie.

– Bom dia! – disse ela jovialmente.

– Bom dia, minha querida. Pelo seu tom de voz, acredito que teve uma noite agradável, apesar da tempestade – falou Lucille.

Sophie piscou para Hector, que também sorria.

– Foi uma noite maravilhosa. A luz voltou? – questionou ela.

– Agora pela manhã. Nessa época do ano, com essas instabilidades climáticas, tornou-se uma constante. Em algumas semanas, isso vai cessar. Teremos então o tempo da estiagem, que castiga muito mais do que as chuvas. Somos reféns da natureza, essa é a verdade. E temos que colaborar com ela, pois é dela que depende nossa sobrevivência.

— Lucille, vejo que já está bem e posso ir embora. Jairo me levará de volta. — disse o médico, levantando-se.

— Fique aqui conosco, eu lhe peço. — Lucille tentava convencê-lo.

— Sem chantagens, Lucille. Você está bem, não precisa de cuidados intensivos. Se eu prometer voltar, você deixa de insistir? — perguntou ele.

— Se for assim, eu prefiro. — Ele a abraçou e saiu, em companhia de Sophie.

— Posso ir vê-lo mais tarde? — perguntou ela com um sorriso radiante, que logo se desfez com a resposta que ele ofereceu.

— Preciso de um tempo para refletir sobre tudo isso. Me dê esse tempo, por favor. Eu volto para ver Philipe, prometo. — Ele a abraçou com carinho e entrou no carro em que Jairo já se encontrava, sem dar tempo para que Sophie se manifestasse.

As lágrimas brotaram com intensidade, e ela custou a controlar a emoção. Depois de tudo o que acontecera, era assim que ele se comportava?

Madalena observava a cena e foi ao seu encontro.

— Não fique assim, ele precisa desse tempo, Sophie. Seu mundo ruiu há poucos meses; não espere que ele consiga superar tudo no seu tempo. Ele já deu um passo enorme em direção à recuperação, e você foi a responsável por tirá-lo dos escombros. Ele vai refletir em tudo o que aconteceu. Tenha paciência com ele, eu lhe peço.

— Se ele voltar àquela casa, toda a sua instabilidade emocional vai prevalecer novamente. Você sabe tão bem quanto eu! Aquele lugar me causa pavor. Há algo destrutivo lá, e o alvo é Hector. Não podemos deixá-lo sozinho, Madalena. Faça algo! — Ela estava aflita ao imaginá-lo só, a vítima perfeita para seu verdugo.

O que elas não poderiam imaginar, contudo, era que outro perigo se aproximava. E, desta vez, tão real a ponto de causar complicações além das já existentes. Rogério mantinha a vigilância sobre a casa de Hector, aguardando o momento certo, como ele mesmo afirmara. Deixaria os dias correrem e eles se descuidarem.

— Minha menina, sei que está preocupada com Hector, assim como todos estamos. Porém, não podemos prendê-lo aqui sob qualquer alegação plausível. Ele é inteligente e saberia detectar qualquer ardil que utilizássemos. Lucille disse que ele prometeu voltar, então vamos confiar nele. Disse que viria para ver Philipe, e essa é a maior das conquistas. Você bem sabe que ele se recusou a cuidar dele aquele dia e agora está pensando até em visitá-lo. É um imenso progresso que você realizou. Não pense que ele não está vendo tudo isso, e sabe que você é a responsável por essa transformação. Aquiete-se, não sofra por antecipação. Deixe os dias correrem. Mas dê a ele esse tempo. Ele precisa resolver seu mundo íntimo, realocando cada emoção no devido lugar. Foi você mesma quem propôs isso a ele. E sabia que estava fundamentada no bom senso — disse Madalena com um sorriso.

Sophie limpou as lágrimas e sorriu-lhe:

— Você sabe como convencer! Seus argumentos são infalíveis, tenho que admitir. Espero um dia conquistar essa sabedoria.

— Um dos caminhos nessa conquista é aprender a dominar os impulsos, controlando suas ações e lembrando-se, sempre, de que a sabedoria é uma construção eterna. A cada dia acrescentamos novos tijolos a essa edificação, que não tem tempo para ser concluída. Assim se processa nossa evolução. — Sobre ela, raios luminosos eram depositados por amigos espirituais. — Faça a sua parte; aprenda a confiar e esperar, quando necessário.

— Tarefa difícil essa que me pede, minha amiga, mas vou tentar. Tudo por uma causa nobre e justa: Hector. Sei que valerá a pena. Quero muito estar ao seu lado.

— Teremos atividades para o resto da semana. Philipe já ligou reclamando nossa ausência e prometi visitá-lo hoje. Agora, venha tomar seu café. E, se isso a tranquiliza, pedi a Jairo que visitasse Hector diariamente, com o pretexto de levar-lhe meus quitutes. Ele será nosso espião. — e entraram.

No meio da tarde, as três se dirigiram ao hospital. Philipe já estava acomodado no quarto, em plena recuperação. Ao vê-las, tentou se levantar, mas a enfermeira o proibiu.

— O senhor precisa receber autorização da doutora. Ela passará mais tarde. Até lá, peço que se contenha — disse ela.

— Lucille, diga quem manda aqui neste hospital — falou Philipe, alterado.

— Pois digo sim. São os médicos; tem alguma dúvida? — A reprimenda o atingiu diretamente. — Precisa aprender a respeitar as regras, Philipe. Fico a imaginar como você trabalha em nossas empresas. Costuma agir dessa forma? — Ele baixou o olhar.

— Não aguento mais ficar aqui preso neste quarto. Precisa me tirar daqui, por favor! — Seu olhar era de súplica, o que não sensibilizou a tia.

— Você foi operado, seu estado era crítico, e agora está prestes a voltar para casa. Procure ter mais paciência. — No mesmo instante, a médica, Débora, entrou no quarto, cumprimentando a todos.

— A família, enfim, está aqui. Se não viessem hoje, creio que ele teria uma síncope. Reclama excessivamente e pretende comprar a todos para obter vantagens. — Ela própria estava rindo. — Sua sorte é que está se recuperando conforme as expectativas, podendo sair na sexta-feira. Não sei se suportaria mais pacientes como ele. — e passou a examiná-lo com presteza. Ao fim de alguns minutos, disse: — Assim que tirar os pontos, eu o libero para andar pelos corredores. Amanhã cedo passo por aqui. Até lá, minha orientação é que permaneça em repouso completo. Ouviu bem, Philipe?

— Sim, doutora. Meus ouvidos estão perfeitos. Espero você amanhã — e ela se despediu com um sorriso.

— Posso saber por que me abandonaram neste hospital? — disse ele com o semblante sério.

— Seu pai esteve aqui todos os dias e disse que estava bem — falou Madalena.

– Sabe que não é a mesma coisa! Ele entra, fica alguns instantes, fala algumas frases do tipo: o tempo está chuvoso, amanhã
fará um lindo dia de sol, aí se despede e vai embora. Esse é o
diálogo que consigo ter com ele. Estão me punindo por algo?

Sophie já estava rindo, juntamente com as demais mulheres,
com a representação perfeita da intimidade de Gilles com o filho. Lucille foi a primeira a se pronunciar:

– Ele está tentando percorrer o caminho de volta para sua
vida, meu filho. Dê a ele essa chance. Reconhece, hoje, a imensa
distância que se estabeleceu entre vocês e está fazendo o possível
para recuperar seu afeto e respeito. Peço que tenha mais tolerância, virtude essa que está ainda distante de conquistar – disse
ela, séria.

– Estava apenas brincando, Lucille. Estou enlouquecendo
nesta prisão. Sequer posso sair da cama e caminhar. Está sendo
uma dura prova. – e olhou para Sophie. – Da próxima vez, siga
meu conselho. Deveríamos ter ficado na cidade.

A jovem ficou constrangida perante o comentário, afinal, ele
estava coberto de razão.

– Deveriam, mas não ficaram. E, se isso aconteceu, deve ter
sido providencial. Tantas coisas aconteceram nestes poucos
dias, que ouso afirmar que esse acidente foi um evento favorável
– disse Madalena com firmeza.

– Favorável para quem? – perguntou Philipe com os olhos
arregalados.

– Quer ouvir uma história? Então, ouça. – e contou tudo sobre
as transformações ocorridas com Hector naqueles dias, inclusive
a promessa de visitá-lo quando voltasse para a mansão. Ele escu-
tava com atenção as notícias alentadoras sobre o irmão.

– E tenho algo para você. Espere um pouco. – Sophie saiu do
quarto, voltando em seguida com um quadro. – Hector pediu
que lhe entregasse. Abra e verá. – disse ela entregando-lhe o
presente do irmão.

Ao abrir o embrulho, deparou-se com seu rosto sorridente no quadro. O irmão era um pintor habilidoso e delicado. As lágrimas escorreram por seu rosto.

— Ele pediu que lhe entregasse com um recado: não o culpa pelo que aconteceu, e disse que o ama, tal como sempre! — Até ela estava sensibilizada com o momento.

Lucille e Madalena já sabiam da existência do quadro e foram elas que insistiram para que o trouxessem a Philipe, sabendo o efeito positivo que isso iria causar. Philipe merecia!

— Isso significa que ele me perdoou? — perguntou ele, olhando para Sophie.

— Isso prova que ele está seguindo em frente, meu filho — disse Lucille. — Foram tempos de tormenta que, acredito, estejam se encerrando. E creio que estar perto de você, salvar sua vida, tenha tocado todas as fibras de seu coração. Vocês sempre foram tão unidos! A cumplicidade sempre esteve presente. Sabia que ele repensaria tudo o que se passou e entenderia que foi um trágico acidente, no qual você não teve responsabilidade alguma. Estamos lhe falando tudo isso para que seja assimilado por você também. É tempo de jogar fora toda a bagagem inútil que tem carregado todos esses meses. Cabe a você, agora, escolher novos caminhos, também. — Uma luz intensa a envolvia. Diana lá estava, sentindo que parte do problema estava sendo resolvido. Foi até Philipe e o abraçou ternamente, dizendo:

— Meu amigo querido, faça sua vida valer a pena. Tem tanto a realizar! Enterre essa mágoa e siga seu caminho de luz! — e, com um sorriso, saiu de cena.

# CAPÍTULO 23

# CAMINHOS TORTUOSOS

Philipe estava dominado pela emoção, e o silêncio se instalou. Lucille sentira a presença de um companheiro da luz e até podia imaginar quem lá havia estado. Seu coração ficou repleto de paz e, com os olhos brilhando intensamente, finalizou:

— É tempo de seguir, meu querido, desapegando-se desse fardo inútil que tem insistido em manter sobre seus ombros. A vida está lhe mostrando um novo rumo e espero que consiga compreender qual é seu destino. Fique bom logo, é o que lhe peço.

— Está ainda me devendo uma visita pela fazenda. — disse Sophie com um sorriso.

— Como você adora aventuras, creio que sei aonde devo levá-la. Vou lhe mostrar uma mina abandonada que todos ainda julgam ser um perigo.

— Não quero que se aproximem de lá, sabe o quanto aquilo é perigoso. — Lucille estava séria. — Aquele local não deve ser visitado;

ainda não entendi por que Gilles não a implodiu. Philipe, não o quero próximo de lá.

– Lucille, você já contou as histórias daquele local para Sophie? – perguntou sorrindo. – As três irmãs, acompanhadas de Madalena, costumavam brincar por lá sem a autorização do pai. Adoravam as histórias dos fantasmas que lá habitavam e, sempre que podiam, saíam às escondidas e iam até a mina.

– Aquela pedra que minha avó guardava era de lá, não é, Lucille?

– Sim, minha querida. Costumávamos brincar nessa antiga mina que Patric construiu pensando em encontrar um minério raro. Mas ela logo foi desativada, pois alguns homens morreram soterrados misteriosamente, impedindo o acesso às galerias mais profundas. Os escravos diziam que aquele lugar era sagrado e que não deveria ser explorado, pois causaria a ira dos deuses. Bem, folclore à parte, alguns incidentes misteriosos ocorreram desde a sua construção. Como Patric jamais encontrou o que procurava, decidiu fechá-la em definitivo. Era um lugar sombrio, tenho que admitir. Mas jamais acreditei nas crendices que diziam. Tratava-se apenas de um lugar perigoso, simples assim. O terreno é instável, as paredes são pouco escoradas e qualquer movimentação pode causar um desabamento. É a esse lugar que pretende levar Sophie? E depois diz que ela o coloca em encrencas? – falou em tom sério. – Não quero vocês lá. Espero que tenha compreendido, Philipe. Sophie, não siga os desvarios dele, eu lhe peço.

– Então, teremos que visitar a cachoeira. – Seus olhos brilhavam agora. – Um lugar muito especial, ao qual eu e Hector íamos quando era possível. Ela fica bem atrás da mina abandonada e ainda tenho certeza de que uma das galerias conduz até ela. Quando estávamos prestes a descobrir isso, meu querido irmão entrou na faculdade e me proibiu de ir lá sozinho. Lá não correremos nenhum perigo, certo, Lucille?

– Fique bom, em primeiro lugar. Volte para casa e se recupere. Sophie o esperará.

– Aliás, ela poderia acompanhar meu pai nesses dias em que estou preso aqui.

– Agradeço, mas prefiro sua companhia, então, melhore logo. Você disse que um dia seria insuficiente para conhecer tudo, lembra-se? – perguntou a jovem.

– Viu, Lucille? Até ela tem dificuldades em aturar Gilles. Uma garota consciente. – Ele se divertia com a expressão séria que a tia ostentava.

Madalena decidiu intervir:

– Philipe, não aborreça Lucille. Ela não esteve bem nestes últimos dias. Creio que todos nós possamos imaginar os motivos, não? – O comentário direto o deixou encabulado, e ele pegou as mãos da tia e as beijou com carinho.

– Não quero que se preocupe comigo, Lucille. Sei que tenho lhe causado alguns transtornos nestes últimos meses, mas prometo reavaliar minha conduta, especialmente após o que me contaram sobre Hector. Desculpe! Perdoe esse sobrinho ingrato que só lhe causa problemas. Sabe o quanto a admiro nesta vida? – Seus olhos estavam marejados.

– Sei, meu menino. Sabe, também, que só desejo que seja feliz, não sabe? – disse ela.

– Sei! E tudo farei para que isso se concretize. Prometo! – falou, solene.

– Agora está melhor. Madalena, dê a ele aquele bolo que você trouxe. – Os olhos de Philipe se iluminaram.

Ficaram mais de uma hora em conversação animada e, no final da tarde, despediram-se.

– Se tudo correr bem, em breve estará em casa. Ah, seu pai lhe falou acerca da ameaça?

– Sim, disse que haveria um segurança na porta do quarto. Ele deve ter movimentado meio hospital para conseguir essa autorização. Não sei por que tanta preocupação. Já sofremos muitas ameaças anteriormente e nunca foram cumpridas. Excesso de zelo.

— Também penso assim, mas, se isso o deixa mais tranquilo, que assim seja. — Lucille o beijou com carinho e saiu acompanhada de Madalena. Sophie permaneceu mais alguns instantes com ele e falou:

— Acredite no que lhe falei. Hector o ama e fará tudo para que se reconciliem. Foram tempos difíceis, mas creio que estão se findando. Ele merece retomar sua vida e ser feliz. — Seus olhos brilharam de emoção, o que não passou despercebido a Philipe.

— Não entendi esse olhar. Aconteceu algo que eu não saiba? — Ela ficou desconcertada perante a pergunta e mudou o assunto.

— Não sei do que está falando. Volte logo para casa, ouviu bem? — Deu-lhe um beijo afetuoso e saiu do quarto, deixando-o a refletir em suas palavras.

Philipe sentiu que ela lhe escondia algo. Iria descobrir o que era.

Quando chegaram em casa, depararam-se com uma agradável surpresa.

Gilles já se encontrava em casa e disse:

— Olhem quem me visitou hoje à tarde no escritório! — Uma mulher surgiu na soleira da porta. Era Gigi, a filha de Madalena, que correu a abraçá-la.

— Filha querida, quanta saudade! — e assim ficaram por vários minutos. Em seguida, ela correu a abraçar Lucille.

— É tão bom estar de volta a esta casa. Sempre agradeço o acolhimento que recebo, em especial de você, Lucille.

— Você faz parte desta família, Gigi. Pena não nos visitar mais. Sentimos muito sua falta. Quando vai se mudar definitivamente para o Brasil?

Gigi era uma mulher madura, com gestos finos e de rara beleza. Possuía olhos cor de mel, uma silhueta perfeita e um sorriso encantador. Sua idade era indefinível, e esse era seu maior trunfo. Viu a figura de Sophie acompanhando as duas mulheres e comentou, jovial:

— Você deve ser Sophie. — e, com o olhar divertido, completou: — Gilles já me contou sobre você. Devo salientar, no entanto, que a opinião dele nem sempre confere realmente com a pessoa de fato. Ele não é confiável em suas percepções, certo, meninas? — Havia muita intimidade entre eles, o que denotava serem bem próximos.

— Gigi continua a me julgar com muito rigor. Quando conseguirá ver minha real essência? — perguntou Gilles.

— Não sei se suportaria, meu amigo. Prefiro ficar apenas na superfície; já está de bom tamanho. Estava com saudades de você também. Disse que iria me visitar e estou esperando até hoje. Nós nos divertiríamos muito lá. — Seus olhos brilharam intensamente, e havia algo oculto neles que apenas Gilles sabia.

— Lucille não me dá férias. Tenho trabalhado exaustivamente por aqui. Mas prometo repensar seu convite. — disse ele com um sorriso enigmático, que não passou despercebido a Sophie. Intimamente, ficou a pensar qual seria a relação existente entre ambos.

— Sinto lhe dizer, mas talvez isso não seja mais possível. Recebi um convite para trabalhar aqui no Brasil e estou a analisá-lo. Se isso se concretizar... — os olhos dela se viraram para a mãe — ... estarei mais perto do que possam imaginar. Vão ter que me aturar muito mais do que hoje. Ficarei em São Paulo, mas nada que um final de semana prolongado não resolva para uma visita a vocês, minhas amadas mães. — Havia tanta gratidão naquele olhar, que Sophie se enterneceu por ela. Filha de Madalena, só poderia ser alguém muito especial. Aproximou-se de Gigi e a abraçou com carinho.

— Muito prazer em conhecê-la. Gilles não deve ter falado coisas favoráveis sobre mim, mas vou relevar — disse ela, piscando para ele em sinal de brincadeira.

— Quando chegou, minha querida? — perguntou Lucille, já de braços dados com ela.

— Hoje à tarde, mas tinha uma encomenda para meu amigo Gilles e decidi visitá-lo antes de vir para cá. — Seu olhar se entristeceu e, com sua percepção aguçada, Lucille perguntou:

— Essa encomenda tem nome? Mariane, posso imaginar. — Suas feições se contraíram.

— Jamais tente enganá-la, Sophie. Esta mulher enxerga melhor que todos nós. Sim, é uma carta de Mariane. Ela esteve comigo e pediu-me que a entregasse a Gilles, pois ele não atendia mais seus telefonemas. E ela precisava que chegasse em suas mãos. A entrega já foi feita, mas, como conhece seu sobrinho melhor do que ninguém, pode imaginar que ela já está jogada em algum canto. — Olhou-o com seriedade e disse: — Desta vez, peço que leia com atenção, Gilles. — e virou-se para Madalena: — Mamãe, como está Philipe? Soube de tudo o que aconteceu com vocês. Quando ele volta para casa? E Hector, ainda em seu isolamento? Gostaria de visitá-lo; tenho muitas saudades. Não pude comparecer ao enterro de Diana; os compromissos profissionais me impediram. Desde então, escrevi diversas cartas, mas não obtive nenhuma resposta. Gilles me contou sobre a carta ameaçadora e tenho que concordar com ele. Tenho a mesma percepção de que possa ser algo real. Ficarei por aqui pelas próximas semanas. Depois tenho que avaliar a proposta e decidir se aceito ou não. Precisava antes vir para cá, meu local de refúgio e onde consigo refletir com serenidade. Sophie, não conheci Berthe, mas sempre ouvi falar dela, uma mulher maravilhosa. Mamãe e Lucille se encarregaram disso. — Olhando fixamente para Gilles, pediu: — Meu amigo, leia a carta. É de vital importância que você tenha acesso às informações que ela quer lhe transmitir. Já disse que estive pessoalmente com Mariane e seu pedido foi irrecusável, devido às circunstâncias. Sabe que nunca morri de amores por ela e acompanhei tudo o que se passou com você. Mas vou pedir que tenha compaixão desta vez. – Endereçou-lhe um olhar carregado de súplica, que comoveu Gilles, despertando sua curiosidade. Ele pegou a carta que estava no bolso e seguiu para a biblioteca, silenciosamente.

– O que a carta diz? Sabe o que acontece quando alguma notícia dela chega a Gilles, não sabe? O momento está tumultuado e precisamos dele com toda a sua racionalidade – disse Lucille, que conhecia o sobrinho muito bem. – Não é hora de voltar ao passado e ao que ela representa na vida dele.

– Mariane está morrendo. – As palavras de Gigi soaram como um raio. – Seu estado é terminal e, nesses momentos derradeiros, creio que fazemos uma avaliação de nossa existência, colocando tudo em xeque. As ações levianas e irresponsáveis dela transformaram muitas vidas, comprometendo-as de modo significativo. Apesar de todo o mal que fez a pessoas que a amavam, ela se arrependeu e precisa do perdão para sair dessa vida com a consciência em paz.

– Não é tão simples assim, minha querida – disse Lucille, séria. – Não basta apenas o arrependimento, pois isso não fará mudar o que se passou. Pena ela não ter mais tempo para tentar a reconciliação com os filhos, ou mesmo com Gilles. Infelizmente, nossas ações são nosso real patrimônio, que nos acompanhará eternidade afora. Os meninos cresceram sem a mãe, Gilles jamais se reencontrou afetivamente. Ela causou muitos danos emocionais, e as sequelas são sentidas até hoje por eles. Sei que deve estar em profundo sofrimento, porém, essa questão não se resume a uma carta com um pedido de perdão.

– Concordo com você, mas ela conseguiu enxergar todo o mal que causou, e isso já não é algo a ser avaliado? Não merece a chance de ser ouvida? Ela gostaria de vê-los, pelo que me disse.

Talvez isso amenize seu carma. Em contrapartida, pode libertá-los desse passado doloroso que ainda os acompanha. É uma situação crítica, que merece ser ponderada por todos, Gilles e os filhos. – Gigi era uma boa argumentadora.

– Racionalmente, está correta, Gigi. No entanto, estamos falando de sentimentos, de culpas, de abandono e outras emoções contraditórias. Concordo que essas questões precisam ser avaliadas por eles, porém as decisões que tomarem serão exclusivamente deles. Não vou induzi-los a nada e aceitarei suas escolhas. Não vou interferir. – falou Lucille ponderadamente.

– Sei que não seria diferente, conhecendo-a há tanto tempo. Peço apenas que fale com eles sobre a possibilidade de acolherem seu pedido. Somente isso! Eles a escutam e sabem que é uma pessoa conscienciosa e isenta de particularismos – pediu Gigi.

– Assim farei. – e, com um sorriso, finalizou: – Você nos faz muita falta, sabia? As saudades chegavam a doer. Não fique mais tanto tempo ausente.

– Essa possibilidade agora é real. – e abraçou-a com todo o seu amor. – Sabe o quanto a amo, não sabe?

– Sei, minha querida. E você sabe que isso é recíproco? – perguntou Lucille.

– Ainda bem que jamais fui ciumenta. – falou Madalena. E, olhando para Sophie, disse: – Essas duas sempre foram assim; parece até que Lucille é a mãe dela. – e abriu um espontâneo sorriso. – Coisas do passado... – O comentário fez Sophie imaginar o que deveria ter acontecido para uni-las de tal forma. Mãe e filha? Ou outra ligação mais profunda? Quem poderia saber...

Gilles saiu da biblioteca com o semblante tenso. Passou por elas, e Madalena avisou:

– O jantar será servido em instantes.

– Não estou com fome. Desculpem! – e subiu as escadas vagarosamente.

– Falarei com ele mais tarde. Deixe que primeiro assimile as informações. Ele precisa abrir esse baú de mágoas e jogar tudo fora. Há tanto tempo isso o acompanha! Talvez essa seja a chance de virar definitivamente a página. — Lucille sabia o quanto ele se torturava desde que ela o abandonara, deixando-o com os filhos. A culpa o atormentava desde então, e ele se sentia responsável pelas escolhas que Mariane efetuara. Nem o tempo havia sido capaz de reverter aquele processo doloroso. Talvez a carta pudesse libertá-lo! Era o que Lucille ponderava intimamente.

O jantar foi um momento especial. Gigi era uma mulher interessante, divertida, com muitas histórias para contar. Em dado momento, ela estremeceu e olhou para os lados, como se procurasse algo:

— Mamãe, vocês ainda não conseguiram que nosso amigo seguisse seu rumo?

— Não, querida. Infelizmente, Bertrand ainda se encontra nesta casa, tentando atormentar-nos. Esqueceu-se apenas de um detalhe: já nos acostumamos com sua presença indesejável, apesar de todos os esforços para que ele desse prosseguimento a sua evolução. Ele, no entanto, ainda insiste em permanecer por aqui. Sophie foi sua mais recente vítima. Conte-lhe, minha jovem — disse Madalena.

Ela contou sobre os encontros com o companheiro espiritual, que relutava em aceitar essa sua condição.

— Então Sophie é médium? — perguntou Gigi com curiosidade.

— Assim como você, minha filha, que também percebe a presença dele quando está por perto. Lembra-se daquela reunião mediúnica que aqui fizemos?

— Sim, mamãe, foi inesquecível, tenho que admitir. Afinal, fui eu a intermediária entre as duas realidades, física e espiritual. Uma sensação interessante, mas que não quero repetir — disse, com certa tensão na voz.

— É uma escolha que fez e não posso interferir. Traz uma grande sensibilidade mediúnica, assim como muitos de nós que aqui vivem. Poderia utilizar essa ferramenta para o bem comum. Mas sei que vai alegar que não tem tempo, que seu trabalho a impede de maiores estudos. Você sempre alegou várias justificativas para não exercitar essa sua potencialidade mediúnica – disse Madalena.

– Bem, se já me conhece tão bem, sabe que vou deixar para a próxima encarnação essa utilização. – e, olhando para Sophie, perguntou: – O que Bertrand disse desta vez?

– Que vai se vingar de todos que aqui se encontram e, se eu ficar ao lado de vocês, ele não me poupará. Disse, também, que sente que foi traído e abandonado. Palavras dele.

– Ele continua preso no passado, no evento que culminou com a própria morte. Infelizmente, ainda crê que, se sair daqui, eles o acharão e o matarão novamente. – Gigi estava séria e compenetrada. – Não foi isso o que ele disse? Esse é seu discurso, e confesso que sinto muita compaixão por ele, vivendo há tanto tempo nessa mísera condição. Não há algo que possamos fazer? Já fizemos tanto no passado, mas, se ele continua reticente, é porque ainda não o sensibilizamos.

– Talvez algo ainda possa ser feito. Mas o quê? Já lhe pedimos perdão, já o orientamos a seguir com sua vida. O que mais se pode fazer? – Lucille se perguntava.

– Pensemos juntas. Ou quem sabe nossa mais jovem médium não decida falar com ele e pedir-lhe que manifeste seu pedido para nos deixar em paz? – Gigi olhava Sophie com seriedade.

– Vou recusar, sinto muito. As últimas experiências não foram as mais agradáveis. Ainda não me acostumei à ideia de servir de intermediária a espíritos. – Suas feições demonstravam o quanto estava assustada, o que fez Gigi sorrir.

– Estava apenas brincando, Sophie. Penso o mesmo que você. No entanto, é lamentável que, existindo uma possibilidade de seguir em frente, alguém insista em permanecer sofrendo, não acha?

— Concordo e sinto muito que ele seja ainda tão rebelde. Contemos que uma ideia surja para, assim, podermos auxiliá-lo. — disse Sophie, sentindo um aperto no coração.

— Bem, meninas, ainda é cedo, mas vou me recolher. Amanhã conversaremos mais. Estou muito feliz com sua presença, minha querida. Madalena, me acompanha? — perguntou Lucille.

— Certamente. Vamos?

Gigi e Sophie saíram para a varanda, admirando a linda noite estrelada.

— Este é um lugar especial! Jamais me canso de observar este céu, que não existe outro igual em lugar algum em que já estive. — Seus olhos brilhavam. — Mora em Paris?

— Sim, por toda a minha vida — respondeu Sophie.

— Pretende ficar por aqui ou está de passagem? — Gigi estava curiosa.

— Ainda não me decidi. Se depender de Gilles, pego o primeiro avião de volta amanhã. Tenho dois meses de férias e minha intenção era conhecer esta família. Foi o último pedido de Berthe, e eu não podia recusar. Aqui estou desde então! Conforme pensa Gilles, apenas causando transtornos para a família. Ele disse com todas as palavras que não gosta de mim. — e baixou o olhar.

— Gilles fala demais! Sempre foi assim desde jovem e só piorou desde que Mariane o deixou com os meninos ainda pequenos. Acompanhei seu martírio e sei o quanto ele se esforçou para recomeçar a vida. Porém, nunca aprendeu a lidar com os entraves do caminho. E você se encaixou nessa condição, ainda não sei o motivo. Prometo que vou descobrir. Me aguarde! — e ofereceu um afetuoso sorriso. — Até lá, não entre em seu jogo de provocação. Esse terreno ele conhece muito bem.

— Você parece conhecê-lo bem, Gigi!

# CAPÍTULO 24

# HERANÇAS
# DO PASSADO

— Menos do que gostaria e mais do que deveria — e seu olhar divagou.

— Vocês se conhecem há muito tempo?

— Desde sempre. Sou alguns anos mais nova que ele, que sempre me julgou uma pirralha intrometida. Quando Mariane partiu, ele ficou recluso por vários meses, e a única visita que ele aceitava era a da minha mãe — e um sorriso triste surgiu em seu rosto.

— Então sabemos de quem Hector herdou esse péssimo hábito — disse a jovem.

— Os homens desta família tendem a agir com emoção extrema quando algo os retira de sua zona de conforto. Sei que cada um sabe o tamanho da sua dor, mas eles se fecham em seu mundo, isolando-se de todos, como se isso os ajudasse a reencontrar seu caminho de paz. Tolice! Gilles passou por uma experiência traumática, mas isso não lhe deu o direito de excluir os filhos da própria vida. Minha mãe e Lucille cuidaram deles com todo o amor e carinho. Anos antes de isso acontecer, acabei saindo para estudar e fiquei fora alguns anos. Quando retornei, ele continuava o mesmo eremita, distante de qualquer relacionamento sério. Vivia de aventuras, sem nenhum envolvimento emocional. E, quando não se leva a vida a sério, ela devolve o mesmo a você. Nunca mais foi plenamente feliz, embora tivesse tido todas as mulheres do mundo a seus pés. Não se esqueça de que dinheiro e poder as atraem. – Havia ressentimento em sua voz.

– Mas que tipo de mulher ele atraía? Interesseiras, devo supor.

– Sim, mas isso não lhe importava. Quando digo que não devemos confiar em seu julgamento no que se refere a mulheres, saiba que estou consciente do que falo. Bem, a noite está linda, estou cansada da viagem, e Bertrand não está com disposição para nos perturbar hoje. Vou me deitar! Você vem?

– Vou ficar mais um pouco. Boa noite!

Ficou a olhar o céu repleto de estrelas que brilhavam intensamente. Todas para ela, pensou.

O que faria da vida ainda era uma incógnita. Aquele beijo a perturbara demais. Queria tanto ver Hector naquela noite! Não queria estar só! Não naquela noite tão magnífica !

Ouviu o barulho de passos e virou-se, deparando com Gilles à sua frente. Sentiu que a tristeza o acompanhava e perguntou:

– Invado sua privacidade se perguntar sobre a carta de Mariane?

– Sim, mas não me incomodo. – Seu olhar parecia tão distante.

– O conteúdo o perturbou? – Ela era insistente.

– Você espera toda uma vida para ouvir algo que julga essencial para sua sobrevivência emocional e, quando isso acontece, não tem mais a menor importância. Percebe então que passou toda a sua existência aguardando algo que não tem valor algum. Não é estranho? – Ele falava coisas que ela não compreendia.

Sabia apenas que era o desabafo de um ser torturado. Assim era Gilles!

— Nossos valores mudam ao longo da vida. O que ontem era essencial, hoje talvez não seja mais. Isso significa que estamos caminhando, e não estacionados. Você não é o mesmo que foi anos atrás, pois a vida lhe ofertou inúmeras oportunidades de aprendizado e, se esteve atento, aproveitou todas elas. Não sei o que era tão importante antes e hoje não é mais, porém, sei que deve reavaliar seus objetivos e só carregar consigo aquilo que possa conduzi-lo à felicidade. Jogue fora o que não o satisfaz mais e faça novos projetos para sua existência, colocando em ação todo o seu potencial criador.

Ele a encarou com seus olhos tristes e no final falou:

— Você sabe usar as palavras, Sophie. Queria muito acreditar em todas elas, mas...

— Não me julgue com tanto descrédito, Gilles. Ainda não me conhece o suficiente para saber quem sou, já lhe disse isso outro dia. Não quero ser sua inimiga, saiba disso. No caminho para um relacionamento saudável e promissor subentende-se que ambos seguirão na mesma direção. Estou tentando entendê-lo, aceitar sua forma de pensar e ver o mundo. Faça isso também. No final do caminho, saberemos se valeu ou não a pena. Pense apenas no quanto a vida é curta, por isso devemos viver com consciência, fazendo a parte que nos compete. Se ficarmos parados, remoendo ideias que jamais irão se concretizar, imaginando um mundo que idealizamos, mas que não é real, nossos sonhos jamais sairão dessa condição fictícia. E, no final, perceberemos que a vida escorreu por nossos dedos e não encontramos a resposta que viemos buscar. Fatalmente, então, a infelicidade nos acompanhará nesta vida, persistindo quando daqui partirmos. — e, com um sorriso acolhedor, despediu-se: — Boa noite, Gilles.

Depois de tudo o que ouviu, ele apenas conseguiu balbuciar:

– Boa noite! – e lá ficou repensando sua existência, seus valores, a possibilidade de dar a Mariane o que ela solicitava. Será que isso o libertaria de vez? Seus olhos ficaram marejados, e a solidão bateu como nunca sentira antes. Era o que ele realmente era, um homem solitário e infeliz. Queria tanto encontrar a paz! Conseguiria algum dia?

Ficou lá por mais de uma hora refletindo em sua existência e no que poderia fazer para modificar a condição em que se encontrava. Percebeu a presença dos seguranças fazendo sua ronda e sentiu-se menos solitário. Seria aquela ameaça algo real? O que aquele homem pretendia afrontando-o? A polícia o procurara de tarde, alertando-o de que o filho de Jorge ainda não fora encontrado, mas estavam se empenhando para descobrir seu paradeiro. A verdade é que não estava com bons pressentimentos e temia pela segurança de Lucille e dos filhos. E, agora, aquela carta de Mariane para conturbar-lhe a vida ainda mais! Os problemas apenas cresciam! Respirou fundo e entrou na casa-grande. Amanhã seria outro dia; queria agora dormir e esquecer parte de sua vida. Se isso fosse possível...

Na manhã seguinte, Gilles saiu cedo para os compromissos profissionais. Antes encontrou Gigi tomando café sozinha:

– Ainda tem por hábito acordar cedo? – perguntou ele.

– Você também continua o mesmo. Espero que outras coisas tenham se alterado em sua vida. – disse ela sorrindo.

– Continua ácida como sempre. Não vai me perdoar nunca? – Ele se aproximou e falou em seu ouvido. – Se eu disser que me arrependo amargamente de não ter aceitado sua proposta, isso a fará me perdoar ainda nesta existência? – e beijou seu pescoço.

— Sabe que não guardo ressentimentos, Gilles. Infelizmente, a vida seguiu seu rumo e não sou mais a mesma pessoa de antes. Cresci e aprendi muitas lições necessárias para me precaver contra certas atitudes. — Seu olhar estava sério.

— Saiba que continua encantadora. Pena que não me perdoou até hoje. Tudo poderia ter tomado um rumo diferente, sabe disso.

— Mas você fez sua escolha, querido. E, para variar, fez a opção errada. Gostaria que se esquecesse daquele equívoco e não mais tocasse nesse assunto. Não quero que pense que sou vingativa, apenas que nosso tempo passou. — Havia tristeza em seu olhar. — Mas jamais vou deixar de gostar de você, meu amigo. Conte comigo em qualquer situação. Leu a carta de Mariane? O que pensa fazer com o que descobriu?

Gilles sentou-se, pegou uma xícara de café e só depois respondeu:

— Não penso fazer nada, pelo menos por ora. Minha vida está um caos, e tenho que administrar todos esses eventos intrincados. Quando conseguir respirar aliviado, prometo pensar no que ela me propôs, e que deve também ter lhe contado.

— E se ela não tiver esse tempo? — ela questionou.

— Correrei o risco. Quer almoçar comigo? Peço a Jairo que a leve até a empresa. Aceita?

— Só se você me levar depois para ver Philipe. Estou muito saudosa dele!

— Combinado. Espero você às treze horas — foi até ela e deu-lhe um beijo no rosto, dizendo: — Tentarei me comportar, prometo — e sorriu.

— Estou vacinada, querido. Não me preocupo com isso. Nos vemos depois!

Sophie acordou mais tarde; não tivera uma noite tranquila e passara grande parte dela acordada. Nos poucos momentos em que adormecera, tivera sonhos estranhos e confusos. Neles, Gilles a encarava friamente e dizia-lhe coisas sem sentido. Ela ficava olhando para ele sem emoção alguma, como se ele nada significasse. Lembrava-se apenas disso.

Na verdade, fora muito mais do que um simples sonho. Pela emancipação da alma durante o repouso do corpo físico pelo sono, ela e Gilles haviam se reencontrado. Ou melhor, Claudine e Bernardo enfim tinham se reencontrado. Ambos carregavam profundas mágoas no coração. O de Claudine, dilacerado pela perda de um grande amor. O de Bernardo, repleto de ressentimentos por ela, que lhe negara o auxílio que poderia ter salvo sua vida. Eram esses os sentimentos que predominavam, traduzindo-se nesta vida na animosidade gratuita que ambos sentiam um pelo outro.

Estavam frente a frente, e as cobranças se iniciaram:

— Você poderia ter salvo minha vida. Foi mesquinha e vingativa! Odeio você! — dizia ele.

Ela o encarava com desdém e apenas disse:

— Você tirou a minha vida ao assassinar Kamau. Jamais vou perdoá-lo por isso!

— Você estava me traindo e ainda ousa me acusar? Tinha que lavar minha honra. Você foi responsável pela morte dele, e é por isso que não se perdoa. — Ele sabia atingi-la em seu ponto fraco.

— Você me traiu desde que se casou comigo. Pretende me julgar por isso? Eu o amava, e você o tirou de mim! — As lágrimas escorriam de forma abundante.

— Eu era homem! Não queira se comparar a mim! Você foi uma rameira, deitando-se com o primeiro negro que viu pela frente! — Havia tanta mágoa em suas palavras, que Claudine apenas falou:

— Siga seu caminho e me deixe em paz! Faça o que quiser de sua existência, mas bem longe de mim. Você não significa nada para mim, entendeu? – e ela se virou para encerrar a conversação, quando ele a pegou firmemente no braço.

– Eu morri por sua causa! Você ainda me deve isso! – e ela o enfrentou:

– O que quer que eu faça? Que me ajoelhe e peça perdão? Depois de tudo o que você praticou, após todos os delitos que cometeu, ainda se julga a vítima? Jamais o amei e você sabia disso desde que se casou comigo. Com Kamau foi diferente; ele foi o único homem que eu amei naquela existência e você o tirou de mim. Não vou pedir perdão a você! E não quero que peça perdão pelo que me causou. Quero que siga sua vida e me esqueça! Será que é tão difícil entender? – Ela falava olhando-o diretamente nos olhos.

– Será que é tão difícil entender o quanto eu a amava? Já pensou nisso? E nada fez para me ajudar! Eu lhe pedi o remédio, e você simplesmente se recusou a salvar minha vida! Como posso esquecê-la? Você foi a única que realmente amei! Como posso seguir carregando todo esse desprezo? Como encontrarei a paz novamente?

Pela primeira vez, ela sentiu compaixão por aquele ser, até então desprezível a seus olhos. Conseguiu compreender toda a dor e mágoa que ele ainda trazia em seu âmago; mesmo sendo uma criatura capaz de cometer tantas atrocidades, ele tinha por ela um sentimento que ela jamais pôde lhe oferecer. Ela apenas respondeu:

– Não sei! Eu a estou buscando há tanto tempo e também não a encontrei. Só quero que me permita viver esta encarnação da maneira que eu desejar. E você, faça o mesmo! – Nesse momento, uma luz intensa adentrou o quarto, e Bernardo, assustado, saiu dali como um raio, retornando ao corpo atual, o de Gilles, que despertou assustado, porém de nada se recordando. A noite havia sido tensa em função de tantos problemas.

O quarto de Sophie, agora Claudine, estava todo iluminado. Ela ficou encantada com tamanha luminosidade, quando a luz se desfez e surgiu Kamau à sua frente, com aquele olhar doce e sereno:

— Você ainda insiste em revidar. Não entendeu que isso apenas nos distanciará ainda mais? Aquela vida se encerrou quando retornou ao mundo espiritual; no entanto, ainda carrega consigo emoções em desalinho, que já deveriam ter sido extirpadas. Esta vida atual é sua oportunidade de refazer sua história. E o primeiro passo é perdoando esse invigilante companheiro que desconhecia a lei do amor, causando tantos tormentos desnecessários. Ele está arcando com a responsabilidade por seus atos equivocados e não precisa que você aponte seus erros. — Havia tanta calma em sua voz.

— É ele quem está cobrando minhas ações indébitas!

— Ambos cometeram delitos e causaram sofrimento mútuo. Nenhuma cobrança restituirá a sua paz perdida, tampouco a dele! Aceite isso e estará iniciando o caminho da reconciliação necessária para que se libertem das algemas que ainda os unem. Quando isso ocorrer, ambos poderão seguir o próprio caminho de evolução. Porém, enquanto persistirem as provocações contínuas, as chances de reconquistarem o caminho da luz serão cada vez mais remotas. Se pretende que nos reencontremos algum dia e tenhamos a chance de efetivar o que iniciamos, deixe o amor fluir de seu coração. Coloque em suas ações a meta de se reajustar perante as leis divinas, que ambos infringiram. Perdoe-se e perdoe-o, assim deve ser, minha querida! E faça nesta existência as obras que programou. Viva seu momento em toda a sua plenitude! Olhe seu irmão devedor pelas mesmas lentes amorosas que olha para mim! — e sorriu-lhe.

— Vai me esperar? — A pergunta era carregada de dúvidas. Ele pegou as mãos de Sophie, ou Claudine, e as beijou ternamente.

— Pelo tempo que for necessário, desde que consiga se libertar de seu passado.

— Farei tudo ao meu alcance, prometo! — e, antes de ele partir, abraçou-a com todo o seu amor. — Agora vá! Que Deus possa estar presente em sua vida, sempre! – e foi se afastando, até desaparecer por completo.

Sophie acordou confusa, com a sensação de que algo acontecera, mas pouco se recordava. Sabia apenas que sonhara com Gilles. E, como sempre, ele falava coisas que ela pouco compreendia. Queria que sua relação com ele fosse mais tranquila, mas os últimos acontecimentos o haviam tirado de seu equilíbrio. Como dissera Gigi, ela deveria relevar.

Ao descer, encontrou Lucille e Gigi em uma conversa amigável, em que muitas risadas podiam ser ouvidas.

– Bom dia! Creio que acordei tarde demais – e cumprimentou com carinho as duas.

– Sophie, venha almoçar comigo e Gilles. Depois vamos visitar nosso doente. O que acha da ideia? – Ela não iria sozinha àquele almoço por nada neste mundo.

– Não sei se Gilles iria aprovar minha presença. Vá você, e depois nos conte sobre Philipe.

– Não aceito desculpas. E, se ele não gostar, o problema é exclusivamente dele, não estou certa, Lucille? – Ela era espirituosa.

– Gigi tem razão. Meu sobrinho está cada dia mais intransigente com o mundo. Agora, então, com a presença de Mariane em sua vida, sinto que ele vai apenas piorar. Gigi é uma pessoa divertida, e ele precisa de um pouco de leveza em sua áspera existência. Sua implicância com você está na hora de cessar, pois não vou tolerar mais esse comportamento. Portanto, tome seu café e depois se apronte. Tem um compromisso para mais tarde. Depois, quero que me conte como foi. – Lucille parecia leve e feliz.

Madalena entrou na sala e concordou com a amiga:

– Está na hora dele crescer. A vida não se resume ao que ele quer ou aceita. A diversidade é que nos estimula a buscar novos caminhos e atitudes. O mundo dele, infelizmente, baseia-se apenas em sua mínima visão.

— Até hoje não consigo compreender como ele pode ter tanto tino para os negócios, sendo essa pessoa inflexível e egoísta. — Gigi arrependeu-se em seguida das palavras duras. — Desculpe, Lucille, mas é assim que o vejo. A humildade ainda é lição não aprendida.

— Concordo com você. Porém, quero crer que ele esteja fazendo seu melhor, oferecendo ao mundo o que ele tem.

— Está na hora de ele aprender as lições que a vida lhe oferece. Mas, como minha mãe sempre diz: cada um tem o próprio tempo de despertar — e todas riram. — Aguardemos esse tempo chegar! — Virando-se para Sophie, insistiu: — Posso contar com sua companhia para o almoço? Você me fará muito feliz. — Ofereceu um sorriso encantador, impossível de resistir.

— Está bem, irei com você.

— Assim está ótimo! Mamãe, posso dar uma volta a cavalo ou isso está proibido? — Foi Lucille quem respondeu:

— Nada é proibido, mas terá que ter a companhia de um segurança. Se assim concordar...

— Não vejo problema algum. Será apenas para relembrar a paisagem; voltarei logo. — e saiu animada.

Sophie viu-a conversando com um dos homens e em seguida foram até o estábulo selar dois animais.

— Gigi ama os cavalos desde criança. É exímia amazona e é sempre o que faz primeiro quando aqui chega — disse Madalena, olhando a filha com todo o orgulho. — Depois do almoço, Jairo vai até a casa de Hector. Quer enviar algum recado?

Ela ficou pensativa por instantes e falou:

— Peça que Jairo lhe diga que estamos esperando pela visita dele.

— Será dado. Vou preparar o quarto de Philipe; creio que amanhã já o teremos por aqui.

— Que suas predições estejam corretas, minha amiga. — Lucille não estava com bons pressentimentos desde que acordara.

Madalena saiu para seus afazeres, e as duas ficaram sozinhas. Sophie percebeu a ruga de preocupação em sua testa.

— Algo a perturba, Lucille. É sobre a carta de Mariane?

— Isso também, mas existe algo mais a me incomodar e ainda não consigo definir o que seja. Tomem cuidado vocês duas. Jairo é um excelente motorista, mas, como segurança, não tem muita aptidão — e tentou sorrir para desanuviar. — Às vezes isso me acontece e, enquanto não consigo compreender qual é a mensagem que meus amigos espirituais me enviam, não me tranquilizo. Antes de dormir fiquei pensando nessa ameaça descabida, afinal, qual é nossa responsabilidade na morte de Jorge? Por que sermos ameaçados por isso? Acho um motivo pouco plausível, e algo me diz que existe uma outra motivação. Pensei em falar com Gilles sobre esse funcionário. Sei que sempre foi de conduta exemplar, mas por que fazer um desfalque? Na época, aceitei as argumentações de Gilles e não me aprofundei na questão. Hoje, sinto que deveria ter explorado melhor o assunto; quem sabe, algo não ficou explícito. Ninguém muda de conduta de um momento para outro. Ninguém oculta um temperamento indigno por muito tempo. Jorge trabalhou tantos anos conosco; já teria cometido uma imprudência há mais tempo. Isso me fez perder várias horas de sono, com tantas conjecturas. O importante agora é encontrar esse rapaz e saber o real motivo dessa ameaça.

— Não se torture, Lucille. Tudo será esclarecido no tempo certo. Não perca seu sono por isso. Ainda tem muitas histórias para contar.

— Temos todo o tempo do mundo, minha querida. Quer falar das pessoas do passado ou desta existência? — e ostentava um sorriso divertido, como se tivesse lido o pensamento da jovem.

— Assim não vale! Você está sempre em vantagem! — brincou Sophie.

– Sei que quer saber sobre Gigi e Gilles, não é mesmo? Eles sempre pensaram que me enganavam, mas sei muito mais do que imaginam.

– Gigi gosta de Gilles? – perguntou Sophie.

– Bem, é uma longa história...

# CAPÍTULO 25

# REVELAÇÃO

— Tudo começou quando ela era ainda uma adolescente. Depois do problema de Madalena, que deixarei para lhe contar em outro momento, Gigi foi criada como irmã de Gilles, tendo todas as regalias que os filhos de Celine tinham. Já lhe contei sobre essa irmã, que morreu jovem, deixando seus três filhos para que eu criasse. Berthe já havia partido quando isso aconteceu. Fabrice era o mais velho, e Gilles era o do meio. Tinha ainda Camille, a caçula, que foi criada com Gigi, sendo a mais jovem deles. Eram todos muito unidos, afinal, a dor une as pessoas na maioria das vezes. Madalena praticamente os criou com todo o desvelo e amor. Conforme cresceram, foi natural que a distância se estabelecesse em função das novas necessidades que cada um ia adquirindo. Gigi sempre foi muito apegada a Gilles, mas, quando ele estava com dezoito anos, não aceitava mais as brincadeiras dela, ainda com dez; uma pirralha, como ele dizia. É essa a diferença de idade entre eles, apenas oito anos. A distância só aumentou com o passar dos anos, quando fomos percebendo que o que ela sentia não era apenas ciúmes fraternal. Era outro sentimento, que brotava com intensidade. Quando ela tinha quinze anos, no auge da puberdade, ele se casou com Mariane. Foi uma tragédia para ela, que ficou inconsolável por alguns meses. Pensávamos que não era apenas uma paixão juvenil, poderia ser algo mais. Gilles, por sua vez, a evitava para que ela não criasse falsas esperanças. Decidimos mandá-la estudar fora, acreditando que seria favorável, mediante as circunstâncias. Os filhos de Gilles logo vieram e, no prazo de sete anos, os três já haviam nascido. E apenas dez anos após se casarem, Mariane o deixou com Hector e Philipe, levando consigo apenas Julien. Quando isso aconteceu, e você já sabe de toda a história, Gilles se afastou de todos, menos de Madalena, que sempre esteve por perto. Talvez um dia você entenda o que Madalena representa em nossas vidas. Ela será sempre nosso anjo da guarda encarnado.

Parou um pouco, pois a emoção se instalou.

– A idade nos deixa mais emotivos. Continuando... Nesse ínterim, Gigi fez faculdade, pós-graduação, doutorado, tudo para ficar longe de Gilles, que se isolou por completo. A vida, aos poucos, foi retornando ao normal, e ele voltou a conviver com todos, mesmo ainda morando sozinho naquela casa em que Hector hoje está. Gigi se tornara uma profissional competente e recebeu uma proposta para trabalhar no exterior. Antes de aceitar, ela procurou Gilles e declarou seu amor por ele. Essa história ficamos sabendo anos mais tarde. Ela disse que recusaria a proposta se ele pedisse para ela ficar. Pois ele deixou-a partir naquele dia, e ela jamais voltou a morar aqui no Brasil. Sei o quanto ele se arrependeu dessa escolha; sei também que existe uma química perfeita entre eles, e você já deve ter percebido, por isso me perguntou sobre eles. É isso, Sophie. Imagino que eles já devam ter trocado beijos e carícias, mas ela sempre vai embora e ele aqui permanece. Ambos são infelizes, no sentido de não terem um companheiro ao lado para qualquer circunstância e, quando se encontram, trocam farpas a princípio, mas depois tornam-se os melhores amigos, como eram no passado. Uma história que se repete todos os anos.

— Então não será uma ideia sensata acompanhá-los nesse almoço. É melhor ficar aqui.

— Não, deixe ela castigá-lo um pouco. Ele merece, por ser tão turrão e desatento. Isso é apenas provocação da parte dela. Deixe-a se divertir — e ostentou um sorriso faceiro.

— Mas ele pode ficar ainda mais irritado comigo. Não pretendo me indispor com ele.

— Quero que os acompanhe como um pedido especial de minha parte. E perceba como ele está. A cumplicidade e a confiança são as coisas mais belas dessa amizade. Vá com eles e use sua percepção. Gilles é outro na presença dela. E, posso dizer, uma versão melhorada. Pena que não ficaram juntos!

— São ainda jovens, por que não?

— Quem sabe? Agora, vá se aprontar. Gigi já está chegando. — Em seguida, ela realmente apareceu.

— Como faz isso, Lucille? — Sophie estava perplexa com a perspicácia de Lucille.

— Eu enxergo melhor do que vocês. — e sorriu.

Quando as duas mulheres chegaram ao escritório, depararam-se com um tenso Gilles. Ele sequer se incomodou com a presença de Sophie, pois algo mais o perturbara. Guardou um papel no bolso e disse aos seguranças que os acompanhassem ao restaurante. Os três estavam calados, sentindo que não era momento de fazer perguntas.

Já na mesa reservada, Gilles encarou as duas fixamente e disse:

— Estamos com problemas. Desculpe a ausência total de educação, mas estava irritado demais com as novas descobertas.

– e olhou para Sophie, dando-lhe um sorriso. – Sabia que Gigi ia aprontar alguma peça. Isso sempre acontece. Não vou me indispor com você, Sophie. Apenas sinto que não sou a melhor companhia para o almoço.

– Se preferir, vamos embora – disse Gigi.

– Não, fiquem e me ajudem a entender o que aconteceu – e segurou a mão dela.

– O que de tão grave aconteceu? – perguntou Sophie.

– Está falido? – Gigi era sempre espirituosa.

– Não, e duvido que possamos estar até as próximas gerações. Mas o problema envolve dinheiro, sim. Um novo desfalque ocorreu e acabei de tomar conhecimento. Infelizmente, pegamos o homem errado. Não era Jorge o responsável. Ele foi incriminado injustamente. – e se calou, sentindo todo o remorso corroendo-o.

– Como assim? Você paga dinheiro mais do que suficiente para essa empresa realizar a auditoria e cometem tal equívoco? Isso é inconcebível! – Gigi estava indignada.

– Colocamos na cadeia o homem errado, e ele morreu! Agora, seu filho pretende se vingar pela morte do pai! E com razão, porque ele era mesmo inocente. – Seu semblante se contraíra.

– Você não é responsável pelo que aconteceu com seu funcionário, pois, se ele foi incriminado, todas as provas eram contra ele. Como poderia imaginar? Imagino que foi feito um inquérito, abriram uma investigação e sua prisão tenha sido em função das evidências encontradas. – Gigi analisava com objetividade a situação. – Não foi isso o que realmente aconteceu?

Gilles baixou o olhar para que não vissem a culpa estampada nele. Gigi insistiu:

– Você ainda não me respondeu! Foi assim que se processou? Não estou entendendo seu silêncio. Vocês pularam algumas partes?

– Sabe quem somos e o que representamos para esta cidade. Podemos ter ultrapassado algumas regras do processo e avançado no inquérito. Os relatórios da auditoria foram suficientes, e não foram feitas novas investigações. Isso acontece mais do que supõe.

Ela estava indignada:

— Como assim? Você infringiu as regras para seu próprio benefício? E precisou disso para quê? Para sentir-se poderoso e imbatível? Você conhecia seu funcionário e sabia de seu passado; não lhe passou pela cabeça que ele merecia mais consideração? O que ele alegou desde o início? — Ela o inquiria com firmeza.

— Sua inocência.

— E você? Não pensou que poderia ser um equívoco que merecia uma nova análise? Deixou que ele fosse preso, julgado e condenado com base em suas evidências? Que tipo de homem é você? Essa ameaça surgiu em função de um deslize ético seu e de todos os que compactuaram com essa forma de atuação.

— Como poderia duvidar da auditoria? Essa empresa presta serviços há tanto tempo; jamais cometeu qualquer equívoco. E seus relatórios foram convincentes.

— Para quem? Apenas para você. E quanto a esse homem colocado injustamente em uma prisão? Pensou nele alguma vez? Lucille sabe que foi assim que aconteceu? Conhece as minúcias desse caso?

Sophie estava calada até então e só naquele instante decidiu intervir:

— Lucille contou-me que perdeu o sono esta noite em função desse problema. Ela disse que acredita que exista algo mais nessa história, pois fazer uma ameaça apenas porque o pai morreu na prisão era injustificável. Se era um funcionário exemplar, por que cometer esse deslize? Ela não acreditava nisso e acha que existia outra motivação. E ela está certa!

— O que pretende fazer agora? — Gigi estava preocupada com a situação. — Precisa avisar seus advogados e resolver essa pendência com rapidez.

– Não é assim tão simples; agora será necessária uma investigação criteriosa, e só depois poderemos levar à polícia o que foi descoberto. Não posso cometer um novo equívoco. Já solicitei que outra empresa assuma o comando da auditoria, e ela iniciará o processo hoje mesmo.

– Não vai antecipar à polícia o que descobriu? – Ela estava chocada.

– Ainda não. A cautela deve imperar.

– Aquela da qual você não fez uso. – e ia se levantando, quando Gilles segurou sua mão.

– Não faça isso. Está fazendo um julgamento precipitado de mim. A situação na empresa está caótica. Philipe faz grande falta. Preciso manter o controle, evitando maiores conflitos internos. Não fique contra mim, eu lhe peço.

– Você é quem comete esse tipo de equívoco ao agir precipitadamente. E não estou a julgá-lo, apenas perdi o apetite. Deixemos nosso almoço para outro dia. Sophie? – e levantou-se, sendo acompanhada pela jovem, que olhou para Gilles e disse com serenidade no olhar:

– Procure analisar os fatos com coerência desta vez. – Estava de saída, quando se lembrou de lhe fazer uma pergunta: – Aquele papel que guardou se referia a outra ameaça?

Ele olhou fixamente para ela e respondeu:

– Está convivendo muito com Lucille. Sim, era outra ameaça. Já estou me precavendo quanto a esta, não se preocupe nem fale nada sobre isso com minha tia. Não quero que ela se perturbe ainda mais. Essa questão será resolvida. Não vou colocar minha família em perigo. – Havia muita tristeza em seu olhar.

– Quanto a isso, tenho toda a certeza. Fale com Gigi mais tarde. Ela é tão impulsiva quanto você – e sorriu para ele. – Aquiete-se e controle seus ímpetos, só assim resolverá esse problema tão complexo. Confie que exista uma saída. Sempre há! Até mais tarde!

— Obrigado pela solidariedade. Os seguranças levarão vocês aonde quiserem. Gigi vai se opor, como sempre. Saiba que estou apenas protegendo vocês. Até mais! — Sophie assentiu e saiu, deixando-o administrando seus pensamentos em desalinho.

Encontrou Gigi esperando-a na porta do restaurante com a aparência tensa. A jovem a levou até o carro e seguiram para o hospital. No trajeto, nenhuma palavra foi proferida por elas durante um tempo, até que Sophie iniciou a conversação:

— Gigi, ainda não entendi o tamanho da fúria que direcionou a Gilles. Foi mais uma fatalidade, como Lucille gosta de falar. Creio que em relação a essa família seja algo que costuma ocorrer com frequência. Não foi responsabilidade direta dele, e sabe disso. Houve atos ilícitos da parte de sua empresa, a qual ele dirige e com cujos processos foi conivente; o caso é delicado, não usaram de prudência, porém nem tudo está perdido. Deve haver uma maneira sensata de resolver essa questão. Não use de tanto rigor, pois não é isso que ele necessita no momento. Gilles precisa de serenidade, pois só assim poderá usar de discernimento. Houve outra ameaça e parece que, desta vez, o perigo pode ser imediato. Pediu-me que nada contasse a Lucille. Converse calmamente com ele esta noite. E ouça-o! — Depois, calou-se.

— Tem sempre um argumento, não é mesmo, Sophie? Gostei de você desde que a vi. É uma jovem inteligente e sabe usar as palavras. Estou irritada com Gilles, pois sei que sua conduta nem sempre é aquela que eu utilizaria. Nem sempre ela tem compromisso com a verdade. Ele usou de subterfúgios para burlar leis, desprezando os caminhos retos que cabe a ele seguir. Com todo o dinheiro que possui, faço esta pergunta: para que usufruir de vantagens que nada acrescentarão ao seu patrimônio? Ele as utiliza para se sentir poderoso, apenas isso. Vaidade pessoal! E pensar que eu o amei tanto durante todos estes anos! — Uma lágrima furtiva assomou, e ela rapidamente a secou com os dedos.

– E ainda o ama, Gigi. – e segurou sua mão com carinho. – O amor não escolhe a índole daquele que é merecedor do nosso sentimento. Apenas amamos! É tão difícil aceitar isso?

– Mas não quero mais viver dessa forma! Como amar aquele a quem não se respeita? Não consigo conceber que ainda carregue esse sentimento comigo por tanto tempo. Ele é um idiota egocêntrico – e deu um grito de raiva. Em seguida, sorriu para Sophie. – Pronto, agora já desabafei; estou pronta para ver meu menino Philipe. Ele é minha paixão desde criança. É impossível não ser seduzida por aquele olhar magnético. Estou com tantas saudades. Fiquei sabendo por Gilles que vocês dois estavam juntos naquele acidente. Bem, pode imaginar a quem ele atribuiu a responsabilidade! Deixe para lá; como eu lhe falei, releve as palavras grosseiras que ele lhe endereçar. Ele está sempre a culpar os outros, talvez para justificar a si mesmo, tão faltoso. – O carro parou, e elas saíram acompanhadas de um discreto segurança. – Eles ficarão como nossa sombra até quando? Podiam, ao menos, ser mais bem-apessoados, não acha? – Sophie se divertia com a irreverência dela.

Encontraram Philipe no corredor, andando lentamente. Gigi foi ao seu encontro e o abraçou efusivamente. A alegria dele ao vê-la sensibilizou Sophie. Era muito amor sendo irradiado! Nisso, a família Busson era sem dúvida especial!

– Meu querido, quantas saudades! – e olhava para ele e o abraçava incessantes vezes. – Está cada dia mais bonito. Como consegue essa façanha? O que aconteceu desta vez? Se pai disse que foi imprudente, mas isso você sempre foi. Aposto que Sophie estava com você nessa aventura – e virou-se para ela, piscando o olho.

– E vou levá-la àquela mina abandonada. Lucille me proibiu, assim como das outras vezes. Até você já me acompanhou, lembra-se? – Os dois tinham muita intimidade, e o carinho era abundante.

— Lucille nos proibiu, Philipe — disse Sophie sensatamente.

— Ela não precisa saber, não é mesmo? — e aquele sorriso maroto assomou.

— Você é incorrigível. Bem, somos muito parecidos nesse quesito. Quando sairá desse lugar horrendo, que precisa de muito para ser habitável? — perguntou Gigi.

— Amanhã, minha carcereira prometeu me conceder a liberdade. Mediante algumas recomendações, mas passíveis de serem cumpridas. — Débora, a médica, já se encontrava ao lado deles. — Doutora, esta é Gigi, minha prima querida que mora fora do Brasil. Percebeu como sou uma pessoa muito amada? Apesar do meu temperamento indomável, tenho uma dose excessiva de charme. — e sorria para a médica.

— Muito prazer, Gigi — e sorriu para Sophie. — Amanhã, como disse, paciente querido, eu concederei sua liberdade provisória. — Sob o olhar confuso de todos, ela explicou: — Disse "provisória" pois, conhecendo-o durante estes dias, sei que não vai ficar em repouso pelo tempo estipulado para sua plena recuperação. Então, se algum excesso causar danos internos, ele terá que voltar para cá. Qualquer sintoma, seja uma dor ou febre, terá que retornar. Esse foi nosso trato, certo, Philipe? — Seu olhar era sério.

— Esqueceu um detalhe. Vai me visitar para ver se está tudo bem. Almoço no domingo, já está convocada. Não aceito recusas. E este ainda não é meu convite para sair comigo. Preciso estar em plena forma. Gosta de dançar? — As três se divertiam com o rapaz, que parecia ter recuperado o bom humor.

— Doutora, está convidada e será esperada. Não pense que todos a tratarão dessa forma. Infelizmente, ele não tem a classe do pai. — Gigi olhou para o alto e acrescentou: — Graças a Deus, nem tudo está perdido. Philipe não se corrompeu. Brincadeiras à parte, ficaremos muito felizes em retribuir todo o trabalho que ele lhe deu. Creio que a conta seja maior, e um almoço não seja suficiente, mas...

– Vocês são mesmo especiais. Estarei lá neste domingo. Prometo! Bem, tenho outros pacientes para avaliar. Philipe, lembre-se do que lhe falei: sem excessos. Não se esqueça de que tem duas costelas fraturadas, talvez o que mais o fará sentir dores. O repouso será o diferencial para que ela se solidifique. Boa tarde a vocês! – e saiu.

– Ela não é linda? – Philipe ficou a observá-la até virar o corredor. – Nenhuma médica conseguiu até hoje me seduzir. Quem sabe ela...

– Querido, recupere-se primeiro. Estou muito feliz em vê-lo nessas condições favoráveis. De acordo com Gilles, você esteve entre a vida e a morte.

– E ele estava certo – foi Sophie quem falou. – Teve um momento em que achamos que não iria resistir. Hector foi essencial nesse momento, realizando um procedimento de emergência. Vê-lo assim tão bem chega a me emocionar.

Philipe endereçou-lhe um olhar repleto de gratidão e, beijando sua mão, falou:

– Se você não estivesse lá, não sei o que teria acontecido. Já lhe agradeci?

– Já, querido. Mas falei que deve a Hector estar aqui quase totalmente recuperado. Terá a oportunidade de agradecer pessoalmente. – e o abraçou com carinho.

– Assim espero! – Uma enfermeira se aproximou dizendo que tinha alguns exames a realizar. Elas se despediram e disseram que estariam lá no dia seguinte para buscá-lo.

Quando saíram, com o segurança a acompanhá-las de perto, Gigi disse:

– Agora estou faminta. Vamos almoçar?

No final do dia, as duas chegaram sorridentes pela tarde divertida que haviam tido.

Lucille estava descansando antes do jantar, e Gigi subiu para tomar um banho.

Sophie ficou sentada na varanda, apreciando o lindo espetáculo do pôr do sol. Ficou apenas observando a tarde se despedindo. Seus olhos admirados pareciam tão distantes, que a presença de Madalena a seu lado a assustou:

— Desculpe, minha querida, não pretendia perturbá-la.

— Jamais me incomoda, Madalena. Gigi é uma pessoa incrível; amei seu jeito espontâneo, sua vivacidade. É realmente encantadora, como Lucille bem definiu. Tivemos uma tarde esplêndida. Amanhã vamos buscar Philipe, que terá alta. Você acertou mais uma vez!

— Conheço Philipe e sabia que ele tudo faria para se ver livre daquele lugar o mais rápido possível. Usei apenas meus conhecimentos acerca dele. Tenho algo para lhe entregar. — e retirou do bolso da blusa um pequeno papel dobrado. — Foi Jairo quem trouxe. É de Hector. — Entregou nas mãos de Sophie.

Ela abriu e leu as poucas linhas escritas, mas que encheram seu coração de esperança: "Você não é mais insistente? Estou com saudades!".

Seus olhos se iluminaram, e Madalena sorriu:

— Não sei o que está escrito, mas posso imaginar. Não lhe disse que tivesse paciência? Ele precisa organizar seu mundo, ainda tão machucado. Mas sinto que já tomou a decisão de seguir em frente. E está fazendo isso por você, minha menina. Não sabe o quanto lhe sou grata por tudo. — e a abraçou com todo o carinho. Sophie sentiu-se tão em paz naquele abraço, como se Berthe assim o fizesse.

— Você é muito especial, Madalena. Berthe disse que eu a amaria, assim como ela o fez por toda a vida. E estava certa. Não sei mais o que seria de mim sem sua presença e a de Lucille. Não consigo sequer imaginar outra vida que não seja essa ao lado de vocês!

A emoção contagiou as duas mulheres, que lá permaneceram unidas pelo abraço, pelo afeto, pelo respeito e, principalmente, pelo amor!

# CAPÍTULO 26

# RESOLUÇÃO DE CONFLITOS

Gilles chegou com a expressão tensa e disse que precisava conversar com todos. Reuniu todas as mulheres presentes e iniciou o relato:

– Lucille, algo grave aconteceu e preciso que tome conhecimento. Talvez muito seja esclarecido após o que vou lhes contar. – Estava desconcertado, especialmente com o olhar que Gigi lhe direcionava.

– Algo relacionado ao nosso funcionário, quero crer. – disse Lucille de forma grave.

– Sim, minha tia, e sei que ficará estarrecida com o que vou narrar – e iniciou o relato de todos os incidentes ocorridos desde a descoberta do desfalque até a finalização ocorrida naquela tarde. Não ocultou nenhum detalhe, para surpresa de Gigi. Lucille ouvia atentamente, sem interferir, assim como todos os presentes. Ao final, Gilles disse:

– Sou o responsável, afinal, cabe a mim a administração de nossas empresas. Todas as ações tiveram minha aprovação e fui leviano em algumas delas. Estamos com outra empresa de auditoria e esperamos que tudo seja esclarecido no máximo em uma semana, que foi o tempo que estipulei. Temos que notificar os órgãos responsáveis e inocentar nosso funcionário, mesmo que seja tarde para ele. – e se calou.

– Agora podemos entender a fúria que o filho de Jorge está portando. Sabemos que um erro não justifica outro, e não se pode fazer justiça com as próprias mãos. – Nesse instante, Sophie ouviu nitidamente uma gargalhada e procurou por todos os lados saber de onde provinha. Estavam todas caladas, ouvindo Lucille. Estremeceu, imaginando quem poderia ser.

– Como ousa dizer isso? Você poderia ter evitado o que ocorreu e permaneceu passiva! Não poderia ter me alertado? – A voz de Bertrand estava carregada de mágoa. Aproximou-se de Lucille e disse: – Você sempre foi objeto de meu amor; como pôde fazer isso comigo? Patric nunca foi o homem que eu fui, e sabe disso. Mas você fingia que eu não existia, e não pude conceber seu desprezo! Tudo o que fiz foi por amor! E você só dedicou a mim seu rancor! Não sairei daqui, entendeu? Vou ficar ao seu lado por toda a eternidade! Onde está Patric que não vem salvá-la? – e, nesse momento, Lucille sentiu-se estranhamente oprimida, como se o ar lhe faltasse. Sophie percebeu seu desconforto e, mentalmente, iniciou um diálogo com Bertrand, a entidade espiritual que lá se encontrava.

– Não faça isso com você, Bertrand! Como quer que ela o perdoe, ou mesmo que lhe dedique seu amor, se você continua agindo dessa forma? Ninguém tem o direito de tomar o que deseja à força, sobretudo quando se trata de sentimentos tão puros como o amor. Você a fez muito infeliz, reconheça. Por que se ilude pensando que sua presença, por si só, possa alterar o que já foi? Se a ama, como diz, então a perdoe primeiramente.

Se ela faltou com a caridade, também será responsabilizada, mas não por você! – Sophie não compreendia nada do que se passava, mas seus pensamentos eram direcionados de forma tão natural para aquele infeliz espírito, que julgava estar sendo impelida por alguém. E, de súbito, viu à sua frente outra entidade ostentando certa luminosidade, porém percebia que Bertrand não podia percebê-la. Era um homem, que apenas lhe sorriu e disse, também por meio do pensamento:

– O caminho ainda é longo, mas aprecio sua ajuda, filha querida! Ele ainda está sufocado no próprio veneno e custará a retificar seus atos levianos do passado. Contemos com o tempo, capaz de reverter todos os processos dolorosos se assim nos dispusermos. Falta a Bertrand a conscientização do mal que praticou. Isso o impede de seguir em frente em sua trajetória evolutiva. Conto com você! – e a entidade foi embora, deixando Sophie completamente paralisada. Seus olhos abertos chamaram a atenção de Gigi, que percebeu algo se modificando na atmosfera fluídica do local. Há tempos distante, sua percepção ainda estava reduzida, mas algo a perturbou.

– Sophie, você está bem? – A jovem parecia estar em uma realidade paralela, pois estava distante e em completo transe. Gigi se aproximou e pegou delicadamente seu braço, chamando-a para a realidade material. – Fale comigo! – e pegou as mãos de Sophie, que estavam muito frias, colocando-as entre as suas. – Respire fundo e olhe para mim! Está bem? Mamãe, traga-lhe um copo de água. – e Gilles olhou para ambas com as feições contraídas.

– Outra sensitiva entre nós? Quando isso vai cessar? – Via-se o desagrado estampado em seu rosto. – Que tal realizarmos uma sessão mediúnica e pedirmos a Jorge que convença o filho a desistir de sua vingança?

– Pare de deboche, Gilles! Isso é coisa séria; ainda não compreendeu? Não brinque com os espíritos nem se refira a eles com tal desprezo! São criaturas como nós, apenas não possuem mais esse envoltório material denso, que é nosso corpo físico. No entanto, ainda sofrem, ainda sentem dor ou raiva, pois a morte não modifica o teor de seus pensamentos e sentimentos. Peço mais respeito! Além do que, não está em condições de se esquivar das muitas responsabilidades que sua desatenção e leviandade provocaram. Você sabe a dimensão de seus erros, portanto, aquiete-se. – Ele baixou a cabeça. – Sophie, fale conosco – pediu Gigi, e a jovem passou a olhar cada um dos presentes como se não estivessem lá até aquele instante.

– Estou bem! – Seu olhar era de súplica. – Quando isso vai parar? É tudo tão intenso, como se estivesse em outra realidade, paralela a essa, observando coisas que talvez vocês não percebam.

– É exatamente isso que ocorre. Bela descrição, Sophie. É como se permitissem seu acesso a esse mundo espiritual que nos rodeia e influencia mais do que supomos. Já lhe disse que o estudo a ajudará a entender e, aos poucos, controlar essa ferramenta mediúnica. E isso acontece, independentemente da sua vontade, pois é o plano espiritual que nos dirige a todo momento. Quando julgam que seu conhecimento seja importante, permitem seu acesso. Parece simples, mas sei que causa perturbações aos desavisados. O tempo a ensinará a administrar esse dom e tudo será natural. Confie. – Lucille se virou para Gilles e continuou com a voz séria: – O que acabou de nos relatar sobre o incidente em nossas empresas é algo de extrema gravidade, podendo macular nossa imagem perante os clientes. Sua conduta é algo usual ou foi mesmo um descuido? – A pergunta foi direta, já sabendo ela a resposta.

– O que pretende afirmar, Lucille? – perguntou ele, na defensiva.

– Vou ser o mais clara possível, Gilles, e não aceito meias verdades. Esse tipo de conduta praticada em nossas empresas é constante? Costuma infringir regras éticas de conduta, visando

minimizar o caminho percorrido? Pois, pelo que entendi, você usou de artifícios para agilizar a condenação do pobre homem, apenas para que tudo se resolvesse no menor tempo. Desprezou ações óbvias, como investigar os motivos desse desfalque. Essa auditoria falhou, certamente, mas você foi omisso, Gilles, causando graves problemas a todos nós. Hoje temos uma bomba ambulante querendo fazer justiça pelos desmandos que nós cometemos. Como já disse, um erro não justifica outro, mas esse jovem está movido pelo desejo cego de nos fazer sofrer, seja de que modo for, pensando que isso vai amenizar o próprio sofrimento. Temos que resolver isso antes que uma tragédia ocorra. Procurem esse homem e tentem demovê-lo de seus propósitos vingativos. Essa será sua tarefa imediata. Gaste o que for necessário, ofereça uma indenização generosa, mas seja rápido.
— A força de Lucille em suas palavras deixaram-no ainda mais constrangido.

— Estou fazendo o possível, Lucille.

— Pois faça o impossível, Gilles. E seja célere, antes que algo trágico ocorra.

Sophie já estava na posse de seu equilíbrio e lembrou-se da nova ameaça recebida. Olhou fixamente para Gilles, esperando que ele se pronunciasse. A força de seu olhar foi tanta, que ele não se conteve e disse:

— Recebemos outra carta anônima.

— E o que ela diz? — perguntou Madalena, até então calada.

— O mesmo que a anterior, com o agravante de que nossa punição será efetuada mais rápido do que supomos. — Agora ele parecia realmente preocupado. — Aumentei o contingente de nossa segurança, e a polícia enviará recursos assim que solicitarmos.

— O que não impede um ser tomado pela ira de efetuar seus planos de vingança. — Gigi sentiu um estremecimento o que sempre era sua intuição a lhe pedir cautela.

— Bem, se as providências já foram tomadas, resta-nos aguardar os acontecimentos. Rosa, sirva-nos o jantar. Nossa vida precisa seguir em frente. Sophie, quer relatar algo?

— Vou primeiro assimilar as informações que recebi; conversaremos depois!

O jantar foi tenso, com todos falando apenas o necessário. Eram tempos difíceis que se aproximavam e teriam de administrar isso da melhor forma possível.

Gigi e Gilles, após o jantar, saíram para um passeio, e Lucille e Madalena estavam curiosas para que Sophie lhes contasse o que lá ocorrera. Ela estava reticente em narrar o discurso sofrido de Bertrand, mas sentiu que era necessário.

— Ele estava próximo a você, Lucille. E o que vou lhe dizer parecia dizer respeito exclusivamente a você. — E contou o que se lembrava. Ao fim do relato, ela perguntou: — Quem foi você, Lucille? Conhecemos a história de Bertrand e sabemos o que causou sua morte precoce. Qual será o papel que você desempenhou nessa vida? — Essa pergunta estava engasgada há alguns dias, e Sophie precisava entender.

Lucille e Madalena se entreolharam, pensando se deveriam contar-lhe suas suposições.

— Cada oportunidade de aqui estarmos é como um livro em branco, para podermos escrever novas histórias. Daí o véu do esquecimento, pois, se de tudo nos lembrássemos, poderíamos nos perturbar e não conseguir executar a programação escolhida. Se nosso passado deve ficar oculto, penso eu que assim deve permanecer. Quem eu fui em outra existência não posso assegurar, porém sei quem sou nesta e preciso realizar todas as tarefas que programei antes de aqui chegar. Tudo o que adquiri, sejam virtudes ou dívidas, me acompanham nesta atual encarnação, como minha bagagem — e se calou.

— Um bonito discurso, Lucille; mais evasiva seria impossível. — riu Sophie.

– Sei que Bertrand acha que sou Anne Marie e talvez seja, mas não posso viver esta oportunidade com os mesmos pensamentos e sentimentos de outrora, impedindo que possa realizar outras escolhas. Não sei como ajudá-lo, não tenho recordação alguma do que fiz ou de quem fui; sei apenas que devo ter falhado muito, caso contrário, não teria programado tantos entraves nesta vida. Simples assim, Sophie. Não posso oferecer a ele o que ele deseja, quando muito, posso pedir-lhe perdão, mesmo sem saber exatamente o que possa ter feito contra ele. As histórias que Claudine escreveu falam por si. No entanto, não podemos nos esquecer de que cada um dos seres envolvidos naquela vida tinham seus medos ocultos, jamais revelados a outrem, permanecendo estes guardados no íntimo de cada coração. O que os motivou a agir dessa ou daquela maneira, somente eles poderiam nos revelar. Quando retornar à pátria espiritual, terei acesso a todas essas lembranças, daí, quem sabe, possa compreender exatamente tudo o que se passou.

A jovem ficou pensativa e nada falou.

– Quanto à entidade luminosa, deve ser alguém em condição de ajudá-lo. Que Deus o envolva em toda a sua luz e que possa resgatar esse companheiro faltoso, que ainda insiste em permanecer na mesma condição de quando partiu tragicamente. – disse Madalena.

– Creio que assim seja e senti especial carinho por ele. Quem sabe quem eu fui? Mas entendi o recado, meninas. Vamos deixar oculto o que assim deve permanecer. E vamos viver esta vida realizando o que programamos. – e as abraçou com carinho. – Tenho aprendido tanto com vocês! Só posso dizer que serei eternamente grata por tudo! – Seus olhos brilhavam de emoção. E, retornando ao assunto da noite, questionou: – Hector não deveria ficar aqui até essa turbulência passar?

– Concordo com você e pedirei a Jairo que o traga amanhã. Ligarei para ele e insistirei para que fique aqui. Porém, nós o conhecemos, e talvez isso não aconteça. Falarei com Gilles para que intensifique a vigilância nas proximidades da casa de Hector. É o que podemos fazer. – disse Lucille.

– Não estou com bons pressentimentos. – disse a jovem, com a preocupação estampada no rosto.

– Confiemos em Deus! É só isso que podemos fazer por ora! – Madalena sentiu um estremecimento, e a figura de Hector surgiu em sua mente. Ele estaria em perigo? Pediu a todos os amigos da luz que cuidassem dele. – Lucille, vamos dormir?

– Sim, a noite foi exaustiva. Sabe que não gosto de me indispor com Gilles. O que deixei de lhe ensinar, minha amiga? – questionou ela.

– Deveria se perguntar: o que ele deixou de aprender? O aprendizado é uma escolha pessoal, e nosso Gilles tem grande dificuldade no aproveitamento das oportunidades.

– Como você mesma diz: cada coisa a seu tempo! – Sophie sorriu, despedindo-se também.

Na varanda, Gilles e Gigi conversavam:

– Perdoe-me a rispidez de hoje à tarde. Confesso que você me deixou extremamente irritada. Não pude me conter. – disse ela, tentando ser acolhedora.

– Sei que jamais me perdoou, Gigi. E eu também não me perdoei por tê-la deixado partir. É uma das poucas mulheres que conseguem me entender nesta vida.

– Lucille e Madalena não entram nessa estimativa? – brincou ela.

– Por isso disse que é uma das poucas. Sim, não sei o que faria sem a presença delas em minha vida. Tenho aprendido lições preciosas todos os dias com essas duas maravilhosas mulheres. Você me abandonou anos atrás e jamais me perdoou. – Seus olhos brilhavam.

— Por que sempre insiste nessa retórica? Não tenho nada a lhe perdoar; você fez o que queria fazer. Somos livres para efetuar as escolhas que acharmos mais convenientes.

— Falando assim, até parece que se refere a algo tão impessoal. Sabe que naquela época não estava em condições de corresponder ao que esperava de mim — disse Gilles.

— Jamais cobrei qualquer atitude de sua parte. Segui com minha vida e realizei meus projetos profissionais. Isso sempre foi importante, sabe disso.

— Mas trocaria tudo para ficar comigo, não é mesmo? — A pergunta foi direta.

— Sim, naquele momento era tudo o que eu mais desejava. Mas... — e se calou.

— Será que nossa vez chegará? — ele perguntou, segurando sua mão com carinho.

— Nosso tempo já passou, querido Gilles. Hoje somos bons amigos, e isso é o que temos, uma linda amizade. — Havia tanta luz em seus olhos que ele se aproximou ainda mais.

— Suas palavras dizem isso, mas seus olhos dizem outra coisa. — e a beijou. No início, ela tentou se afastar, mas ele a manteve firme em seus braços, até que se entregou àquele momento. Quando Gilles se afastou, havia um sorriso em seus lábios. — Você será sempre minha Gigi, talvez a única mulher que amei de verdade.

Ela se aprumou e olhou fixamente para ele.

— Talvez a única mulher que o amou de verdade — e havia tristeza em seu olhar. — Mas não sei mais se esse amor  resistiu por todos esses anos.  Prometi a mim mesma que jamais derramaria lágrimas por você e vou manter minha promessa. Não vamos mais permitir que isso aconteça. Já está ficando tarde. Boa noite. — Ia saindo, quando ele pegou seu braço e a puxou para perto dele, ficando ambos novamente bem próximos.

— Preciso tanto de você! Fique comigo esta noite!

— Não, Gilles. Desta vez vou tentar controlar a tentação; não serei seduzida por essa fala mansa e esse olhar magnético. Vamos dormir! Ah, um banho de água fria resolverá seu problema. — e saiu, deixando-o irritado com sua recusa.

Gigi afastou-se com rapidez para que ele não visse as lágrimas escorrendo por seu rosto. Ele ainda a perturbava tanto! Seria isso amor? Porém, havia decidido não mais se submeter a poucos momentos felizes e o restante de total solidão. Era sempre assim! Todos os anos que visitava a família. Queria viver seu grande amor em plenitude. Talvez não fosse nesta existência. Pensou que, quando morresse, ficaria como Bertrand, presa àquela casa e importunando Gilles. Esse pensamento a fez rir. Quanta tolice em uma só noite!

Gilles, por sua vez, ficou sozinho pensando em Gigi. Ela o amava, caso contrário não estaria sozinha. Era uma mulher exuberante, sedutora, e a maturidade apenas intensificara seus atributos. Cada vez que a reencontrava, a paixão reacendia. Queria estar com ela não apenas naquela noite, mas em todas as demais da sua vida. No entanto, os problemas se avolumavam e vivia momentos tensos demais. Ela teria que esperar! Tinha muitos entraves a resolver no momento...

Na manhã seguinte, Gigi e Sophie tomaram café bem cedo e saíram para buscar Philipe. Lucille estava ansiosa com a volta do sobrinho e pedira a Rosa que fizesse algo especial para o almoço.

Passava do meio-dia quando eles chegaram. Madalena correu a abraçá-lo assim que saiu do carro. Ele sorria, mas podia se ver que a viagem não havia sido das mais agradáveis, em função das estradas esburacadas.

— Como está, meu querido? — perguntou solícita.

— Meu corpo todo dói. Preciso me deitar um pouco. Não imaginava que seria tão difícil. — e abraçou-a efusivamente.

— A médica avisou que seria uma recuperação lenta e dolorosa. — disse Sophie. — E nada de cometer desatinos, senão trocará a prisão domiciliar pela prisão hospitalar.

Lucille o aguardava na sala e estava radiante com seu retorno.

— Que bom tê-lo de volta, meu querido! Sua presença me enche de alegria. Quero que siga as instruções da doutora para que nada possa prejudicar sua recuperação.

— E Gilles? Está na empresa resolvendo os problemas que ele criou? — Sua voz parecia irritada ao mencionar o pai.

— Não fale assim, Philipe. Seu pai está no escritório tentando sanar a grave crise criada por essa empresa de auditoria.

— A mesma que eu pretendia trocar, mas ele se recusou. Não gostava da atuação dela e pedi a papai que revisse o contrato para, quem sabe, encerrarmos as atividades com ela. Ele disse que era a empresa mais confiável e tinha outros interesses envolvidos que o impediam de quebrar o contrato. Não vou falar "eu avisei", pois esse tipo de frase é altamente frustrante. Mas... — e deitou-se no sofá. — Sei que não aprecia esse tipo de comportamento em sua sala de estar, mas preciso apenas esticar um pouco minhas pernas.

— Fique à vontade, meu querido. Vou abrir uma exceção, pois essa é uma situação especial. Porém, não vá se acostumar; sabe o quanto isso me incomoda.

— Lucille, depois não diga que não avisei. Não se submeta aos caprichos deste menino, ou estaremos perdidas. Deite-se no seu quarto, que já está arrumado. Vamos, Philipe! Meninas, ajudem esse rapaz quase inválido.

— Não acredito que seja capaz de me tratar com tanto rigor! Justo você, Madalena?

— Deixe de resmungar. A médica pediu repouso, e é isso que terá. Hoje ficará em seu quarto, estamos conversados? — A voz dela era firme, causando risos em todos os presentes, inclusive o dela própria, que o beijou dizendo: — Você faz muita falta, Philipe, não nos dê mais sustos como esse.

# CAPÍTULO 27

# TRISTE ACONTECIMENTO

No fim do dia, Gilles adentrou a casa com a expressão cansada e tensa. Viu Lucille na sala e decidiu lhe falar.

— Boa noite, Lucille. Como está Philipe? — perguntou ele.

— Bem, mediante as circunstâncias. Alguma novidade? Encontraram o tal rapaz?

— Ainda não. Parece que ele desapareceu como em um passe de mágica. Ninguém sabe seu paradeiro. Coloquei muitos homens à sua procura, mas nada surgiu. Vamos continuar nessa busca até o encontrarmos. Falar com ele será nossa melhor opção. Oferecer uma boa quantia de indenização talvez possa acalmá-lo — disse Gilles.

— Precisamos, porém, encontrá-lo, antes de mais nada. Coloque o contingente que for necessário, precisamos saber onde ele está.

Não muito longe de lá, Rogério continuava de tocaia na casa de Hector, a que oferecia mais possibilidades de ser invadida, pois a segurança era restrita a apenas algumas rondas, que já haviam detectado.

— Eles passam a cada três horas, chefe. É o tempo que teremos para entrar, dominá-lo e levá-lo conosco. — disse um dos homens de aparência hostil.

— Podemos ficar o tempo que quisermos, pois eles apenas estão fazendo a ronda e não irão entrar na casa. Mesmo em face das ameaças que fizemos, ele ainda permanece aqui. É mesmo um tolo imprevidente — riu Rogério. — Bem, facilitará para nós.

— Quando pretende invadir sua casa? Por que não fazemos isso agora?

— Ainda não. Esperemos o fim de semana. O montante que iremos exigir requer bancos abertos, o que significa que faremos o trabalho amanhã à noite. O prazo para que o libertemos será de quarenta e oito horas — afirmou ele.

— Você não disse que pretende acabar com a vida dele antes disso? — perguntou o homem.

— Sim, mas eles não saberão. Pagarão o que pedirmos para tê-lo de volta. E, quando estivermos de posse de todo o dinheiro, diremos onde encontrá-lo. — e um sorriso satânico delineou-se em seu rosto. — O que vão encontrar...

— E se forem atrás de nós?

— Ficaremos escondidos até que a poeira baixe. Essas terras possuem lugares onde ninguém vai pensar em procurar. Estaremos tão próximos... Embaixo do nariz deles!

— E por que levá-lo até aquela mina abandonada?

— Porque não quero que ele jamais seja encontrado, entendeu bem? Sofrerão toda a dor que estou sentindo agora! É isso que pretendo impingir-lhes! Ele não podia ter tratado meu pai como fez. – Ele se referia a Gilles, destinatário de toda a sua fúria. Havia tanta indignação em suas palavras e em seu olhar! Ninguém iria contestá-lo naquele momento. – Vou voltar para o esconderijo e vocês continuem de tocaia – e foi embora.

Ninguém poderia supor que o perigo estivesse tão perto. Se assim fosse, tudo teria sido diferente. Toda invigilância tem um preço a se pagar.

O jantar foi uma comemoração pela volta de Philipe. Até Gilles parecia mais descontraído com as brincadeiras do filho.

– Lucille, convidei Débora para almoçar conosco no domingo. Algum problema? – perguntou Philipe.

– Esta casa é sua também, querido, e pode convidar quem assim desejar. Ela é bonita?

– O que você acha, Lucille? Mais uma para sua lista de conquistas.

– Não fale isso, Gigi; não a convidei senão para agradecer a paciência comigo. Ela foi incansável todos estes dias e confesso que dei muito trabalho a ela – disse o jovem.

– Vou pensar em lhe dar crédito desta vez, Philipe. Mas que ela é uma jovem bem atraente, temos de convir. – Gigi se divertia com as expressões que ele ostentava.

– Lucille, não vai me defender? Sophie? Madalena? – e ne-nhuma se pronunciava. – Bem, estou muito triste com vocês porque, além de me abandonarem todos esses dias, ainda fazem péssimo julgamento a meu respeito. Creio que isso tenha sido uma ofensa grave e vou me retirar deste aposento. – Levantou-se com dificuldade, fingindo ares de ofendido. – Ninguém se habi-lita a me acompanhar até meu quarto? – Sophie se levantou e ofereceu o apoio necessário.

– Deixe de ser tão melindroso. Eu o acompanho. Vamos!

— Boa noite a todos, e amanhã não tentem manter-me na prisão, pois preciso de ar. Temos um passeio à cachoeira para fazer, não é mesmo, Sophie?

— Não podemos adiar para daqui a alguns dias, ou, quem sabe, semanas?

— Amanhã será um bom dia, mas, se preferir que eu vá sozinho, é só falar. — e caminhava lentamente, sem olhar para trás. — Ninguém vai me impedir?

— Philipe, já conhecemos todas as suas brincadeiras. Só mesmo um irresponsável pensaria em algo tão absurdo, quanto mais falar sobre isso. Vá dormir, meu querido! — Lucille sorria para o jovem que, ao passar por ela, beijou-lhe carinhosamente.

— Vocês estão sérios demais. Os problemas são graves, porém, se estivermos com essa postura pessimista, nada vai se alterar. Lições de minha querida Madalena. — e piscou para ela. — Te amo, Madá! — Só ele a chamava assim em seus momentos de intimidade.

— Eu também te amo, Philipe! Durma bem e, se precisar de algo, grite! — disse ela.

— Assim farei! Amanhã nos falamos! Boa noite a todos! — Ele e Sophie saíram de braços dados.

— Você está um pouco mais maluco, sabia? Será que operaram seu cérebro também? — e abriu a porta do quarto para que ele entrasse.

— Fique comigo esta noite. — Ele parecia tenso.

— Onde está toda aquela euforia de momentos atrás? — perguntou ela, curiosa.

— Não tenho tido noites de sono tranquilas. Muitos pesadelos me perseguem desde o acidente. E Hector está em todos eles. Por que ele não está aqui conosco?

— Uma boa pergunta, que só ele pode responder. Tenhamos paciência com ele, que, aos poucos, está retomando sua vida. Operar você foi algo que o tocou profundamente. Ele revisitou o passado, e sua presença foi primordial para que repensasse suas ações. E, de lá para cá, algo mudou, tenho certeza – disse ela com ar sonhador.

– E o que aconteceu que eu ainda não sei?

– O que quer saber?

– Aconteceu algo entre vocês? – A pergunta foi direta, e Sophie não sabia o que dizer. – Se meu irmão seguir em frente e você for a responsável, serei grato por toda a vida. Vamos, me conte o que ocorreu entre vocês! – Philipe estava curioso desde dias atrás.

– Não sei se podemos chamar de algo, mas um beijo significa o que para você? – e seu olhar agora estava sorridente. – Um não, vários!

– Creio que um beijo sempre signifique algo. Hector sempre foi apaixonado por Diana e não tinha olhos para outras mulheres. Não foi fácil abrir mão desse amor, mas ela se foi e ele precisa se conscientizar disso. Se conseguir fazê-lo modificar sua postura, aceitando os fatos e encarando a vida com outro olhar, creio que isso significará a retomada da sua caminhada. – Ele a olhava com os olhos cheios de gratidão.

– Não sei onde isso vai dar, mas quero muito arriscar. Sei que valerá a pena. Também tenho tido sonhos esquisitos e confusos, como se alguém quisesse me dizer algo do tipo: vá em frente e viva esta experiência. Ele me atrai em muitos quesitos. – disse ela com a expressão tímida.

– Ele atrai muitas em vários quesitos. – disse ele com um sorriso maroto. – Débora disse que Hector, apesar da fidelidade irrestrita, era assediado por muitas. Porém, como disse, só tinha olhos para Diana, uma pessoa maravilhosa em todos os aspectos. Sinto tanto ter causado, mesmo que de forma acidental, toda essa tragédia. A última coisa que desejaria em minha vida era causar tanto sofrimento a ele como causei. – A culpa ainda insistia em visitá-lo ocasionalmente.

– Pare com isso! Já conversamos tanto sobre esse assunto, Philipe. Ele já está superando e você insiste em relembrar incessantes vezes e sofrer, como se a responsabilidade lhe pertencesse. Não acha que já se puniu o suficiente?

– Preciso ouvir muitas vezes para me conscientizar disso. Fique comigo esta noite, eu lhe peço. Estou sentindo que terei pesadelos novamente.

– Você vai tomar a medicação e dormirá como um anjo! – Ela foi pegar os remédios. – Fico com você até adormecer, assim está bem? – Sorriu-lhe carinhosamente.

– Você é uma garota especial, sabia? Espero que conquiste o coração de Hector e que sejam felizes. Assim, ele virará essa página definitivamente. Estou preocupado com ele desde que me lembrei do meu pesadelo no qual ele era o personagem principal. Estávamos naquela mina abandonada, e ele corria por ela, pedindo que eu o acompanhasse. Parecia aflito e dizia que não se preocupasse, que nada de mal iria me acontecer. Foi quando ouvimos uma explosão e um desabamento aconteceu. Ele soltou minha mão e disse para eu seguir a trilha que já conhecia, pois aquela era a saída. Não queria ir, mas um novo desabamento nos separou. Corri por aquelas galerias e, ainda assustado, acordei. Será que isso tem algum significado?

– Você ainda está traumatizado com todos esses eventos. Aí Gilles fala sobre essa ameaça e você fica impressionado. É natural! Não fique imaginando que tudo que sonhamos irá acontecer de fato. Muitos sonhos referem-se a emoções vividas no cotidiano, que ficam enclausuradas em nosso mundo íntimo. É uma forma de eliminarmos a tensão que vivemos no dia a dia. Você está passando por momentos tensos, é natural que precise de uma válvula de escape. Bem, não sou psicóloga, mas gosto de ler sobre o assunto. Aprendi um pouco mais com Lucille e Madalena acerca dos sonhos referentes a nossa vida espiritual. Um outro enfoque interessante. Vale conhecer sobre o assunto.

– Ela percebeu que ele já estava sonolento. – Agora descanse, Philipe.

– Amanhã conversaremos sobre o assunto. – e em instantes adormeceu.

Sophie deixou-o e foi para seu quarto. Queria ver o bilhete novamente e sonhar um pouco com Hector. Sorriu com a referência sobre ser insistente; estaria ele esperando que ela fosse até ele? Quem sabe! Ele dissera que viria para ver Philipe, então iria esperar.

Pegou o livro sobre a Doutrina dos Espíritos e iniciou a leitura, que desta vez foi breve, pois dormiu em questão de minutos.

Enquanto seu corpo repousava, sentiu-se livre para caminhar pela casa que lhe parecia tão familiar. Bertrand estaria por perto? Queria falar-lhe uma vez mais. No entanto, não foi ele que ela encontrou na biblioteca.

Havia uma mulher sentada, que lhe sorria com doçura.

– Sente-se aqui, precisamos conversar. – Sophie não a conhecia e ficou receosa, mas ela insistiu: – Não tenha medo. Já conhece Bertrand e não o teme, por que temeria a mim?

– Você me é familiar. Eu a conheço? – perguntou ela.

– Sim e não! – e finalizou: – Já nos conhecemos de muito tempo atrás, porém nesta atual encarnação não tivemos a oportunidade de nos reencontrarmos. Preciso de sua ajuda!

Sophie se aproximou ainda mais e reconheceu-a pelas pinturas de Hector.

– Você é Diana! – Havia surpresa em seu olhar. – Como é possível?

– Se consegue ver os espíritos, pode vê-los a todos, inclusive eu. – Ela sorria.

– Mas você partiu há tão pouco tempo! Não sabia que isso era possível!

– Isso não é uma regra, Sophie. Depende de muitos fatores, entre eles, a conscientização da atual condição. Minha trajetória se encerrou e retornei ao mundo espiritual, onde outras tarefas irei realizar. No entanto, meu coração ainda se encontra prisioneiro deste mundo material, impedindo-me de prosseguir minha jornada.

— Hector é o responsável? — perguntou ela.

— Sim! — e seu olhar ficou sério. — Ele ainda se entretém com lembranças dolorosas e angustiantes, torturando-se, sofrendo e causando meu sofrimento. Sei que existe uma esperança, e o nome dela é Sophie. Sei o que pode estar pensando e posso afirmar que não me oponho à união de vocês. Uma programação foi realizada e precisa ser colocada em ação, minha querida.

— Diga você isso a ele! Peça que ele siga sua vida — falou Sophie.

— Ele ainda não se encontra receptivo a esse encontro. Não é o momento!

— Ele precisa se despedir de você; só assim poderá partir, e ele terá se libertado. — Ela estava emocionada.

— Isso irá acontecer, mas no tempo certo. Vim fazer-lhe um pedido: quero que cuide dele e peça que se acautele dos que planejam uma sórdida vingança contra ele. Não posso dar mais detalhes, porém peço que esteja por perto, auxiliando-o em sua retomada de vida. Confio em você! Talvez não se lembre desse nosso encontro, mas sentirá a urgência em estar perto dele. Siga sua intuição e não despreze os sinais que o Pai amorosamente colocará em seu caminho. Cuide dele, eu lhe peço. — Com um sorriso radiante, ela se despediu e foi embora, tudo sob o olhar atônito de Sophie.

Ela acordou sobressaltada com os trovões que ribombavam lá fora. A chuva se iniciara, e a noite seria longa. Lembrava-se de um sonho, porém apenas imagens esparsas, como a de uma mulher que não conhecia. Algumas orientações foram ditas, mas ela apenas recordava-se do alerta: não despreze os sinais, esteja atenta. Mas a quê? Eram tantos os problemas que a família vivenciava. O rosto de Hector surgiu em sua mente, e deduziu que era algo relacionado a ele. Estar atenta! O que aquilo queria dizer? O barulho da chuva foi sonífero para ela, que adormeceu em instantes.

O dia amanheceu chuvoso e todos acordaram mais tarde. Gigi foi a primeira a descer, encontrando Gilles ao telefone. Ele estava exaltado e parecia que algo o perturbara significativamente. Quando desligou, disse a Gigi:

— A polícia continua ineficiente como sempre. Como não consegue encontrar um homem com a ficha corrida que esse jovem tem? É um absurdo! Pedirei a minha equipe de segurança que encontre Rogério, esse é o nome dele, o mais rápido possível.

— Não vão resolver nada seus achaques contra a polícia. Ela faz o que está ao seu alcance. Não tem os recursos de que você dispõe; naturalmente encontra mais dificuldades. Quem sabe uma polpuda doação para a polícia? — disse Gigi com um sorriso.

— Acordou com excelente bom humor, pelo que posso perceber. Acha que já não usamos esse recurso? Que resultados obtivemos? Nenhum. Não adianta darmos recursos financeiros se ela não possui integrantes em condições de utilizá-los com eficácia.

— De qualquer forma, de nada vale sua exaltação; o máximo que vai causar será uma indisposição física. Não precisamos de você debilitado em um momento como este. Portanto, respire fundo e se acalme, ouviu bem? Não quero Lucille mais inquieta do que já se encontra. Vamos poupá-la; não acha conveniente? — Seu olhar se abrandara.

— Tem razão. Vou me conter, prometo! — e respirou profundamente.

— Assim está melhor, Gilles. Sabe que ela vê melhor que todos nós.

– Sei de algo que poderia me deixar mais tranquilo. – disse ele, oferecendo um sorriso sedutor.

– Não me venha com propostas indecorosas, querido, pois vou declinar.

– Você pensa o pior de mim! Queria apenas convidá-la para aquele almoço que não se efetivou. Que tal? – perguntou ele, ansioso. – Naquele restaurante que você adora!

– Você sabe como convencer! Sabe que eu não recusaria. Convite aceito!

Lucille chegou à sala nesse instante, acompanhada de Madalena.

– Pensam em sair para almoçar? – perguntou.

– Quer vir conosco? – indagou Gigi, sob o olhar irritado de Gilles.

– Não, meus queridos, ficarei aqui com Philipe. Vão vocês e divirtam-se. Alguma novidade daquele jovem?

– Nada ainda, Lucille. Continuamos em sua busca. – e viu o olhar tenso que ela ostentava. Aproximou-se dela e a abraçou. – Fique tranquila; em breve estará tudo esclarecido.

No horário marcado, os dois saíram, deixando a família reunida para o almoço. Philipe já se sentia melhor e estava ansioso pela visita que Hector disse que faria.

– Lucille, ligue para ele e diga que preciso que venha aqui verificar se está tudo bem comigo – disse ele.

– Não vou pedir isso a ele, querido. Seja mais paciente; ele disse que viria, então vamos aguardá-lo. Talvez a chuva o impeça de vir hoje. – Mas, com a insistência de Philipe, ela ligou para o sobrinho. Em alguns instantes de conversa, voltou sorridente. – Ele disse que a chuva se intensificou e achou conveniente que Jairo não vá até lá. Disse que planejara visitá-lo mais tarde, mas, com a chuva, decidiu adiar a visita para amanhã. Sua voz estava clara e natural, o que denota que ele está bem. Não é isso o que mais importa no momento? O que acha, Sophie?

– Ele está sendo precavido, o que é um bom sinal. Até dias atrás, sequer pensava em sua própria segurança. E, depois daquele incidente com você, acho temerário dirigir por aquela estrada, não concorda, Philipe? – perguntou ela.

– Ambas estão com a razão. Estou apenas ansioso para vê-lo. Tenho tanto a lhe falar, Lucille, e sei que, desta vez, ele irá me escutar. – Seus olhos ficaram marejados.

– Não sabe o quanto isso me felicita, meu querido; vocês reatarem essa linda amizade, que sempre preponderou. Sabia que isso aconteceria, cedo ou tarde. E que estaria viva para compartilhar com vocês esse momento. – Era ela quem se sensibilizara agora.

– Creio que possa servir o almoço agora! – e Madalena saiu, sentindo desde cedo uma angústia em seu coração. Estaria para acontecer algo? Mais um problema?

A chuva não deu trégua ao longo do dia, frustrando os planos de Philipe de caminhar pela redondeza. Somente no final do dia a chuva começou a diminuir. Gilles e Gigi chegaram quando a tarde caía. Estavam sorridentes e leves.

– Precisava de uma trégua em meio a tanta tensão. Gigi é uma companhia sempre agradável e espirituosa. Somente ela é capaz de me fazer rir em um momento como este.

– Apesar de tudo, você sempre será uma companhia especial. – e sorriu para ele.

A chuva retornou com força durante o jantar, e todos ficaram a conversar sobre amenidades. Sophie e Madalena pareciam tensas, e Lucille começou a se preocupar, pois a amiga jamais falhava em suas predições. Pensou em Hector, e seu coração disparou.

– Tudo bem, Lucille? – perguntou Gilles, vendo as feições pálidas da tia.

– Uma vertigem apenas. Minha pressão anda me aprontando nestes últimos dias.

Toda a atenção se voltou para ela.

Enquanto isso, Hector encontrava-se na sala de sua casa, observando a chuva que caía fortemente. Os vidros estavam respingados de água e não podia se ver nada lá fora. De súbito, algo chamou sua atenção, como se alguém pisasse nas pedras do caminho. Levantou-se e pensou se poderia ser Sophie. Não ouvira nenhum carro chegar. Seria o pai, preocupado com ele? Foi até a porta, quando ela se abriu bruscamente, dando lugar a Rogério e seus comparsas. Hector ficou estático, sem entender o que aquilo representava. Tentou sair, mas foi contido pelos homens, que seguraram seu braço com força, fazendo-o voltar.

— Não gostou da surpresa? — disse Rogério com uma expressão satânica.

— Quem são vocês? — perguntou ele.

— Não interessa. Importa mesmo é saber quem você é: Hector, filho de Gilles.

# CAPÍTULO 28

# DIFÍCIL DECISÃO

— O que vocês querem comigo? — perguntou Hector, sentindo a tensão invadi-lo.

— Digamos que seu pai me deve algo e decidimos tomar emprestado algo que ele preza muito: você. Amanhã falaremos com ele e, dependendo de nossa conversa, tudo se encerra. Bem... para nós — e deu uma gargalhada.

Hector sentiu seu corpo estremecer, percebendo as intenções malignas daquele rapaz desconhecido. O que seu pai tinha a ver com isso? Aí se lembrou das ameaças a que ele se referira, pedindo que tivesse segurança ostensiva. Era o tal rapaz, filho de Jorge, o funcionário da empresa. Gilles comentara rapidamente sobre o incidente, finalizando que Jorge morrera na prisão e o jovem queria se vingar, tendo enviado ameaças contra a família.

— Você é filho de Jorge? Por que acredita que temos algo a ver com a morte de seu pai? Ele cometeu um erro e estava pagando por ele. Sua morte foi uma fatalidade. Por que quer nos acusar disso? – No mesmo instante, Rogério se aproximou de Hector e socou seu estômago com toda a força, fazendo-o cair ao chão.

– Não fale o que não sabe, seu idiota! Não ouse falar de meu pai, pois você não o conhecia! Ele era inocente, não cometeu desfalque algum! Foi seu pai que assim determinou, sem esperar que ele pudesse se defender. Ele acabou com meu pai, difamando-o e acusando-o de algo injusto. Pergunte a seu pai! Saiba o que ele foi capaz de fazer! – Havia tanto ódio em suas palavras, que o médico decidiu se calar, caso contrário, ele atentaria contra ele.

A situação era delicada. Observou os demais homens presentes e constatou que estavam lá com um único propósito. E não era nada amigável. Decidiu controlar qualquer gesto e, especialmente, as palavras.

– Sérgio, amarre-o; não quero surpresas. Cuide dele, é sua responsabilidade!

– Não ofereço perigo; não será necessário. – e, antes que o homem se aproximasse, Hector jogou a mesa sobre ele e tentou correr para a porta, mas foi contido por Rogério, que o derrubou com uma coronhada na cabeça. O médico sentiu tudo escurecer e desabou no chão frio da sala.

– Assim está melhor! Não estou com disposição para conversas improdutivas. Ele ficará quieto por um tempo. Você – disse, apontando um dos homens – sabe o que fazer. Vigie qualquer movimento estranho. Esta noite será longa. Veja se tem alguma bebida aqui. Deve ter algo para comer também! – e sentou-se no sofá.

Manoel, a entidade vingativa, estava em êxtase. Encontrara a ajuda que tanto esperara. Agora sim, pensou ele, tudo estava caminhando para o desfecho esperado. Em breve, seus planos se concretizariam. Chamou os companheiros e lhes deu as instruções:

– Cuidem para que nada possa fugir ao controle. Quero este miserável aqui o mais rápido possível. Será breve! – e deu uma gargalhada.

Alguns instantes depois, Hector acordou com a cabeça doendo intensamente e tentou se mexer, percebendo suas mãos atadas. Permaneceu deitado, fingindo ainda estar desacordado. Tinha de pensar em como sair de lá. Sua intuição lhe dizia que eles não dariam trégua. Imaginava o que o pai teria a ver com essa história. O rapaz dizia que o pai era inocente. E Gilles, por que ele o acusava? O que ele fizera ou deixara de fazer?

Lembrou-se da sensação estranha que experimentara ao longo do dia. Sentia-se observado, mas não dera a atenção necessária. Valeria a pena argumentar com o jovem? Eles lá estavam com uma finalidade, e seus instintos o alertavam de que não era nada favorável a ele. Precisava encontrar um meio de fugir dali. Ainda deitado, observava a movimentação deles em sua casa. Eram apenas três ou haveria outros homens? Teria de descobrir.

A chuva dera uma trégua lá fora e talvez a ronda passasse por lá. Mas de que adiantaria? Pedira ao pai que eles não o incomodassem e estava sendo respeitado desde então. Ironia do destino! Jamais dera ouvidos ao pai e, desta vez, ele estava correto em suas ações, percebendo o perigo iminente. No entanto, desprezara seus temores e mantivera sua conduta, sem se preocupar com a ameaça, que julgava infundada. Mas Gilles tinha razão, dessa vez! Agora, tudo se complicara. Aquele homem falara sobre contatar o pai. Pediriam um resgate, certamente. E depois? O que poderia esperar de uma pessoa que planejara sua vingança de forma tão cuidadosa? Deixariam-no viver?

Sentiu calafrios por todo o corpo, pressentindo que o pior poderia acontecer. Tentou se levantar, mas a cabeça doía terrivelmente. Sentia o sangue escorrer do ferimento, mas sabia que não era nada grave. Sorriu intimamente, pensando em tudo o que vivera durante aqueles meses. O desejo de morrer que o acometera desde que Diana partira, a raiva que o dominara desde então! Se isso tivesse ocorrido meses atrás, ele pouco se importaria, afinal, esse era seu propósito maior: morrer! Mas, agora, tudo se alterara! Sua vida parecia lhe sorrir com uma nova perspectiva e, talvez, não tivesse mais esse tempo. Pensou em Sophie e no que ela representava em sua vida! Seu coração se acelerou e sentiu uma raiva latente. Por que Deus não tinha piedade dele? Depois de tudo pelo que passara, toda a dor da separação do grande amor de sua vida, agora que decidira seguir em frente, não teria essa oportunidade? Fechou os punhos com toda a força, tamanha a ira que assomou. Deus era injusto demais com ele! O que teria feito em sua existência para vivenciar tanta dor? Ou teria sido em outra vida?

Quando Diana estava viva, ambos estudavam a Doutrina dos Espíritos de Allan Kardec, discutindo esses temas. Ela lhe apontava uma explicação lógica para todos os eventos de suas vidas, aceitando-os como necessários para a retificação dos delitos que, porventura, tivessem cometido. Tudo parecia tão claro, até que ela se fora. Daí em diante, recusava-se a aceitar seu destino, fugindo do mundo real e abrigando-se em uma realidade diversa e impenetrável, isolando-se de todos. Pensava, assim, evitar maiores sofrimentos. Sophie o resgatara desse mundo, adentrando sua intimidade como jamais esperara permitir novamente. Ela representava uma perspectiva nova para seu mundo tão sombrio. A morte não mais lhe acenava, chamando-o para a escuridão. Queria ter essa nova chance, mas parecia que Deus não pensava como ele.

Conforme os pensamentos delineavam-se em sua mente, uma fúria incontida tentava desestabilizá-lo. Não sabia se reagir seria a opção do momento, mas era isso que vinha a sua mente a todo instante, como uma ideia fixa. Ainda no chão, visualizou um caco de vidro, resultante do vaso quebrado quando a mesa fora em direção ao agressor. Pegou-o entre seus dedos e segurou-o, tentando cortar a corda que o atava. Permaneceu deitado, como se ainda não tivesse acordado.

Seria uma noite longa, assim dissera Rogério. E ele concordava!

Já estava amanhecendo, quando seu agressor se aproximou e disse:

— Sei que já está acordado. Não queira bancar o esperto, pois não me custará nada puxar esse gatilho. Sérgio, ajude-o a se sentar. — e, com um sorriso em seu rosto, perguntou: — Você é o médico, não? Aquele que perdeu a esposa. Conheço sua triste história. E você, conhece a minha? — desafiou ele.

Hector ainda segurava o caco entre as mãos e tentava manter o controle, agora percebendo que isso seria imprescindível se desejasse conservar sua vida. O jovem parecia não ter nada a perder, tal era a mágoa que carregava em suas palavras. Disse apenas:

— Não o conheço, tampouco a seu pai. Jamais me importei com as empresas. Sou um médico; assim decidi há muitos anos. Conte-me sua história.

— Não creio que vá lhe interessar, como tudo o que ocorre com os empregados de suas empresas. Não se importam com ninguém, visam apenas o lucro. Jamais se dispuseram a ouvir meu pai, sabia disso? — A raiva se estampara em seu rosto.

— O que foi um erro imperdoável. Agora é tarde para seu pai, mas não é para você. Não faça nada de que possa se arrepender depois. Eu converso com meu pai e resolvo essa questão. Não farei nenhuma acusação contra vocês; peço apenas que me soltem enquanto é tempo. Não cometa nenhuma loucura, eu lhe peço. — A voz pausada de Hector pareceu acalmá-lo, mas isso durou apenas alguns instantes, pois ele novamente começou a gritar com toda a sua fúria.

— Pare de falar o que não sabe! Não vou parar, agora que já tenho um trunfo em minhas mãos. Quero apenas ser recompensado por todo o mal que praticaram contra um inocente. Se a justiça não é capaz disso, eu serei. Não vou soltar você, entendeu? Ainda não! — e seu olhar demonstrava seus planos.

Hector percebeu que talvez tudo estivesse realmente perdido.
— Daqui a pouco falarei com seu pai e acertaremos o resgate.

— É sua decisão. — e se calou, pois não adiantava argumentar com ele.

— Exatamente! — Chamou o homem que estava lá fora, pedindo-lhe que entrasse, pois o dia já estava claro.

Enquanto isso, na casa-grande, ninguém desconfiava do que estava acontecendo com Hector. Sophie acordou cedo, sentindo-se angustiada, e desceu assim que amanheceu. Encontrou Madalena, que disse:

— Madrugou hoje, Sophie. O que aconteceu?

— Não sei, estou sem sono. — Não queria alertá-la quanto às suas preocupações.

— Tome uma xícara de café que acabei de preparar. — e serviu-a. — Sinto-a distante daqui e até posso imaginar onde esteja. — Sorriu.

— Você acha que ele vem ver o irmão hoje? — perguntou ela.

— Sim, minha querida. Ainda tem dúvida?

— Será que ele está bem? Não estou com bons pressentimentos. E se ele tiver uma recaída, você sabe a que me refiro. — Havia temor em suas palavras.

— Não pense o pior, Sophie. Foi apenas a chuva que o impediu de vir ontem. Porém, se está preocupada, peça a Jairo que a leve até lá. Assim você se certifica, o que acha?

— Excelente ideia. — Seu rosto se abriu em um sorriso.

— Qual é essa excelente ideia? — perguntou Philipe, que acabara de chegar. — Posso saber o que as duas estão tramando? Não se esqueça do almoço de hoje, Madalena. Tem que ser especial, assim como a convidada. Agora me contem!

— Vou ver Hector; estou preocupada com ele. Assim, aproveito e faço uma surpresa.

— Vou com você. — Seus olhos brilharam intensamente. — Ele vai gostar de me ver.

— Não vai sair daqui, querido. Ordens são ordens! Está de repouso absoluto e não pretendo visitá-lo novamente no hospital. — O jovem aproximou-se de Madalena e a abraçou com todo o carinho.

— Apenas uma voltinha. Ninguém precisa saber — disse em tom de conspiração.

— Não sei se será conveniente, Philipe. Sua médica pediu que permanecesse em repouso, lembra-se? E ela estará aqui para se certificar de que você está seguindo suas orientações. — disse Sophie.

— Estarei de volta antes dela chegar. Vamos, estou ansioso para dar um abraço nele. Ele terá uma dupla surpresa. — E disse para Madalena. — Onde está Lucille? Já acordou?

— Sim, está dando sua volta com Rosa pelas redondezas. O dia está límpido, e ela aproveitou para dar seu passeio. Estará de volta em breve.

— Então temos que nos apressar, Sophie. Tome logo seu café, vou chamar Jairo. — e saiu carregando uma fatia de bolo entre as mãos.

— Este é Philipe! Cuide dele e volte logo. Traga Hector com vocês. — Sophie beijou Madalena e saiu apressada.

No caminho, Jairo disse que precisava ir até a cidade e que voltaria no máximo em uma hora. Tinha de pegar algumas encomendas para Gigi.

— Tempo suficiente para convencermos esse ermitão a almoçar conosco. — disse Philipe.

Jairo os deixou na porta da casa de Hector e saiu. Philipe e Sophie se dirigiram à casa e bateram à porta.

O homem que estava na vigília viu o carro se aproximando e foi alertar Rogério.

– Temos visitas. O que faço? – disse ele apreensivo. Já não estava gostando do rumo que aquele sequestro estava tomando.

– Deve ser apenas a ronda. Fique aqui. – E, aproximando-se de Hector, disse: – Nenhum movimento, ou já sabe. Não quero ouvir sua voz, entendeu bem? – e apontou a arma para a cabeça dele.

Quando ouviram batidas à porta, perceberam que teriam problemas. Sophie abriu a porta e chamou por Hector, já entrando. Quando se deparou com a cena, teve ímpetos de voltar, mas alguém já fechara a porta. Olhou para Hector e viu a arma apontada para sua cabeça.

– Vocês dois, não façam nenhum movimento, ou mato este aqui. – Os dois jovens ficaram paralisados. Philipe olhou para o irmão e viu o temor que se estampara em seu rosto.

– Ora, ora, a família está reunida. – e deu um sorriso cruel. – Não pensava que teria os dois irmãos reunidos aqui. Ainda não conheço esta jovem. Quem é você?

Hector olhava para Sophie, pedindo que ela não revelasse quem era. A jovem estava aterrorizada com a situação e só queria ficar perto dele. Aqueles homens seriam os mesmos que estavam ameaçando a família? Sentiu que o temor foi sendo substituído por uma força incomum. A coragem sempre fora um de seus atributos.

– Sou Sophie. E você, quem é? – disse com toda a energia.

– Jovem petulante! Deve ser da mesma família! – e, olhando para o jovem, falou: – E você deve ser Philipe, o irmão irresponsável que causou a morte da sua esposa. – Voltou-se para Hector: – Sei de toda a história, aliás, todos conhecem os pormenores dessa família. Quer que eu acabe com ele? – perguntou a Hector com um sorriso sarcástico.

Philipe estava prestes a revidar, quando Sophie segurou seu braço, contendo-o.

– Não faça nenhuma besteira, Philipe. Contenha sua impulsividade.

– Você não respondeu à minha pergunta ainda. – insistiu, dirigindo-se ao médico.

– Não vou cair nessa sua tortura psicológica. Deixe-os ir. Já tem a mim, não lhe basta?

O homem andava pela sala como se refletisse na atual situação. Por fim, falou:

– Não me basta! Quero que seu pai sinta toda a dor que eu puder causar. – disse ele com os olhos distantes, como se não estivesse lá.

– Philipe e Sophie, fiquem calados, eu lhes peço. Não compliquem ainda mais a situação.

– Você está bem? – disse ela, aproximando-se de Hector. Um dos homens tentou impedi-la, mas ela foi em frente e ficou ao lado do médico. – O que aconteceu? – perguntou a ele, como se não existisse ninguém mais naquela sala. Ele ia responder, quando Rogério falou com energia:

– Mocinha, fique distante dele, ouviu bem? – e, puxando-a, fez com que ela se sentasse no outro sofá. – E você, encrenqueiro, sente-se aqui. – Philipe olhou para o irmão, que mentalmente pedia-lhe que obedecesse. – Quero todos quietos; tenho um importante telefonema a dar.

Pegou o telefone e discou para a casa-grande. Em instantes, Gilles atendia:

– Quanto está disposto a pagar para ver seus filhos novamente? – e nenhum som foi ouvido, até que ele disse com fúria: – Não acredita? Então ouça – e levaram Hector até o telefone.

– Pai, sou eu. – e ouviu a voz do pai em total desespero. – Pare de falar e escute. Philipe e Sophie estão aqui comigo. – Rogério tirou o telefone do médico.

– E agora, ainda duvida? Amanhã quero a quantia de... – e falou um número exorbitante.

– Não tenho como conseguir tudo isso em apenas um dia. – disse Gilles aflito.

– Então diga adeus a eles. Isso ainda é pouco perto do que fez com meu pai, seu calhorda! Volto a ligar mais tarde!

– Não faça mal algum a eles, eu lhe suplico. Eles são a única coisa que eu amo!

– Meu pai também era a única pessoa que eu amava, e você o tirou de mim. Faça isso e os verá com vida. – e desligou. Virou-se para os comparsas e disse: – O jogo já se iniciou. Em breve estaremos ricos.

– Seu pai foi apenas o pretexto para essas ações indignas. Você aproveitou o ensejo, planejando esse sequestro. Não é só a vingança que o move. – Philipe disse.

A fúria tomou conta de Rogério, que passou a agredir cruelmente o jovem. Hector ao ver o irmão naquela situação soltou-se, pulando em cima do agressor. A confusão estava armada, mas por pouco tempo, pois Sérgio foi em defesa do chefe e resolveu a questão em instantes. Com a arma na cabeça de Sophie disse:

– Os dois vão se acalmar ou esta jovem estará caída no chão com uma bala na cabeça em alguns segundos.

Hector soltou Rogério, que se levantou dando um chute em Philipe. Este se contorcia de dor. O irmão o examinou e viu que um dos pontos se abrira; o sangue começou a escorrer. Ele mal conseguia falar, mas ainda assim disse:

– Perdoe-me, Hector. Por tudo!

Hector o abraçou com todo o seu amor. Seus olhos estavam marejados, e a grande preocupação era levá-lo novamente para o hospital.

– Olhe o que fez! Ele precisa ir para o hospital com urgência.

Rogério começou a gargalhar e disse:.

– Você não entendeu ainda nada, não é mesmo? – Seu olhar dizia tudo, fazendo-o entrar em pânico. – Nós já vamos embora, mas vocês irão conosco. E não será para o hospital.

Sophie estava no chão, cuidando de Philipe, que estava pálido e com o rosto contraído de dor. Ela olhou para Hector e, mesmo sem palavras, compreendeu a gravidade do momento. Eles não os deixariam vivos, essa era a questão!

Ele fez uma nova ligação e, em menos de cinco minutos, um carro se aproximou.

— Vamos, chegou nossa condução. Você — referia-se a Hector —, leve seu irmão.

— Por favor, deixe-os aqui. Você já me tem! Sei o que pretende e não vou discutir com você. Mas deixe-os em liberdade. Esta jovem nada tem com sua vingança. Ela é apenas uma parente distante que acabou de conhecer a família. Meu irmão nada fez para você, é apenas um jovem irresponsável, como você mesmo disse. Deixe-o vivo! Se pretende que meu pai sofra, deixe-o viver. Sua morte nada acrescentará a Gilles! — Ele falava baixo, com total controle de suas emoções. Tentaria de tudo para salvar Philipe. Ele tinha tanto a viver; não podia permitir que as coisas terminassem daquela maneira tão injusta. Olhava-o com firmeza, tentando dissuadi-lo de seus planos.

Sophie ouvia o diálogo, que ocorria a seu lado, e não aceitava os termos que Hector propunha àquele homem. Não o deixaria, essa era sua certeza. Olhou para o médico e disse com toda a coragem:

— Eu vou com você! Não importa o que aconteça, quero estar a seu lado, ouviu bem?

Rogério ouviu atentamente o discurso proferido por Hector e decidiu aceitar:

— Você me convenceu. Os dois ficam! — e Hector suspirou aliviado.

— Você não toma decisões por mim! Eu já disse que irei com você! — Seus olhos se fixaram nos dele, e o que ele viu foi algo tão intenso, como há muito não sentia. Ela o abraçou com todo o seu amor e assim permaneceram, unidos em um doce abraço. Mas ele a soltou e disse com os olhos marejados:

— Fique, tem tanto a viver! Não sabe o que está pedindo.

– Sei, querido! Não vou deixá-lo nem agora, nem nunca mais.

Philipe a tudo observava e tentava argumentar:

– Hector, quero ir com você! Não vou me perdoar se algo lhe acontecer. – Lágrimas escorriam por seu rosto.

– Eu não vou me perdoar se algum mal recair sobre você. Você me perdoa tudo o que o fiz passar todos esses meses? Sempre será meu irmão amado, jamais se esqueça disso.

# CAPÍTULO 29

# PLANO DE FUGA

Rogério se aproximou e finalizou o diálogo entre os dois irmãos e Sophie:

— Chega de melodramas. Se a jovem insiste em ir, o problema é dela. — e, apontando para Philipe, concluiu: — Você fica, e diga a seu pai que espero que ele cumpra o prometido. Agora, vamos!

Hector colocou o irmão no sofá e pediu que ele ficasse calmo. Gilles, certamente, iria procurá-lo lá.

— Eu o amo! Perdoe-me e cuide-se! — e olhou para Sophie, que estava determinada a acompanhá-lo. — Tem certeza de que quer ir comigo? Fique com Philipe, eu lhe peço.

— Já disse que vou com você para onde for, até... — e não finalizou, pois ele a beijou com toda a paixão.

Sérgio, um dos capangas, puxou Hector e Sophie para fora. O tempo estava cronometrado e não podiam cometer deslizes.

— Vamos, chega de conversa. — e os empurrou para fora da casa.

Os dois entraram no carro, sem saber qual seria seu destino. A única certeza era de que estariam juntos! O carro saiu em disparada, com destino à mina abandonada. Era uma pequena estrada, quase desconhecida. A não ser a família Busson e alguns colonos, poucos conheciam sua existência – local adequado para abrigar quem estivesse fugindo.

Em poucos minutos, chegaram ao local e, para surpresa de Hector, era o lugar preferido de sua infância. Conhecia aquela mina mais do que tudo na vida. Ele e Philipe conheciam cada galeria daquele lugar. Riu intimamente, pensando se aquele não seria seu destino final. Lembrou-se de Lucille e de suas restrições àquele local, pelo perigo que corriam. E ele, agora, lá estava.

Os homens desceram do carro e levaram os prisioneiros para dentro da mina. Era muito escura e fria. Sophie abraçou Hector e entraram vagarosamente. O local era de difícil acesso, com muitas pedras pontiagudas, tornando a caminhada penosa. Rogério e mais dois homens acompanhavam Sophie e Hector. As lembranças assomaram enquanto caminhava pelas galerias abandonadas. Algumas lamparinas iluminavam o caminho tão conhecido do médico. Chegaram a uma pequena entrada que dava acesso a um túnel, e Rogério pediu que parassem.

– Fim da linha para vocês. Aqui ficarão até que voltemos com o dinheiro que seu pai está providenciando. – e, com um sinal, os homens amarraram os dois. – Luiz, você fica de guarda. Não será por muito tempo. Sérgio virá cobri-lo quando anoitecer. Tem água e mantimentos. – Apontou um alforje jogado em um canto. Colocou a lamparina em um suporte na parede, deixou lanternas com o rapaz e disse: – Voltarei de noite com mais notícias.

– Vai nos deixar aqui até quando? – Sophie perguntou.

O homem permaneceu silencioso. Antes de se virar, falou:

– Se tentarem alguma coisa, atire para matar. – Encarando Hector, finalizou: – Nada pessoal! – e saiu.

– Está muito frio aqui – disse Sophie, aconchegando-se a Hector.

– Você quer ficar perto de mim, que eu sei. – tentou brincar, para descontrair a tensão reinante. – Não esperava esse tipo de segundo encontro. – e sorriu. – Desculpe ter colocado você nesta situação arriscada.

– Na verdade, fui eu mesma que me coloquei nesta situação. Você até que tentou me livrar, mas não iria ficar longe de você. Era isso que estava indo lhe dizer, goste você ou não. – Seu olhar estava iluminado pela luz fraca que irradiava. Os dois se olharam com ternura e em seguida seus lábios se tocaram delicadamente.

– Não sei o que vai acontecer conosco, mas quero que saiba que você é uma mulher especial, daquelas que não conceberia mais ficar distante. Estava ansioso por revê-la e deveria ter ido ontem ver você. Mas a chuva...

– O que você pretendia dizer quando me encontrasse? – perguntou ela sorrindo.

– Que estava disposto a seguir em frente e ficar com você. O que iria me responder?

– Que era tudo o que eu queria ouvir! Era para fazer uma surpresa, mas, pelo visto, foram eles a nos surpreender. – Olhou para o rapaz que empunhava a arma e perguntou: – Sabe o problema que está criando para si próprio?

Luiz, assim ele se chamava, disse com ironia:

– Vocês criaram um grande problema para Rogério e agora ele deseja que todos paguem pelo que ele está sofrendo.

– Nada temos com isso, e você sabe. Punir um inocente é fazer justiça? – A pergunta direta o desconcertou.

– Nenhum de vocês é inocente! Estão sempre a humilhar aqueles que não possuem posses. Não se importam se estamos vivendo ou apenas sobrevivendo; nossas vidas não são importantes para vocês. Não creio que sejam diferentes! Fazem parte da mesma família que sempre ditou as regras por aqui! – Havia amargura em sua voz.

– Nem todos pensam assim e você sabe! Ninguém é igual, e cada criatura é única em sua conduta e moral. Não sei os desmandos que Gilles cometeu, mas posso afirmar que nós não somos como ele. Vai cometer uma grande injustiça se seguir com os planos de Rogério. Sei o que ele pretende fazer conosco e nada justifica tal vilania, principalmente porque nada lhe fizemos. Na hora decisiva, terá coragem de colocar uma bala em minha cabeça? E na de um médico que apenas cuida de salvar vidas? – Havia emoção em suas palavras, mas o homem parecia inacessível.

– Moça, fique quieta! Pare com esse discurso que não levará a modificar o que ele planejou para vocês! Vou ganhar um bom dinheiro, e isso me basta! – e saiu de perto.

– Você tem uma boa lábia! – disse Hector com um sorriso.

– Mas não o convenci! De que valeu? Vamos morrer aqui? – perguntou ela com o olhar assustado.

– Não, Sophie. Não pretendo morrer neste lugar tão especial.

– Philipe me contou sobre as aventuras que ambos viviam às escondidas. Disse que tem uma cachoeira bem próxima a essa mina e que vocês estavam procurando a galeria que levaria a esse lugar.

– Tentamos encontrar essa saída, mas eram tantas as tentativas, e muitos os empecilhos. Algumas galerias desabaram e era impossível passar por elas, o que nos atrasou a descoberta. E agora... – Não terminou a frase.

– Precisamos sair daqui, Hector. – Havia tanta energia em seu olhar, que ele disse:

– Tem razão, não vamos desanimar. – e, com o olhar, procurou alguma pedra pontiaguda que os ajudasse a se soltar das cordas. Deslocou-se lentamente até a pequena pedra, pegando-a entre as mãos. Iniciou a tentativa de se soltar, quando o homem voltou e olhou para ele com atenção.

— Não tente nada ou atiro na sua namorada, ouviu bem?
Sophie sorriu para Hector com carinho:

— Já somos namorados? — brincou ela. — Gostei!

— Por que não? Aceita ser minha namorada? — pediu ele. Os dois se entreolharam e viram ali toda a paixão contida.

— Não só sua namorada. Teremos tempo para mais? — Seu olhar ficou subitamente triste.

— Confie em mim! — e falou baixinho em seu ouvido: — Prometo tirar você daqui. — Beijou-a novamente, selando definitivamente a relação de afeto entre eles.

Na casa de Hector, Philipe levantou-se e pegou o telefone, ligando para sua casa.

— Pai, venha até aqui. Preciso de você! — e sentou-se no chão frio da sala. Colocou a mão em seu ferimento, e sua camisa já estava encharcada de sangue. Não conseguiu se levantar e lá permaneceu, aguardando a ajuda que deveria chegar em instantes.

Passados dez minutos, Gilles entrou na casa e viu o filho caído. Débora, a médica, o acompanhava e passou a examiná-lo com a expressão séria.

— Temos que levá-lo até o hospital.

— Não, quero ir para minha casa. Por favor! — O olhar de súplica que ele oferecia não a convenceu.

— Eu sou a médica aqui — disse em tom firme.

— Não, você é minha convidada para o almoço. Lá você vê o que fazer. Pai, preciso lhe contar tudo o que aconteceu aqui.

— Depois, filho. Agora fique quieto e vamos para casa. Doutora, pode me ajudar? — e os dois levantaram o rapaz, que se contorcia em dores.

O caminho de volta foi penoso para o jovem. Assim que chegaram, Madalena os recebeu com a expressão grave.

— Meu menino, o que aconteceu?

— Madá, depois prometo contar tudo, agora quero me deitar.

— Ajudem-me a levá-lo até o quarto; preciso de toalhas limpas e água. Tenho o restante comigo, mostrando sua maleta. Já no quarto, ela tirou a camisa ensanguentada de Philipe e examinou detidamente a cicatriz recente. Um dos pontos se rompera. Limpou o ferimento e olhou para ele com a expressão preocupada. — Não posso deixar do jeito que está. Tenho que dar um ponto. Vai doer, Philipe. Mas será necessário. Vou tentar ser o mais rápida possível.

Preparou os instrumentos para tal procedimento. Em alguns minutos, tudo estava concluído. Philipe estava pálido, com a expressão contraída, e respirava pesadamente.

— Pensei que tinha vindo almoçar comigo, não me fazer sofrer.

— Eu também! Esperava uma recepção formal, um almoço delicioso e um dia divertido. Ainda está me devendo tudo isso. O que aconteceu para ficar nesse estado? Andou brigando? — perguntou ela, examinando seu rosto, no qual havia algumas escoriações.

— Não, apenas apanhando. É uma longa história. — Neste momento, Gilles entrou em seu quarto e o inquiriu.

— Filho, conte-me tudo. Não sei o que fazia lá, mas espero que tenha uma boa explicação para ter saído escondido daqui sem os seguranças. — Havia repreensão em sua voz, e Philipe, desta vez, tinha de admitir que ele estava certo.

— Sophie foi ver Hector e pedi para acompanhá-la — disse envergonhado.

— Novamente essa jovem causando transtornos. — disse sério.

— Ela não causou transtorno algum; não poderíamos imaginar que aqueles homens lá estivessem, colocando em ação a ameaça feita.

— Quantos eram? — O pai mentalmente anotava tudo.

— Eram três. Um deles é o filho do tal funcionário morto. Eles ligaram para você pedindo uma determinada quantia. Em seguida, levaram Hector e Sophie para algum lugar. Pretendiam me levar junto, mas meu irmão convenceu-os de que seria um péssimo negócio. Meu valor está em baixa no mercado, certo, Gilles? – Ele tentava irritar o pai, que não se submeteu à brincadeira.

– Você e seu irmão não estão à venda. Continue, por favor! Preciso de todas as informações de que se lembrar. – Ele estava compenetrado no relato.

– Levaram os dois e me deixaram lá, apenas isso.

– O que esse rapaz falou? Algo sobre o lugar aonde levaram seu irmão?

– Não, papai. Apenas estava irritado com você, desejando que sofresse tudo o que ele estava sofrendo. Ele é assustador e não sei do que é capaz. Precisamos encontrar os dois. Vai conseguir o dinheiro? – perguntou ele.

– Isso é o que menos importa. Sabe que terei em mãos a quantia solicitada no tempo que eu desejar. No entanto, não podemos ficar vulneráveis a esses usurpadores. Temos que encontrá-los antes disso. Já chamei uma equipe especial que cuidará do caso. – Ia saindo, quando o filho o chamou.

– Está pensando em enganá-los? E Hector, como fica? Sophie? Não faça nada que possa prejudicá-los.

– Eles são nossa prioridade, Philipe. E faremos tudo para resgatá-los em segurança.

– Pensa em não pagar o que ele está pedindo? – Seu olhar se enfureceu.

– Não disse isso, filho. Já tenho a quantia, se é o que deseja saber. Mas qual a garantia que teremos de que os manterão vivos? Vamos aguardar a ligação; enquanto isso, não estaremos parados. Acalme-se, Philipe. Procure ficar bem e deixe que eu resolvo esse problema. Não vamos perder o foco em um momento tão crítico como este. Cuide-se, e obrigado, doutora. – Saiu, deixando o jovem profundamente irritado.

– Ele só pensa em não perder nenhum milésimo dos bens que administra. Ele foi responsável por tudo o que está acontecendo! E se matarem os dois? – Passou da raiva para o temor em instantes.

– Seu pai tem razão, acalme-se. E não pense o pior! Confiemos que tudo se resolverá.

– Você não viu o que vi! Tenho muito medo de que algo terrível aconteça. E nada pude fazer para ajudar. Foi ele quem me salvou! – e as lágrimas escorreram.

– Não fique assim! Tudo ficará bem! – e o abraçou.

Na sala, as três mulheres estavam apreensivas. Quando Gilles retornou do quarto do rapaz, quiseram saber tudo o que lá ocorrera.

– Pedi tanto que ele viesse para cá. Sabia que estaria vulnerável naquele lugar. Ele não permitiu que deixasse uma equipe por lá. Não acreditaram que minhas suspeitas pudessem se concretizar. Agora, ele e Sophie estão nas mãos desse louco que pretende se vingar de nossa família. A fazenda é imensa e podem estar em qualquer lugar, até no mais imprevisível. Aumentei o contingente e esperamos ter notícias deles no menor tempo possível.

– Gilles, não podemos deixar esse homem mais furioso do que já se encontra. Pague o valor que ele pedir! – Lucille falava com energia.

– Nada vai garantir que eles sejam poupados. – A expressão dele era de pesar.

– Não diga isso, entendeu? Eles estarão de volta em breve. E você, não entre em atrito com eles em hipótese alguma. – Madalena estava ao lado, segurando a mão da amiga.

– O que pretende fazer, Gilles? Ficar esperando o telefonema? – perguntou Gigi.

– Gostaria de acompanhar as buscas, mas tenho que aguardar. Disse que ligaria até o final do dia.

– E a polícia, já foi acionada?

– De que adianta, Gigi? Eles podem comprometer o que já se encontra complexo. – Ele segurava a tensão, mas via-se que estava em seu limite. Porém, precisava demonstrar que estava no controle.

O dia foi tenso e angustiante. O telefone não tocara durante toda a tarde. Rogério queria deixá-lo transtornado com a ausência de notícias. E sofrendo com a situação!

Na mina, a situação também não se alterara. Os dois continuavam na mesma situação, ainda amarrados. Sophie já sentia os braços latejando e pediu que o homem afrouxasse as cordas.

— Sinto muito, moça. Mas não posso!

— Por favor! Estou implorando!

O homem se compadeceu da jovem e foi em sua direção. Nesse momento, Hector, que conseguira se soltar, arremeteu-se sobre Luiz, e a confusão se estabeleceu. Os dois lutaram por alguns minutos, enquanto Sophie, já desamarrada também, esperava a chance de pegar a arma.

No embate, a arma disparou contra a parede. Outro tiro foi dado, até que um tremor ocorreu. As estruturas da mina eram frágeis e qualquer movimento poderia causar um desabamento.

No mesmo instante, Sérgio, o outro capanga, entrou e finalizou o confronto.

— Pare ou atiro na jovem. — Hector soltou o homem e lá ficou, estirado no chão. — Vamos embora, deixe-os aqui. Já está na hora.

Sophie não compreendera o significado daquelas palavras, apenas se uniu a Hector.

Os homens saíram apressados de lá, deixando-os sozinhos naquele local. O médico ainda estava deitado, e só naquele instante percebeu o líquido quente saindo do lado esquerdo do corpo. A bala o atingira; procurou sentar-se. Sophie olhou a mancha na sua camisa e se desesperou.

— Hector, você foi atingido! — O pânico se instalou, e ele procurou acalmá-la.

— Não foi grave, apenas me ajude a conter a hemorragia. — e rapidamente ele rasgou um pedaço da camisa e colocou sobre o ferimento, pressionando-o. — Fique calma, preciso de sua ajuda. Algo vai acontecer e precisamos sair daqui. Não sei o que eles estão tramando; temos que procurar um lugar seguro. — Ele tentava manter o controle da situação.

— Existe algum lugar seguro por aqui? — perguntou ela. Ele esboçou um sorriso e disse:

— Não se esqueça de que conheço cada palmo de chão deste lugar.

— Mas só uma saída, pelo que percebi. — Seu olhar demonstrava toda a tensão.

— Tem outra saída, e é a que vamos utilizar. Ajude-me. — Ela o amparou, e ambos foram caminhando pelas galerias. Sophie pegou a lamparina que lá fora deixada, e a luz fraca iluminava o local. Era assustador!

De repente, uma forte explosão foi ouvida, e toda a mina pareceu sacudir. Ele agora compreendera as intenções de Rogério. Sentiu a raiva assomar. Olhou para Sophie, que estava ao seu lado, e disse:

— Aquela saída foi fechada. Agora não temos outra alternativa senão encontrar aquela galeria que nos levará para fora.

— Desde o início, a intenção deles era nos matar. Ninguém sabe que estamos aqui! Não vão nos procurar neste lugar! — as lágrimas escorriam livremente por seu rosto. — Vamos morrer aqui! — disse Sophie em tom solene.

— Não, minha querida, não vamos morrer aqui, já lhe disse. Confie em mim! — e a abraçou com toda a ternura. — Isso não vai acontecer, afinal, eu ainda nem a convidei para jantar comigo. Não vou perdê-la, entendeu? — Sentiu a camisa já encharcada e se sentou. Não poderia, agora, colocar tudo a perder. Tentou manter a serenidade e buscar em suas lembranças a chave do enigma, nunca antes decifrado: a saída oculta de que apenas os que a haviam construído tinham conhecimento. Sondou sua mente, lembrando-se das incursões na companhia do irmão. Havia um túnel que jamais tinham conseguido ultrapassar. Fechou os olhos e mentalizou o caminho que os levaria até lá.

Levantou-se, respirando fundo, tentando não pensar na dor que sentia e pediu:

— Vamos seguir por aqui. — e caminharam vagarosamente por galerias sem fim, até que tudo pareceu tremer. A explosão abalara as estruturas, e um novo desabamento estava para ocorrer. Hector empurrou-a para o chão e colocou seu corpo sobre o dela. As pedras começaram a cair, e o barulho era ensurdecedor. Assim permaneceram até que tudo cessou.

Sophie chamou por Hector, e ele não respondeu. Com muito esforço, empurrou-o para o lado e viu que estava desfalecido. Começou a gritar seu nome com toda a força.

# CAPÍTULO 30

# A MINA

Do lado de fora, Rogério admirava sua obra. Após a explosão, constatou que a entrada estava soterrada definitivamente. Ninguém os encontraria, afinal, não poderiam imaginar que lá estivessem. Gilles pagaria muito caro por tudo o que fizera seu pai sofrer. Um sorriso macabro delineou-se em seu rosto.

— Pronto. Negócio feito! Agora, vamos pegar nosso dinheiro. Sérgio e Luiz, temos tarefas a realizar. — e saíram de lá, dirigindo-se a uma pequena casa, já fora da fazenda. Entrou e pegou o telefone. — Agora chegou o momento. — Discou o número já conhecido e falou: — Está com o dinheiro?

— Onde está meu filho? Só receberá quando eu tiver certeza de que ele está vivo. — O silêncio imperou por apenas alguns segundos, e Rogério friamente retrucou:

— Quem dá as ordens aqui sou eu! Se pretende vê-lo vivo novamente, faça o que eu mandar; caso contrário, não me custa nada dar um tiro na cabeça dele e da namorada.

Gilles entrou em pânico só de imaginar a cena e rendeu-se às suas petições.

– Onde faço a entrega? – perguntou ele.

– Você não, sua tia. É ela que eu quero que seja a portadora.

– Mas ela é cega, não sabe? Não posso colocá-la nessa situação.

– Por esse mesmo motivo. O motorista a levará para o local que eu determinar. E, se alguém os seguir, não me responsabilizarei pelas minhas atitudes. – e informou o local. Gilles estranhou, mas acatou. Falaria com Lucille, que, certamente, não se recusaria a colaborar. – Quero esse montante às dez horas, nem um minuto a mais, ouviu bem? – e desligou com um sorriso vitorioso. – Agora é só aguardar. Isso me deu um apetite!

Gilles estava transtornado quando desligou o telefone. As mulheres aguardavam que ele se pronunciasse.

– Lucille, ele quer que você leve o dinheiro até o casarão velho. Jairo a acompanhará. Se seguirem vocês, não veremos Hector e Sophie novamente. – O semblante dele estava tenso. Nada garantia que eles ainda estivessem vivos, mas não podia correr riscos. A tia estava serena e assentiu:

– A que horas devo ir?

– Às dez horas, no local combinado. Sinto muito colocá-la nessa situação – e a abraçou com carinho.

– Vamos resolver essa questão o mais breve possível. Quero os dois de volta, Gilles. São os menos responsáveis por todo esse problema. Teremos uma longa noite. Madalena, fique calma; em breve estarão de volta. – falou, sentindo a preocupação da amiga. – Gigi, dê algo a sua mãe. Preciso que ela esteja bem. – e, apertando a mão da amiga, acrescentou: – Já passamos por momentos piores e sobrevivemos. Não pense o pior.

Débora, a médica, ainda se encontrava na casa e, por precaução, Gilles solicitou que ela lá permanecesse. Havia seguranças por toda a parte e seria cauteloso ninguém deixar a casa. Philipe adormecera, e ela foi até a sala.

— Philipe está bem, mas talvez tenhamos que levá-lo ao hospital. Ficarei com ele, já que estou retida aqui. — Seu olhar demonstrava desagrado.

— Sinto muito colocá-la nessa situação conturbada. Estamos em um momento de extrema complexidade. Meu filho foi sequestrado e estamos em negociação. Temos que evitar qualquer movimentação desnecessária. Nossos homens estão vasculhando cada canto desta fazenda. Perdoe-nos, doutora — falou, tentando ser cordial.

— Ficarei com seu filho mas, se perceber sua piora, teremos que removê-lo para o hospital.

— Agradeço sua compreensão. — E saiu da casa. Chamou um dos homens e conversou com ele durante alguns minutos. Podia se ver que Gilles estava alterado perante o ocorrido. Gigi percebeu o estado em que ele se encontrava e foi em sua direção.

Lucille estava confiante de que tudo seria resolvido de forma favorável. Não havia mais lugar para novas tragédias! Débora sentou-se na confortável sala e disse:

— Nosso paciente está fragilizado e teme que o pior aconteça. Dei algo para que ele se acalmasse e dormisse por algumas horas. Assim poderemos retê-lo no quarto. — Havia um sorriso em seu rosto. — Ele disse que o irmão o perdoou, e creio que tenha sido libertador para ele. Não sei detalhes da história, mas todos no hospital acompanharam a tragédia pessoal de Hector. Apenas não conhecíamos os pormenores. Foi um momento terrível, e essa jovem, Sophie, parece tê-lo resgatado do mundo sombrio em que ele decidiu permanecer. Philipe disse que ela quis acompanhá-lo, negando-se a se afastar dele.

— Sophie fez uma escolha e espero que tenha sido a adequada perante as circunstâncias. Ela não o deixaria sozinho. — disse Madalena com a expressão tensa.

— Não sei exatamente o que aconteceu para que tenha conduzido a essa finalização. Sei apenas que o momento requer muito equilíbrio. Se precisarem de algo, estarei com Philipe. — e saiu em direção ao quarto dele.

Lucille estava pensativa, fazendo conjecturas sobre os possíveis cenários. Em todos eles, percebia que estavam em desvantagem. Gilles tinha razão em duvidar de que eles cumprissem o prometido. Aquele homem mais se assemelhava a um ser desprovido de caráter, aproveitando o ensejo para dar vazão ao seu lado amoral. Não era só a vingança que o movia, mas a ambição desmedida, a ganância e a insensibilidade. Sentiu um calafrio por todo o corpo e a angústia assomou em seu coração. Seu menino já passara por tanta coisa e ainda tivera de se submeter a esse facínora! Elevou seu pensamento a Deus e pediu que cuidasse dos dois jovens, que ainda tinham uma linda história a viver. Que Ele os protegesse! Que os amigos espirituais estivessem cuidando para que nada fugisse ao controle e comprometesse essas vidas! Aos poucos, foi se acalmando e falou:

— Minha amiga, confiemos que tudo irá se resolver. Sei o que a angustia, e as lembranças não são favoráveis. Aquilo não irá se repetir, confie!

— Pensei que já quitara minha dívida, mas vejo que ainda tenho o que resgatar. Nossas ações no pretérito sempre vão nos procurar no presente. — e seu olhar se perdeu no vazio. — Se algo acontecer ao meu menino...

— Aquela tragédia não vai se repetir, Madalena. Aquiete-se, eu lhe peço. Preciso de você!

Lucille procurou a mão da amiga e beijou-a em um gesto de profundo carinho. Madalena a abraçou, e lágrimas rolaram. Assim permaneceram...

Gigi encontrou Gilles sozinho na varanda, após a conversa tensa com seu chefe de segurança. Ele não sabia como proceder.

— O que o atormenta, meu amigo? — disse ela, pousando a mão em seu ombro.

— Teremos que efetuar escolhas difíceis, Gigi. Mauro me pediu que não pague o resgate, pois não temos nada que comprove que ambos ainda estão vivos. Essa hipótese, por si só, já me tira do prumo. Eu concordo com ele, mas como dizer isso a Lucille? Ele quer que esperemos até ter uma comprovação de vida.

— Mas, se não pagarmos o que ele está pedindo, quem garantirá que ele também não execute os dois? Sei que é uma escolha complexa, mas a vida de Hector deve ser sua prioridade, Gilles. O que sua intuição lhe diz? — perguntou ela.

— É isso que estou perscrutando, mas ainda não encontrei a resposta. Não sei o que fazer! Se pagar ou se não pagar, nada vai garantir que eles voltarão vivos, entendeu?

— Sei, querido, mas acalme seu coração e procure a resposta a todos esses questionamentos. Tenho certeza de que saberá o que fazer. Tem a noite inteira para pensar. Só terá que decidir quando o momento chegar.

— Estou com tanto medo! Jamais me senti tão vulnerável em toda a minha vida. — Seus olhos ficaram marejados. Gigi sentiu a fragilidade dele e o abraçou.

— Estou aqui com você! A noite mal se iniciou e temos muita conversa para colocar em dia. — e ofereceu seu radiante sorriso.

— Obrigado, Gigi. Fique comigo! — Pegou a mão dela e a beijou. — Preciso de você!

— Eu sei, querido! — Sentaram-se e relembraram suas vidas enquanto outras vivenciavam momentos cruciais.

Na mina abandonada, Sophie tentava acordar Hector. O de-sespero começava a assomar, quando ele abriu os olhos. Olhou ao redor; a poeira ainda permanecia no ar.

— O que aconteceu? — disse ele, confuso. Tentou se virar e sentiu uma profunda dor no lado esquerdo do corpo; lembrou-se então do que acontecera momentos atrás. A cabeça agora também doía. Sentou-se ao lado de Sophie e disse: — Temos que sair daqui; essa galeria está comprometida. Outros desabamentos poderão ocorrer. Ajude-me! — e levantou-se com dificuldade, mas convicto de que ficar ali seria um perigo ainda maior.

— Para onde iremos? — e pegou a lamparina, que ainda conseguia iluminar o local com sua tênue luminosidade. Hector tentava se localizar, mas sentia-se cada vez mais confuso. Todos os túneis pareciam tão semelhantes, mas algo os diferenciava, e procurou nas paredes as indicações que ele e o irmão haviam colocado em suas incursões pelo local. Até que encontrou fincado em uma parede o nome Philipe e um número ao lado. Sorriu, lembrando-se de quando a marca fora feita e qual era seu significado.

— Esta marca é de Philipe, e o número ao lado indica o quanto estamos próximos de descobrir nossa saída. Vamos! — Armou-se de determinação e começaram a caminhar.

— Quantos túneis estão marcados? — questionou ela.

— Quando encontrarmos o nome dele sem número algum, será o caminho que deveremos seguir. Fique atenta!

Aquilo parecia um labirinto e, conforme adentravam mais profundamente na mina, mais o ar ficava pesado. Havia dutos de ar, porém, após tantos deslizamentos, a maioria havia sido comprometida. Após caminharem por mais de uma hora, estavam ambos exaustos, e ainda não haviam encontrado o tal túnel. Sentaram-se no chão úmido, e ele falou:

— Sophie, não consigo mais. Vá sozinha e me deixe aqui. Vou ficar bem, prometo. — e fechou os olhos em profunda exaustão. A jovem ficou indignada:

— Não vou deixar você, entendeu? Se ficar, ficarei também. — e pegou a mão dele entre as suas. — Não pretendo viver sem você um minuto sequer. Vamos descansar um pouco e prosseguiremos depois. Sei que pode parecer loucura o que vou dizer, mas não posso mais conceber minha vida sem você. Te amo, querido! — e o beijou com toda a sua paixão.

Hector retribuiu o beijo na mesma intensidade e a puxou para bem perto de si.

— Queria tanto ter feito tudo diferente! Tudo isso poderia ter sido evitado. Coloquei você nessa situação, e agora? Não vou perder novamente a mulher que amo! — e olhou com ternura para ela. — Você não vai morrer, ouviu bem? Vai sair daqui e viver uma vida produtiva e feliz. Por isso, escute o que vou dizer: preciso que seja forte e vá em frente. Sabe o que procurar; quando encontrar o túnel, siga em frente e verá dois caminhos. Siga o da direita. Foi o único que não seguimos. Não consigo dar mais um passo; não vou conseguir acompanhá-la. Vá, querida! Faça isso por mim!

Sophie o encarava fixamente e, fazendo uma negativa com o rosto, insistiu:

— Qual parte ainda não entendeu? Não quero viver sem você. E, se ficar aqui, morreremos juntos. Então, a escolha é sua. — e soltou-se dele, levantando-se. — Se decidir ficar, me avise, pois vou ficar ao seu lado. Vamos, decida-se! — disse de forma firme.

Hector olhou a jovem e ofereceu-lhe um sorriso triste:

— Você é mesmo muito insistente!

— Eu sei! Vamos, então? — e, com muito esforço, levantou-se e escorou-se nela, reiniciando a caminhada. Mas desta vez foi curta, pois o cansaço o dominou e ele caiu pesadamente no chão. Sophie chamava seu nome, mas não obtinha resposta.

Sentou-se a seu lado e começou a pensar em Deus e em como poderia sair de lá, com Hector.

Colado a ele, Manoel, a entidade vingativa, gargalhava dizendo:

— Estou esperando por você! Daqui a instantes consumarei minha vingança. Vou trazê-lo para cá, entendeu bem? Falta muito pouco para isso acontecer. Sua resistência está finalizando. E, quando estivermos frente a frente, veremos quem é o mais forte.

Hector, desdobrado ouvia tudo o que ele falava, sem nada entender. O que aquele ser estava lhe dizendo? Falava em vingança, mas por quê? Ele não se lembrava do que poderia ter causado àquele infeliz ser, mas deveria ter sido algo grave. E, de súbito, fez a pergunta:

— O que lhe fiz para que tenha tanto ódio de mim?

A entidade se enfureceu e foi em sua direção, ficando bem à sua frente:

— Covarde, é o que você é! Planejou minha morte, enviando-me para esse lado de cá, e agora diz que não se recorda de nada? Não acredito! — bradava ele.

— Você me parece familiar, porém não consigo recordar o que de tão grave cometi contra você. Perdoe-me, é só o que posso lhe pedir. Devo ter feito algo cruel e talvez não mereça sua misericórdia; apenas sei que o fiz sofrer e por isso lhe peço perdão.

Manoel ficou chocado com as palavras sinceras que ele proferia. Seria isso verdade, ou apenas ele estava jogando com ele? Ele armara uma cilada contra ele e o assassinara covardemente, e agora queria seu perdão? Sua fúria pareceu aumentar. Estava há tanto tempo arquitetando sua vingança, que não cederia assim tão fácil. Ele estava tão próximo de retornar ao mundo dos espíritos! Estaria com medo de enfrentar sua ira? Esboçou um sorriso maquiavélico e disse:

— Quase me enganou com todo esse palavreado. Sempre foi astuto! Mas não irá me enganar novamente.

– Não posso lhe pedir o que ainda não pode me oferecer. Respeito seu ponto de vista, porém quero que saiba que me arrependi do que fiz e, se pudesse refazer minhas escolhas, esta seria uma delas. Perdoe-me! – No mesmo instante, uma luz intensa adentrou o local, e Manoel correu de lá assustado. Essa luz foi se aproximando de Hector, que olhava deslumbrado tamanha luminosidade, até que se fez presente uma entidade feminina que olhava com muita ternura para ele. Ela colocou a mão em seu rosto e disse:

– Você agora se libertou de seus erros. Se ele aceitar seu perdão, ambos poderão seguir o caminho da evolução. Porém, depende das escolhas que ele efetivar. Você fez as suas, meu querido, e sabia que elas ocorreriam no seu próprio tempo. No seu momento de despertar. Agora, viva o presente, colocando em ação sua programação. A estrada ainda é longa e está apenas no início da jornada. Porém, não estará sozinho. Sophie o acompanhará, oferecendo apoio, compreensão, cumplicidade e amor! Que Deus ilumine seus passos! Estaremos sempre por perto! – e, com um sorriso repleto de paz, a entidade foi se afastando, deixando-o ainda atônito. Era Diana, pedindo que seguisse em frente! A emoção se instalou em seu peito, assim como o desejo de viver!

Sophie segurava sua cabeça em seu colo e o acariciava com todo amor. Foi isso que ele viu ao abrir os olhos lentamente. Seu corpo doía terrivelmente, mas sabia que não podia se entregar, senão um trágico desfecho ocorreria. Teria de prosseguir ao lado dela, com todas as suas forças. Quando abriu os olhos, ela sorriu:

– Não vou deixar você, já lhe disse. Vamos descansar um pouco e prosseguir. – Com todo o cuidado, ela olhou o ferimento dele, que não oferecia um bom aspecto, sendo mais um motivo de preocupação. – Isso está infeccionando; não há nada que possa fazer? – perguntou ela.

As mãos dele tocavam o chão de terra e pegou-as entre seus dedos, lembrando-se de algo que aprendera com Madalena e seu povo.

— Pegue um pouco de terra, faça uma massa e coloque no ferimento. Isso vai impedir o processo de infecção. Lições de Madalena! — Sophie fez como ele orientara e alguns minutos depois prosseguiram por aquele labirinto. Até que enfim encontraram a marca deixada por Philipe, mas qual não foi a frustração quando se depararam com um túnel praticamente lacrado. Um deslizamento o inutilizara totalmente. Os dois se sentaram e ficaram olhando para o local que agora impossibilitava a libertação deles.

— E agora? — perguntou Sophie com a expressão cansada.

— Não sei, meu amor. Preciso descansar um pouco. — e fechou seus olhos, adormecendo. Estava no limite de suas forças.

Sophie olhava para um lado e para outro, imaginando qual caminho deveria seguir. Sentia que estavam próximos de encontrar a saída, mas para onde deveria seguir? Dois túneis apontavam para caminhos diferentes, e não sabia qual escolher. Cansada, fechou os olhos por alguns instantes, tentando recobrar o equilíbrio mental. De repente, sentiu algo tocar suavemente seu braço. Pensou que era Hector que despertara e virou-se, mas ele continuava dormindo. Foi quando se deparou com a figura de um garoto bem à sua frente. Estaria delirando? Como ele poderia estar lá? Fixou seu olhar no dele e constatou que ele não pertencia à sua realidade. Porém, diferente de Bertrand, com quem se assustava a cada encontro, ele lhe enviava um sorriso meigo e acolhedor.

— Quem é você? — perguntou ela, observando aquele pequeno ser que a encarava sorridente. Ele se aproximou um pouco e disse:

— Sou Juliano, e você? — perguntou ele.

— Sou Sophie. Como veio parar aqui? — Estava curiosa e confusa ao mesmo tempo.

— É uma longa história e não temos tempo. Conhece minha mãe?

— Quem é ela?

— Madalena. Tenho saudades dela e ainda não consegui lhe dizer isso. Ela ainda está presa em sua culpa. Diga-lhe que estou bem e feliz. Reencontrei aqueles que estão a me ensinar o que necessito. Diga que eu a amo demais! — e, olhando para Hector, disse com olhar firme, que não parecia mais o de um garoto. — Vocês precisam sair daqui. Ele precisa de um médico.

Sophie ofereceu-lhe um olhar desconsolado e disse:

— É o que estávamos tentando fazer, mas a única saída está inutilizada.

— Vou ajudá-la a encontrar a saída. Custei a achá-la, mas consegui. — disse com um olhar vitorioso. — Só que já era tarde para mim. Vou ajudar vocês. Você vem primeiro e depois volta para ajudá-lo. Vem comigo? — e estendeu a mão para ela, que não sabia se devia ou não acompanhar o garoto.

— Não posso deixá-lo aqui sozinho — disse em tom de súplica.

— Ele não vai para lugar algum. — disse ele com um sorriso maroto. — Você encontra a saída e volta para buscá-lo.

— Existe realmente uma saída? — perguntou ela, já se levantando.

— Vou mostrar a você. Venha comigo! — e ele saiu a caminhar por um dos túneis que estavam próximos. Seguiu por uma galeria úmida e fria, caminhando por uns dois minutos, até que ela começou a ouvir o som distante da cachoeira. Seu olhar se iluminou e perguntou:

— Essa é a cachoeira que fica atrás da mina?

— Sim. Agora volte e traga Hector. — disse sorridente, como se a conhecesse de longa data.

— Vou achar o caminho de volta? Isso parece um labirinto.

— Você saberá! Agora preciso ir, as aulas me esperam. Diga a minha mãe que ela não foi responsável pelo que aconteceu; que tudo foi muito rápido e que eu sempre a amarei. Diga também que ela só voltará quando Deus a chamar, e não será agora. Agora vá!

Ela retomou o caminho e, quando lembrou-se de perguntar algo, ele não estava mais lá.

# CAPÍTULO 31

# CAMINHO PARA A LIBERDADE

A noite estava sendo longa, definitivamente. Ninguém conseguira conciliar o sono. Gilles e Gigi ficaram na varanda discutindo sobre as infinitas possibilidades de lugar onde Sophie e Hector poderiam estar. Ambos conheciam a fazenda profundamente e cada local era descartado, cada um por seu motivo.

— Peça que vasculhem cada canto, Gilles. É impossível estarem distantes daqui.

— Foi o que solicitei, mas até o momento nenhuma pista foi encontrada. Amanhã terei que efetuar o pagamento. — Seu olhar estava tenso. E continuou: — Mesmo sem nenhuma prova de vida. Lucille assim determinou.

— E assim será. Não podemos comprometer ainda mais a situação, recusando-nos a pagar o que ele está pedindo.

Madalena acompanhou Lucille até seu quarto, exigindo que ela descansasse um pouco e permanecendo com ela. Seus pensamentos voltaram ao passado, e algumas lágrimas furtivas assomaram. Tanto tempo se passara, e as mesmas emoções insistiam em visitá-la. Uma vida havia sido ceifada brutalmente pela ignorância de um desprezível ser. Tudo apenas para provar seu poder! As lembranças iam e vinham, e jamais aceitara os desígnios de Deus acerca desse triste fato. Olhou a amiga que adormecera, lembrando-se de todo o apoio que ela oferecera. Era ainda tão jovem e, no entanto, precisara tomar sérias decisões, fazendo escolhas definitivas para sua vida. Jamais se esqueceria de seu generoso gesto e a amava por isso.

O silêncio imperava, até que ouviu sons altos vindo do quarto de Philipe. Levantou-se e foi até lá, deparando-se com o jovem tentando se levantar e sendo contido por Débora.

— Não faça movimentos bruscos, acalme-se. — Ela tentava contê-lo.

— Chame meu pai, então; preciso falar com ele! Agora! — Quando viu Madalena, segurou sua mão e disse: — Chame papai, Madá.

— O que aconteceu, meu querido? Por que esse desespero? — Ele estava com o rosto encharcado de suor. Aproximou-se e viu que ele estava ardendo em febre. Olhou para a médica, que disse:

— A febre está elevada e já lhe dei remédio. Se não baixar, teremos que ir até o hospital.

— Chame meu pai; eu sei onde Hector está. — As palavras soaram como um raio. Nesse instante, Gilles adentrou o quarto:

— Por que essa gritaria, Philipe? O que pensa estar fazendo?

— Sei onde meu irmão está. — As feições de Gilles se fecharam. — Pare de brincadeira, meu filho. Como poderia saber?

— Eu sei! — disse ele com firmeza. — Está na mina abandonada. Eu o vi lá. Ele corre perigo! Faça alguma coisa! Minha intuição diz que ele está lá! — Ele quase suplicava.

— Você está delirando. Veja seu estado! Doutora, faça alguma coisa!

— Pai, mande alguém verificar, é só o que lhe peço! — o jovem insistia.

Gigi e Madalena se entreolharam e tiveram a mesma percepção.

— Gilles, faça o que ele lhe pede. Mande alguém até lá. Nem que seja por desencargo de consciência apenas. — Gigi insistiu.

— Está bem, mandarei alguém. Porém, acalme-se e procure dormir um pouco. — Foi até ele e beijou sua testa, sentindo que há tanto tempo se esquecera do carinho com os filhos. Com Hector poderia ser tarde. Com a emoção dominando, saiu do quarto, deixando todos os presentes atônitos, em especial Philipe.

— Sem comentários, meu querido. Faça o que ele pediu; procure descansar. Doutora, estaremos lhe devendo não apenas um almoço, mas muitos, por todos os problemas que estamos lhe causando. — disse Madalena à jovem médica:

— Tenha certeza de que cobrarei todos eles. — e olhou com carinho para Philipe.

Um carro saiu em direção à mina abandonada com alguns homens. Meia hora depois, quase amanhecendo, eles retornaram e chamaram Gilles. O desespero tomou conta dele, que caminhava de um lado a outro, em pânico. Gigi se aproximou e pegou em seu braço:

— O que aconteceu? Por que está assim?

— Eles foram até a mina e encontraram marcas de um carro. Possivelmente, podem estar lá. — Um sorriso assomou no rosto de Gigi.

— Então, vamos até lá. O que está esperando? — O olhar que ele ofereceu deixou-a confusa.

— Houve sinais de explosão na entrada da mina, e ela está soterrada. Não tem como entrar nela. — Gilles estava furioso, chutando tudo o que encontrava pela frente.

— Como sabe se estão lá? Algum indício? — Ela torcia as mãos em desespero.

— Só podem estar; é um local ideal, onde jamais iríamos procurar. Philipe tinha razão, mas agora é tarde demais. Primeiro, porque não sabemos se eles ainda estão lá. Se estiverem, a detonação provocou desabamentos; como saber se sobreviveram? Esse maldito quer que soframos assim como ele! Jamais teve a intenção de soltá-los com vida. — Agora, as lágrimas escorriam livremente pelo seu rosto. — O que vou dizer a Lucille?

— Pensa em não pagar o resgate? E se eles não estiverem lá e aquilo foi apenas para despistar você? Vai correr o risco e colocar tudo a perder? Estará assinando a sentença de morte de Hector e Sophie. Arcará com o ônus dessa escolha? — Ela tentava chamá-lo à razão naquele crucial momento.

— O que faço? — A dúvida atroz o induzia a se acalmar e refletir com objetividade.

— Peça aos homens que procurem um especialista e que ele verifique as condições em que a mina se encontra, se é possível escavar e encontrar outra entrada. Porém, fique calmo, Gilles. Faremos tudo o que estiver ao nosso alcance para resgatá-los. Não diga nada a Lucille, por ora. Minha mãe está com ela e peço que faça o mesmo em relação a Madalena — e o abraçou com ternura.

— Obrigado por me trazer um pouco de paz em meio a essa tormenta que assolou nossa família. — e, em um ímpeto, beijou seus lábios. Quando a encarou, viu um sorriso:

— Você é incorrigível, Gilles. — Segurou sua mão com carinho. — Vou fazer um café bem forte, me acompanha? — e seguiram para dentro.

Rogério mal suspeitava que seu plano poderia falhar, esperando o momento de telefonar exigindo seu pagamento. Passava das sete horas quando decidiu pressionar Gilles, que atendeu o telefone dizendo:

– O que fez com Hector? Quero saber agora, ou esqueça o dinheiro. – Sua voz estava firme e controlada.

– Já o avisei de que sou quem dá as ordens. Quero o dinheiro às nove horas agora, pela sua prepotência. No local combinado! E sem ninguém a segui-los! – e desligou, sentindo que a pressão aumentava a cada instante. Olhou para os homens a seu lado e finalizou: – Em breve, estaremos bem distantes de tudo isso. Ele pagará, tenho certeza – e o sorriso de vitória assomou em seu semblante.

Na mina abandonada e agora impossibilitada de permitir que alguém a acessasse, Hector despertara e tentava ver algo, mas a escuridão imperava. Sua respiração estava lenta, o ar era pesado demais e seu corpo não queria mais responder a qualquer estímulo oferecido. Sentia-se exaurido e impotente, sem ver perspectivas favoráveis à sua frente. E colocara Sophie nessa mesma condição. Havia sido um completo idiota permitindo que ela o acompanhasse naquela viagem sem volta. Tudo estava tão escuro! Onde ela estaria? Teria ido procurar a misteriosa saída? Sabia que ela existia, porém não teria tempo de encontrá-la. O ferimento aberto ainda sangrava e, como médico, sabia que a situação era delicada. Precisava sair de lá.

De repente, a intensa escuridão começou a se dissipar, e uma luz bruxuleante, aos poucos, foi se aproximando. Foi nesse momento que teve a nítida impressão de ver um rosto macabro bem perto do seu rosto, quase tocando-o. As feições endurecidas pareciam esboçar um sorriso pérfido, proferindo uma só frase:

– Em alguns instantes, estará aqui ao meu lado, e tudo estará finalizado para você! – A dureza das palavras o fizeram crer que ele era real, mas como? Estava sozinho naquela galeria! Onde estaria Sophie? Fechou os olhos com força, como se isso apagasse a imagem gravada em sua mente. Era ele que o perseguia todos esses meses, agora tinha plena certeza. A sensação de estar sendo observado, as ideias que assomavam ininterruptamente, induzindo-o ao total isolamento. Por que só agora percebera isso? Desde que Diana morrera, sua vida perdera o significado, e esse invigilante companheiro espiritual se apossara de seus pensamentos. Por que ele o queria morto? O que de tão grave teria feito contra esse irmão vingativo? Sentiu seu corpo estremecer, e já não sabia se essa sensação era física ou espiritual. Queria sair dali, mas e Sophie? Em um ímpeto, gritou seu nome com todas as forças que lhe restavam.

Aquela tênue luz começou a se aproximar mais rapidamente e, em instantes, ele pôde ouvir a voz da jovem:

— Estou chegando, Hector! — e, quando ela enfim se aproximou, ele a abraçou com todo o amor.

— Não me deixe nunca mais! Fique comigo! — Em seguida, disse: — Não há nada que possamos fazer? — Era uma pergunta, mas parecia uma afirmativa. E o sorriso que ela ofereceu o tirou de seu pessimismo:

— Encontrei a saída! — dizia ela, eufórica. — Vamos sair daqui, eu lhe prometo. — Hector lhe endereçou um olhar de espanto.

— Como conseguiu?

— Alguém me ajudou — e ele ficou ainda mais confuso. — Não importa, querido, estamos salvos. Aguente mais um pouco e sairemos daqui. — Auxiliou-o a se levantar. — Vai ter que me ajudar, pois sozinha não vou conseguir. — e começaram a caminhar pelos túneis, agora conscientes de qual deveriam seguir. A caminhada foi penosa para Hector, que chegou a pensar em desistir várias vezes, até que ouviu distante o barulho de água caindo. Estavam perto, e isso foi o estímulo que faltava para prosseguir. O caminho era cada vez mais estreito, e Sophie, incansável, não o deixou descansar:

— Falta pouco agora, querido! Temos que sair daqui! — Sua **voz estava trêmula e ansiosa.**

A passagem para fora era pequena, apenas para um corpo de cada vez. Sophie disse:

— Você vai primeiro, pois sabe o que vai encontrar. Confesso que tenho medo e desconheço a altura dessa queda. Vá na frente! — e empurrou delicadamente o médico pela diminuta passagem rumo à sua liberdade. Hector se arrastava lentamente com esforço, até sentir a água molhando seu rosto. Sentou-se em uma pedra e respirou profundamente o ar puro do local. Era uma fresta atrás da queda-d'água, um local jamais visitado sob esse ângulo. Sorriu pensando em Philipe. Ele contaria vantagem sobre ele, afinal, descobrira a saída antes do irmão. Foi tirado de seus devaneios com o toque da mão de Sophie sobre ele:

— Isto aqui é lindo! — falou, admirando a potente cachoeira à sua frente. — Como faremos?

Ele começou a examinar as possibilidades de saírem de lá e, após intensa avaliação, disse com um sorriso:

— Teremos que pular! É a única maneira de chegarmos lá. Não vou conseguir descer nas condições em que me encontro. Sabe nadar? — e ela lhe ofereceu um olhar assustado.

— Sei, mas jamais pulei de um lugar tão alto assim. Não sei se vou conseguir. Tenho muito medo, Hector. — Ela estava vacilante, e desta vez foi ele a incentivá-la.

— Querida, estarei com você todo o tempo. Não tenha medo! Temos que sair daqui; preciso de ajuda, não sei quanto tempo vou aguentar. — Seu olhar cansado foi o estímulo que faltava. — Não é tão alto assim. Prometo que voltaremos aqui em outra ocasião e será tudo diferente. Agora, precisamos saltar. — e, em um derradeiro esforço, ele se levantou e olhou para baixo, escolhendo o melhor local para saltarem. Estendeu a mão à jovem, que a segurou com toda a força.

— Promete que não vai me soltar? — Sua voz era um sussurro. Ele riu e a beijou com toda a paixão. Em seguida, dirigiu-se a um ponto estratégico e saltaram.

A queda foi rápida. A água estava fria, e ambos quase tocaram os pés na superfície da pequena lagoa. Subiram, rapidamente e foram nadando até a margem. Sophie chegou primeiro e olhou para trás, vendo Hector nadando com dificuldade. Foi até ele e, com toda a energia, trouxe-o até a borda. Lá ficaram, respirando a liberdade.

— Foi uma aventura que não pretendo repetir tão cedo. — Ele não respondeu. Puxou-o para perto de si e o virou. Seus olhos estavam fechados, como se estivesse dormindo. Chamou seu nome várias vezes, mas ele não dava sinal algum. Começou a ficar apavorada e o sacudiu com força. — Fale comigo! — Estava já em pânico, quando seus olhos se abriram lentamente. Ela o abraçou com força. — Não faça isso comigo nunca mais!

— Não consigo dar nem um passo a mais, minha querida! Vá buscar ajuda. — e deu algumas orientações de como sair de lá. Teria uma boa caminhada pela frente, mas era a única opção que tinham. Havia uma família a alguns quilômetros dali, e tinha que chegar até eles. Ela ajeitou-o embaixo de uma árvore. O dia estava amanhecendo, e isso seria uma vantagem para Sophie. Ela relutava em deixá-lo sozinho, mas não havia escolha.

— Fique tranquila, não irei a lugar algum. Vou ficar esperando você! — e sorriu para ela.

— Interessante, ele disse a mesma coisa. — falou, lembrando-se de Juliano, o garoto que a ajudara a encontrar a misteriosa saída.

— Quem disse a mesma coisa? — perguntou ele, sem entender o que ela pretendia dizer.

— Depois conto tudo. — Antes de partir, beijou-o com carinho.
— Me espere! — Ele olhou sua salvadora com admiração e amor.

— Te amo, garota insistente! Não sei o que faria sem você!

— Te amo também. Não sei se é loucura o que sentimos, mas sei que é real! Volto logo! — e saiu na direção indicada a passos rápidos. Estava em seu limite, mas era a única esperança de Hector. Encontraria as pessoas e voltaria com a ajuda.

Na casa- grande, todos já estavam acordados, aguardando o momento de fazer a entrega do dinheiro. Lucille tomava seu café com Madalena e sentia a energia que ela irradiava:

— Minha amiga, esses fatos não ocorrerão novamente. Confie em Deus! Em breve, teremos nosso menino e a mais nova integrante da família junto a nós.

— Gostaria de ter essa mesma fé, Lucille. Porém, as lembranças afloraram e não consigo deixar de pensar no que fizeram com ele. — Não conseguia sequer falar o nome.

— Isso ficou no passado, como uma triste tragédia. Eles pagaram pelo que fizeram, e você sabe disso. A justiça dos homens e a de Deus! Essa última os encontraria, cedo ou tarde! Dê-me um abraço e diga que ficará bem! — e estendeu a mão para Madalena, que a abraçou com toda a gratidão e carinho.

— Devo-lhe tanto, minha amiga! Sabia que tinha muito a expiar e, se não fosse você, talvez não superasse todas as provações que tive de enfrentar.

— Eu sou sua devedora, e sabe disso! — e, com um terno sorriso, perguntou: — Gilles, está na hora?

O sobrinho estava por perto, conversando com os seguranças. A recomendação era que fossem apenas Lucille e Jairo, portanto, essa exigência eles teriam de cumprir, mesmo a contragosto.

— Sim, Lucille, está pronta? — e a acompanhou até o carro, onde Jairo já a aguardava.

— A senhora está bem? Queriam que um segurança fosse no meu lugar, mas disse que eu mesmo a levaria. Cuidarei da senhora, fique tranquila — e a ajudou a entrar no carro.

— Obrigada, meu fiel amigo. Podemos ir!

Enquanto o carro se distanciava, Gilles olhava para o horizonte, pedindo a Deus que protegesse a tia, o filho, Sophie. Não tinha o hábito da oração, mas na atual circunstância era a única coisa que lhe restava fazer. Gigi viu seu semblante sereno e se aproximou:

— Tudo ficará bem, acredite! De uma forma ou de outra! Nada escapa à lei divina, meu querido. Quando entregamos nossos problemas ao Pai Maior, ele se encarrega de cuidar deles. Tenha fé, que tudo irá se resolver a contento. Já avisou a polícia sobre suas suspeitas da mina abandonada? E sobre o pagamento que já efetuou?

— Tenho receio de que isso possa atrapalhar mais do que ajudar. No que concerne à mina, já foi providenciada uma análise das condições da mesma. Uma equipe já está lá. No entanto, tenho medo do que iremos nos deparar. — Seu olhar se contraiu. — Tinha tanta coisa para dizer a Hector! Será que terei oportunidade? — As lágrimas escorriam livremente.

— Acredite que terá, meu querido! E se apegue a isso! À esperança! — e o abraçou.

Nesse momento, Débora apareceu na sala e conversou com Madalena acerca de Philipe.

— Ele custou a dormir, mas a febre já baixou. Teve alguns pesadelos, e o nome de Hector foi citado muitas vezes. Alguma novidade? As suspeitas dele tinham algum fundamento?

— Gilles não comentou nada acerca disso. Lucille saiu com o dinheiro do resgate. Peço que a discrição esteja presente. Este assunto não deve ser veiculado fora daqui. Sei que é criteriosa e responsável, mas não custa nada enfatizar. Deve estar com fome. Sente-se e tome seu café.

— Fique tranquila quanto ao que aqui presenciei. São assuntos estritamente familiares e não comentarei nada do que ouvi. E aceito um café, sim. — Sentou-se e foi servida por Rosa.

O trajeto até o local da entrega do dinheiro foi silencioso. Quando chegaram, nenhum movimento foi detectado. Jairo abriu a porta do carro e ajudou Lucille a sair. Pegou a maleta e colocou-a nas mãos da senhora, acompanhando-a até o lugar determinado. Jairo abriu a pesada porta do galpão e caminharam até uma pequena mesa, colocando a maleta sobre ela. Quando estavam a sair, ouviram uma voz:

— Espero que tudo esteja conforme o negociado. — Sua voz era carregada de fúria.

Lucille virou-se e disse:

— Espero que um dia nos perdoe pelo grave equívoco cometido contra seu pai. Sinto muito pelo que ele e você passaram. Se isso servir de consolo, espero que aproveite este dinheiro. Só peço que não tenha feito nada contra meus sobrinhos. A nossa parte na negociação foi cumprida. Espero que faça o mesmo. Estamos esperando Hector e Sophie de volta o mais breve possível. — e virou-se, saindo do barracão.

Rogério não respondeu, pensando nas palavras daquela senhora que parecia tão distinta, mas que representava todo o poder daquela família, portanto a desprezava. Deu de ombros, pensando que agora era tarde. Jamais ela os veria novamente. Assim que Lucille saiu, ele contou o dinheiro e viu toda a fortuna que agora tinha em suas mãos. Teria de dividir parte com os outros, mas a maior parcela lhe pertencia — danos morais pelo que eles lhe causaram. Fechou a maleta e chamou Sérgio. Teriam de se separar naquele momento para que não pudessem ser encontrados. Seu plano era infalível. Como ele dissera anteriormente, conhecia todos os lugares onde poderia se esconder e jamais ser encontrado. Aquele era um dos possíveis. Jamais iriam procurá-lo lá, pois não seria tão estúpido de se esconder um local tão visado: o da entrega do dinheiro.

Enquanto o capanga saía com a parte dele e a dos demais, Rogério começou a fazer planos para quando dali partissem, sem que o remorso o visitasse em momento algum. Próximo dele, algumas entidades já se postaram e trocavam com ele as energias inferiores que os envolviam e em meio às quais respiravam. Um cenário lamentável! Cada criatura busca as companhias com as quais se sintoniza. Se nossos pensamentos e sentimentos são de padrão inferior, quem se aproximará de nós? Os que estejam vibrando na mesma sintonia. E, nessa troca energética que se processa, assimilamos as ideias alheias, e eles as nossas, assim permanecendo pelo tempo que a isso nos dedicarmos.

# CAPÍTULO 32

# MOMENTOS DE REFLEXÃO

Lucille chegou meia hora depois, esperando que alguma notícia já tivesse chegado.

— O dinheiro foi entregue, Gilles. Alguma novidade?

— Nenhum telefonema até o momento. Vamos aguardar. — Seu semblante estava tenso. Era exatamente isso o que ele temia. Pagar o resgate e eles não devolverem seu filho. Porém, ainda era precoce efetuar esse julgamento. — Ele estava lá? — perguntou.

— Sim. Aproveitei para lhe pedir desculpas pelo ocorrido. O que mais poderia fazer?

— Ele falou algo acerca do local onde estão os dois?

— Não, meu querido. — Madalena estava ao lado e levou-a até o sofá. Se a espera já era angustiante, a situação se complicara ainda mais.

Gilles ocultara de Lucille e Madalena a situação encontrada na mina abandonada. Seria causar ainda mais tensão à já existente.

Por volta do meio-dia, nenhuma notícia chegara, e o desespero tomou conta de todos. Gilles acionou a polícia, já sem esperança de encontrar o filho vivo. Procurava manter o controle da situação, mas sentia que a qualquer momento não suportaria.

Philipe se levantou e foi até a sala, acompanhado de Débora, que logo cedo já se justificara ao hospital, alegando estar impossibilitada de trabalhar. Naquele momento, sua presença era mais importante lá, com aquela família, desestruturada pela dor.

— Pai, alguma novidade? E a mina, foram verificar? — Viu a expressão de Gilles e decidiu se calar. Algo acontecera e saberia em instantes.

— Como você está? — perguntou o pai, tentando desconversar.

— Estou melhor. — e sentou-se ao lado de Lucille, segurando sua mão.

Passava das duas horas da tarde quando o telefone tocou. Gigi correu para atender e, conforme ouvia a mensagem, seu rosto se iluminava.

— Fique calma, estamos a caminho, Sophie. — Ao desligar, disse com euforia: — Eles estão bem, querido! — e correu para abraçar Gilles, que chorava de emoção. Olhando a expectativa de todos por notícias, falou: — Philipe, você estava certo, eles estavam na mina abandonada. E conseguiram achar a saída da cachoeira. Sophie  disse que Philipe entenderia. Ela foi buscar ajuda e precisamos buscá-los. Vamos! Débora, pode nos acompanhar, já que nosso doente se encontra em boas condições? Aí você constata se os dois estão bem. — Tentava parecer o mais natural possível, mas seu olhar não passou despercebido à médica, que assentiu. — Vamos, então!

Gilles quis saber todos os detalhes no caminho até a cachoeira. Gigi contou tudo o que a jovem relatara, o que não era muito. A informação mais alarmante era o estado de Hector, daí a presença de Débora.

Um outro carro, com os seguranças, acompanhou-os até o local. Em quinze minutos, lá chegaram. Sophie já retornara, trazida por um dos moradores, que fazia companhia ao casal. Gilles correu para perto do filho e ajoelhou-se, dizendo:

— Meu filho, você vai ficar bem! Perdoe-me! — e segurava a mão dele com cuidado.

— Deixe-me examiná-lo, senhor Gilles, depois vocês conversam. O que está sentindo, doutor Hector? — ela questionou-lhe, mas já constatando as péssimas condições em que se encontrava.

O médico estava sentado no mesmo local, com Sophie a seu lado.

— Só sei que preciso ir para um hospital com urgência. Sophie, venha comigo, não vou deixar você nem um minuto a mais longe de mim. Pai, depois conto tudo, agora não estou em condições. — Estava extremamente pálido, as feições contraídas de dor.

— Claro, filho, nós o acompanharemos, não é, Gigi?

— Gostaria de tê-lo encontrado em outra situação, querido! Estava com muitas saudades!

— Eu também, Gigi, apenas ainda não tinha me dado conta do quanto vocês são importantes em minha vida. Sophie me mostrou isso! — e endereçou-lhe um sorriso. — Só para constar, só estamos aqui pela coragem desta jovem, a qual jamais vai se apartar de mim. Portanto, papai, cuidado com o que vai falar. — Gilles baixou o olhar, entendendo o que o filho estava a lhe dizer. Envergonhado, abraçou Sophie e disse:

— Obrigado por estar ao lado dele todo esse tempo. Sei que poderia ter ficado, mas escolheu acompanhá-lo, independentemente das consequências dessa atitude. Sou-lhe eternamente grato, Sophie. Perdoe-me todas as palavras indesejáveis que eu possa ter dito. Tem um amigo para toda a vida. — e seu olhar mostrava sinceridade.

A jovem retribuiu o abraço com ternura e disse-lhe:

— Uma nova história começa hoje, para todos nós, Gilles! — Decidindo caminhar por novas estradas e nestas, não haveria mais lugar para dissensões, mágoas, ressentimentos. Sentiu-se liberta de um imenso peso, e isso lhe trouxe tanta paz, percebendo que fizera a escolha certa.

— Podemos continuar essa conversa no hospital? Hector precisa ir com urgência.

Sophie e Débora acompanharam Hector no carro. Lá chegando, foi levado com urgência para a sala de cirurgia. A situação era delicada, necessitando de uma intervenção cirúrgica. A própria médica se incumbiu de realizá-la e, algumas horas depois, saiu com um largo sorriso, tranquilizando os presentes.

— Ele ficará bem. A bala fez poucos estragos, não atingindo órgãos vitais. Perdeu muito sangue e precisará permanecer sob intensos cuidados. Assim que ele acordar, poderão vê-lo. E você, Sophie, vá para casa e descanse. Ele só acordará no início da noite. Gostaria de acompanhá-la, mas agora tenho que cuidar de nosso doente. Espero que seja mais dócil do que o irmão. — e acrescentou: — Diga a Philipe que passo mais tarde para visitá-lo. Já estou com saudades de seu jeito moleque.

Gigi olhou para Sophie e ambas sorriram maliciosamente. Foi Gigi quem falou:

— Doutora, sinto lhe dizer, mas ele já conquistou seu coração. Eu deveria tê-la alertado, porém, agora é tarde. — Débora ficou corada com a alusão ao seu interesse por Philipe.

— Correrei esse risco; até mais tarde. — e se despediu, saindo com um sorriso.

— Gilles, vamos embora! Voltaremos mais tarde! — falou Gigi.

— Vou ficar; não vou deixar meu filho sozinho enquanto aquele homem estiver solto por aí.

— Deixe seu segurança aqui, será suficiente. Estamos em um hospital, querido! Relaxe, tudo ficará bem! Sophie precisa descansar um pouco. — e pegou sua mão com carinho. — Ninguém virá até aqui e obterá mais informações conversando com Sophie. Ela tem muito a nos contar acerca desses homens.

— Eram três, e o chefe era Rogério, o filho do tal funcionário. Eles estavam na casa de Hector desde sábado à noite. Vamos, Gigi tem razão, temos muito a conversar.

Chegando à casa-grande, a recepção foi calorosa. Philipe foi o primeiro a falar:

— Como encontraram a saída? Ficamos anos a procurar, e ela jamais foi encontrada!

Sophie olhou para todos e disse com serenidade:

— Na verdade, não a encontramos sozinhos. — e fez uma pausa, encarando fixamente Madalena. — Não sei se o que vou lhes dizer tem algum fundamento, pois eu mesma, se fosse a ouvinte desta história, possivelmente teria sérias dúvidas. Mas, como nesta família ocorrem coisas tão misteriosas e, algumas vezes, desprovidas de razão, vou contar-lhes como conseguimos sair de lá. Tivemos uma ajuda extra e, sem ela, certamente não teríamos conseguido. — Com os olhos marejados, pegou a mão de Madalena e disse: — Juliano nos ajudou.

As palavras da jovem tiveram impacto sobre todos, em especial sobre Madalena, que, confusa, questionava-a apenas com o olhar.

— Vou contar como tudo ocorreu — e passou a narrar a verdadeira odisseia que fora a estada naquele local úmido, escuro e angustiante. — Ele pediu que lhe dissesse que a ama demais e que você precisa seguir em frente, esquecendo o passado. Seu dia de retornar ainda está distante, minha amiga, e que possa perdoar aos que causaram todo o seu sofrimento. — Sophie estava profundamente emocionada.

Gigi abraçou a mãe, que estava em prantos, e foi Lucille quem falou:

— Esta parte triste da nossa história sempre esteve oculta, em respeito à minha amiga querida. Juliano era seu filho e morreu ainda garoto. É uma longa história e não sei se está disposta a ouvir, isso se Madalena me permitir. Talvez assim você possa compreender os fortes laços que nos unem. – e direcionou seu olhar à amiga, que assentiu. – Madalena era uma linda mulher e despertava olhares lascivos de muitos homens; infelizmente, nem todos dispostos a aceitar a rejeição. Minha mãe morreu muito jovem e meu pai jamais se casou novamente, o que não significou que seu coração se fechou para o amor. Madalena o conquistou, sendo muito jovem quando isso aconteceu. Sua mãe, uma antiga escrava da fazenda, dizia-lhe que esse amor era proibido e que causaria grandes tormentos à sua vida, mas eles decidiram viver essa história de amor. E, dela, nasceu Juliano, um garoto lindo, amado por todos nós. Quando meu pai morreu, e todos desconhecem essa parte da história, Berthe foi acusada de ser a responsável. Mas, na verdade, papai descobrira atos ilícitos de Alberto, o marido de Berthe. Este, um homem indigno e desprezível, passou a chantagear meu pai, dizendo que contaria a todos sobre a existência de um filho bastardo. Como meu pai não cedeu às suas investidas, Alberto, furioso, passou a caluniar Berthe sobre sua vida conjugal. Como ela era uma mulher de personalidade forte, trazendo a liberdade como um de seus conceitos de vida, disse a meu pai que diria a todos que ela era uma infiel, jogando seu nome na lama. Meu pai e Berthe conversaram e decidiram que ela se sujeitaria ao casamento, evitando assim os possíveis escândalos que poderiam advir dessa situação. No entanto, meu pai tinha problemas de coração e não viveu o suficiente para saber. Após a morte dele, Berthe se viu livre para viver sua vida e planejou sua fuga, com o auxílio de Madá, sua grande e fiel amiga. Alberto ficou furioso, e sua vingança não tardou. Havia um homem, empregado de sua fazenda, que nutria grande interesse por Madalena, que jamais permitiu sua aproximação, rejeitando-o em diversas ocasiões. Juliano foi criado como filho por meu pai, e todos o conheciam. Vivia pela fazenda e, em um de seus passeios, foi sequestrado por esse homem, mancomunado com Alberto. A intenção de ambos era causar o máximo de sofrimento a ela, que julgavam responsável pela infelicidade que os acometia. Juliano desapareceu, e seu corpo jamais foi encontrado. Possivelmente, eles o levaram até a mina e lá o mataram.

Seu olhar triste se dirigiu à amiga, e prosseguiu:

— Mas a justiça de Deus é implacável e alcança todos os devedores, cedo ou tarde. No caso deles, foi cedo. Em uma de suas bebedeiras, o homem que raptou Juliano confessou seu crime a um dos nossos empregados, e esse nos relatou tudo. Ele foi preso e confessou que raptara o moleque, mas que não o matara, como todos pensavam. Disse que o entregara a Alberto, e o que ele fez do menino, jamais teríamos conhecimento. Novamente a palavra de um homem simples contra a de um poderoso. Ele sequer foi investigado, e tudo ficou por isso mesmo. O homem foi condenado e morreu na prisão. Quanto a Alberto, teve uma vida curta repleta de provações. Mesmo assim, ainda tentou de todas as formas prejudicar Madalena, e tive que fazer uma escolha nessa época, tanto em função dela como pela família. Celine morreu pouco tempo depois e deixou meus sobrinhos sozinhos. A única perspectiva que se colocava à minha frente era ficar e administrar a situação. Nessa mesma época, me apaixonara por Francesco. — Parou a narrativa com a expressão saudosa. — Poderia ter ido embora com ele e viver meu grande amor. Mas, como todos ficariam? Entregues a seu destino? Quem administraria todo o patrimônio? Assim, fiz minha escolha, da qual jamais me arrependi. Fiquei e cuidei de todos vocês com a força de meu amor! — Seus olhos ficaram marejados, e continuou: — Quanto a Alberto, ele foi punido ainda em vida pelas maldades que praticou. Morreu sozinho! Assim se exerce a justiça divina! Nessa mesma época, pedimos que Berthe voltasse, mas ela disse que sua vida tinha caminhado e havia encontrado o grande amor de sua vida. Ela foi feliz! Juliano está bem, minha amiga, e é isso que importa. Foi ele que salvou nosso menino e Sophie! — e as duas se abraçaram.

O silêncio imperava. Gigi olhava a mãe com respeito e mais carinho ainda. Ela jamais soubera dessa história. Olhava-a com curiosidade.

— Mamãe, por que nunca me contou isso? Não confiava em mim?

— Não foi por esse motivo, minha filha. Foi apenas para preservar essa história. Queria que ela ficasse apenas comigo. Eu e Lucille fizemos um pacto de jamais revelar isso a alguém, talvez pensando que isso causaria menos sofrimento. Ocultando, era como se jamais tivesse acontecido. Para que trazer mais dor a esta família, castigada por tantos reveses? Essa pretensa maldição atribuída a nossa família nada mais é que a punição por todos os erros cometidos pelos membros desse clã. Não sei quando isso irá cessar, mas sei que não posso mais abrigar em meu coração qualquer mágoa, pois a rebeldia impede o aprendizado que a situação oferece. Nessas últimas horas, não parei de refletir sobre isso, e a simples possibilidade de não ver mais Hector era como se o passado novamente me assombrasse, chamando-me a novas ações. Poderia ter ocorrido o mesmo que com Juliano e jamais o encontraríamos novamente. Isso corroeu meu coração e me fez analisar com outros olhos o meu passado. Meu filho amado jamais voltou aos meus braços; em contrapartida, os filhos que Deus colocou em meu caminho aqui estão comigo! O que mais posso pedir a Deus? Nada, queridos, apenas agradecer pela sua misericórdia, procurando entender que seus desígnios são sempre os corretos. — Philipe foi em sua direção e abraçou-a ternamente.

— Minha Madá, não sabe o tamanho do meu amor por você! — disse ele com os olhos marejados.

— Sei, meu querido. E isso sempre me impulsionou a seguir em frente, sepultando um passado que apenas seria recordado com mágoas e sofrimento.

Gilles se aproximou e a abraçou com todo o seu carinho.

— Você o conheceu, Gilles, mas pouco deve se recordar. Enquanto era pequeno ainda, perguntava de Juliano, mas com o tempo isso ficou no esquecimento. E você, meu querido, com toda a sua vivacidade, supriu meu coração de consolo. Criar você e seus irmãos foi o que deu sentido à minha existência. Lucille foi a irmã prestativa e generosa que eu jamais imaginaria ter. Sem ela... — e a emoção a impediu de prosseguir.

— Somos uma família, já se esqueceu? Bem, todos agora já conhecem a parte que nós ocultamos de vocês. E, se assim fizemos, foi para garantir nossa integridade emocional. Madalena é parte integrante desta família e, como todos os demais, passou por muitas provações ao longo da existência. Quando se decidiu, anos mais tarde, por um novo relacionamento, teve meu total apoio. No entanto, seu pai, Gigi, morreu assim que você nasceu. Mais uma das adversidades que a vida promoveu. Era um empregado da nossa fazenda e morreu subitamente, assim como papai. Depois disso, Madalena optou pelo celibato, mesmo que eu não concordasse. Gigi veio trazer luz a sua vida, como ainda o faz. — e a procurou com o olhar. — Alguém que amo como uma filha. — Gigi beijou a mão de Lucille. — Sophie, desde que chegou aqui, sua curiosidade me encantou. Contar nossas histórias e perceber o quanto você adentrava essa realidade só me fez concluir que seu lugar é aqui entre nós. Sei que Hector lhe deve a vida e, sendo assim, serei eternamente sua devedora. Espero que sua decisão de permanecer aqui conosco esteja sendo analisada com critério. Sinto que novos caminhos estão sendo escritos, e vocês serão os que transformarão o estigma que ainda nos persegue. A felicidade será nossa companheira daqui para frente; e os dramas vivenciados por todos nós, daqui a um tempo, serão apenas histórias que contarão aos seus filhos e netos. No entanto, seria injusta se deixasse de considerar todos os momentos felizes aqui vividos, pois, mesmo perante tantas situações traumáticas, o amor sempre foi a mola propulsora da mudança de comportamentos. Sofremos muito, mas amamos na mesma intensidade. E o que gostaria, Sophie, é que um dia pudesse registrar a história de nossa família, com todos os seus dramas, seus sonhos, suas perdas, suas superações, suas alegrias, pois isso significa que vivemos intensamente, aproveitando as oportunidades que a vida colocou em nosso caminho para aprender. Isso não representa na íntegra o que é viver?

Todos estavam calados, envolvidos na emoção das palavras de Lucille, que ainda não tinha encerrado seu discurso.

— Esperamos tanto para dizer a alguém o quanto ele é especial, e o tempo, muitas vezes, não nos dá essa chance. Sorrateiramente, ele se antecipa, e aquele que é objeto de nosso amor acaba indo embora, sem jamais conhecer a essência de nossos sentimentos. A lição que os últimos acontecimentos me ensinaram foi a de que temos que aproveitar cada oportunidade de ser e fazer o outro feliz, seja nas pequenas como nas grandes coisas. Eu e Madá já nos conscientizamos disso há muito tempo, não é, amiga? Cada momento em que podemos fazer a outra feliz é o que nos importa. Sophie aqui chegou e, em questão de dias, transformou sua própria vida, envolvendo-se na vida de Hector sem lhe pedir licença, mas com a certeza de que era isso que deveria fazer. Seguiu seu coração! Quantas vezes não ouvimos o clamor desse coração, nos incentivando a realizar algo, e simplesmente o desprezamos, ou porque não é a hora, ou porque o momento certo ainda não chegou, ou porque ouvimos o orgulho, esse companheiro infiel que não deseja nossa felicidade real? Você me lembra tanto Berthe, com sua coragem e determinação em ser feliz. Ela lutou e conquistou seu direito à felicidade! Sophie e Hector, o casal mais improvável, e, no entanto, a vida os uniu, e eles estavam receptivos ao aprendizado que essa união iria proporcionar. Você o resgatou do mundo das sombras, mostrando-lhe uma nova faceta da vida que ele ainda desconhecia. Sei que juntos serão felizes, e isso é o que verdadeiramente importa! Viver e aprender a arte da felicidade, que sempre virá acompanhada de muitos desafios a serem enfrentados com coragem e confiança. Só assim valerá a pena! Philipe, sua vida recomeça agora, e sabe que precisa retribuir o muito que ela já lhe concedeu, só assim ela lhe sorrirá. Gilles, repense suas condutas, reavalie seu modo de viver e veja se no momento atual consegue conceber a felicidade plena. Sinto lhe dizer que não! Portanto, efetue com urgência as mudanças necessárias. Perdoe-se e a Mariane, pois só assim estará livre para viver o amor que o espera por tanto tempo, sem nada lhe pedir. Esse é o amor verdadeiro, meu querido, aquele que sabe esperar o tempo certo de ser vivenciado. Gigi o espera desde jovem e sempre acalentou a esperança de um dia ser feliz ao seu lado. O que vocês estão esperando? A vida está correndo célere e ambos parecem ainda ter dúvidas! Onde há dúvida, não há possibilidade de êxito, lição que aprendi com meu pai desde muito jovem. Jamais duvidei de minha capacidade em gerir os negócios, pois, se assim agisse, não teríamos nada do que temos hoje. Não foi fácil, levando em conta que contei com um agravante, um pequeno obstáculo: minha cegueira. Mas nunca a utilizei como desculpa para meu insucesso. Pelo contrário, sempre a usei a meu favor, desenvolvendo habilidades únicas que me acompanharam por toda esta existência. Posso ser privada da visão material, no entanto, vejo melhor que muitos de vocês, que se atêm apenas à forma. Busco a essência das coisas, e essas jamais me enganaram. Portanto, desculpem o longo discurso, mas os últimos eventos mostraram os muitos equívocos que temos cometido. É hora de mudanças!

# CAPÍTULO 33

# VIDA QUE SEGUE...

Enquanto Lucille proferia seu discurso a seus familiares, uma luz intensa a envolvia.

Bem próximo a ela, Bertrand também estava entretido nas sábias palavras que ela pronunciava com a força de seu amor. Ele ainda não percebera a luz, apenas sentia-se em paz, como há muito não experimentava. E pensava no quanto a amava. Ela era a razão de lá permanecer, pois não queria se apartar dela um só instante. No entanto, ela parecia não se importar com ele, desprezando sua presença. Aos seus olhos, ainda era aquela jovem que se casara com o irmão e que, em sua louca paixão, seduzira e maltratara, invadindo sua vida e tornando-a tão infeliz. Pela primeira vez em todos aqueles anos, percebeu o quanto havia sido cruel com ela, impondo-lhe algo que ela não desejava, traindo a confiança dela e do próprio irmão. Havia sido muito vil, só agora se dera conta. Como queria seu respeito se jamais oferecera isso a ela? Sentiu seu peito arder de tanta dor! Como pudera agir assim com ela e depois exigir-lhe lealdade? Em seu lugar, teria feito o mesmo, recusando-se a avisar da emboscada armada para ele. Sua morte era, talvez, o que ela mais ansiava, pois assim se livraria de seu assédio definitivamente. Como julgá-la? Precisava que ela o perdoasse, caso contrário, jamais teria paz! Seria infeliz por toda a eternidade. Talvez merecesse esse destino! Olhava a todos os presentes, sentindo tanta inveja deles! Anne Marie era amada por todos e também os amava. Menos a ele! Ninguém o amava, e até poderia afirmar que jamais alguém o amara em toda a sua existência! Naquele instante, sentiu o peso do remorso, da solidão e do desamor! Seria esse seu destino? As lágrimas escorreram, e ele lá permaneceu com toda a sua dor. Aproximou-se de Anne Marie e pediu-lhe perdão.

Sophie olhava para Lucille e percebeu a presença de Bertrand a seu lado, em sinal de arrependimento. Quando ele percebeu que a jovem detectara sua presença, foi até ela e disse entre lágrimas:

— Diga a ela que eu irei embora definitivamente. E, se algum dia ela puder me perdoar por toda a maldade que lhe fiz, poderei seguir em frente! Faça isso, minha menina. Jamais esquecerei você e seu lindo sorriso! Talvez a única alegria de minha inútil vida!

A jovem ouvia atentamente, sentindo a emoção dominar-lhe, sem nem mesmo entender o motivo. Quando ele já se afastava, um companheiro espiritual se aproximou dele. Ao vê-lo, Bertrand jogou-se ao chão, pedindo perdão.

— Patric, me perdoe! Anne Marie sempre lhe falou a verdade! Eu fui um crápula, desrespeitei-a e também a você. Não sou digno do seu perdão por tudo o que pratiquei. Mas não sei mais o que fazer! Errei tanto, meu irmão; algum dia poderá me perdoar? — e chorava jogado a seus pés. Patric apenas o levantou com todo o carinho e disse:

— Bertrand, esperava esse momento há tanto tempo. A conscientização de seus erros custou, mas você conseguiu, meu irmão! Ela já o perdoou, alma generosa que é. E eu tenho que seguir em frente, assim como você necessita. Vamos juntos aprender as lições que desprezamos tempos atrás. Vem comigo? — e estendeu a mão para que ele a segurasse. Quando se levantou, ambos se abraçaram.

Sophie estava estática observando a pungente cena. Lágrimas caíam, e ela sequer piscava os olhos. Antes de eles partirem, Patric se aproximou dela e disse:

— Obrigada, filha querida! Diga a Lucille que a esperarei e que juntos seguiremos nosso caminho. Que Deus a abençoe, e que suas ações continuem a corresponder com sua alma pura e generosa! — e, com um sorriso, ambos partiram, deixando a jovem em prantos.

Todos se voltaram para ela, sem entender o que se passava.

— Sophie, está tudo bem? Fale comigo! — Gigi percebera pelos seus sentidos espirituais que algo acontecera naquele momento. Havia uma energia percorrendo todo o seu ser.

— Desculpem! Estava em outra realidade, mas tudo já passou. Estou muito cansada, acho que vou me deitar um pouco. Me permitem? — Antes de sair, aproximou-se de Lucille e disse-lhe com a emoção ainda a dominá-la: — Bertrand pediu perdão e se foi com Patric; queria apenas que você soubesse. Ele a espera! — e subiu as escadas lentamente, tentando absorver tudo o que acabara de presenciar.

Lucille, por sua vez, sentiu-se em paz como há muito não se sentia em toda a sua existência. Madalena estava perto e ouviu as palavras da jovem:

— Ele encontrará a paz, minha amiga. Disse-lhe que esse dia chegaria! — e apertou sua mão. Respirou fundo e proferiu: — Creio que temos muito a analisar após as sábias palavras de Lucille. Minha amiga, deve estar cansada. Venha, eu a acompanho.

— Vamos, minha Madá. Um novo tempo se aproxima, para todos. Preciso estar em plena forma, pois ainda pretendo conhecer meus netos. — e, com um radiante sorriso, saiu da sala, deixando a todos seu discurso revelador.

Philipe se aproximou do pai e o abraçou com todo o amor.

— Não vou deixar o tempo passar sem lhe dizer o quanto o amo, meu pai. — Gilles o abraçou com amor e, ao se desvencilhar desse abraço, disse:

— Será que algum dia será capaz de me perdoar, meu filho? Sei o quanto falhei com vocês, fruto de meu egoísmo e da minha falta de consciência. Se o tempo permitir, quero tentar recuperar seu respeito e afeto. E saiba que vocês dois são meu maior tesouro nesta vida. Se algo lhes acontecesse, não sei se me reergueria novamente. Eu o amo! — Seus olhos se cobriam de lágrimas, e ele abraçou o filho mais uma vez.

Gigi observava a cena com um sorriso cheio de paz. Enfim, a libertação de Gilles ocorrera. Seu passado seria definitivamente sepultado com toda a amargura que sempre o acompanhara. E estaria livre para redescobrir o caminho da felicidade, até então não conquistada. Lembrou-se de Mariane, da carta reveladora de que se fizera portadora. Falaria com ele no momento certo. Seria o passo definitivo para que seu caminho fosse liberado.

— Como está Hector? Vocês ainda não contaram nada do que realmente aconteceu.

— Ele foi operado, mas está bem. Nós o veremos mais tarde — e Gilles contou todos os eventos que ocorreram na mina abandonada e todos os esforços de Sophie para que eles de lá saíssem. — Ela foi de uma bravura indômita. Manteve o foco e jamais desistiu, nem por um momento. Hector encontrou uma grande companheira para seguir com ele. — e sorriu. — Precisava ver sua expressão ao relatar os feitos dela. Admiração e respeito são os ingredientes essenciais para se viver uma linda história de amor. Enfim, ela conseguiu tudo o que nós não pudemos realizar. E, como bem disse Lucille: tirou-o definitivamente de seu mundo sombrio, trazendo-o novamente para a luz. Essa menina é uma Busson.

— Uma garota incrível, pai. Ela aqui chegou com o intuito de conhecer sua família, e o que ela conseguiu foi a façanha de nos levar a nos conhecer intimamente. Tenho que dizer que ela me levou a uma viagem em busca da minha verdadeira essência. Sou-lhe grato por isso. E conseguiu tocar a cada um de nós, revirando nosso mundo íntimo do avesso e nos levando a reavaliar nossos caminhos. O destino lançou sua carta e, através dela, tudo se transformou. Creio que ela possa ser útil nas empresas. Traz a força, a energia, a determinação que sempre foram a marca desta família. De todas as mulheres, sem exceção. — e voltou seu olhar para Gigi, que apenas observava os dois homens. Gilles se aproximou dela e perguntou:

— Admiração e respeito, coisas que jamais lhe inspirei, Gigi. Mas vou lhe provar que sou digno de tê-la ao meu lado. Quer apostar? — Segurou a mão dela e a beijou carinhosamente, esperando sua resposta. Mas foi Philipe quem se pronunciou:

— Até que enfim! Realmente, tudo se modificou nesta casa! Gigi, pelo amor que tem por mim e por meu pai, eu lhe peço: dê a ele essa chance. Ele esperou apenas mais de trinta anos para lhe pedir em casamento, pois é isso que suas palavras querem lhe dizer. Sei que ele foi um tanto lento, descuidado, insensível, mas esse novo homem à sua frente merece que você considere ao menos esse pedido. — Gigi olhava para Gilles de forma desconfiada, e só após alguns instantes disse:

— Não sei se ele merece esta derradeira chance, mas sei exatamente o que quero desde os meus quinze anos. Isso jamais mudou! — e beijou-o com paixão.

— Bem, creio que estou sobrando e vou me deitar um pouco. Quero estar em plena forma para visitar Hector. Ainda não acredito que ele conseguiu me vencer encontrando a saída daquela mina.

– E, diga-se de passagem, ninguém mais irá se aproximar dela, pois ela será fechada definitivamente. Eu mesmo me encarregarei disso. Não quero meus netos interessados em viver essas aventuras. Fui claro, Philipe? – disse ele sério.

– Quanto aos netos ou quanto a voltar até a mina? – e, com um sorriso divertido, saiu.

– Você viu seu olhar? Sabe o que ele está planejando? Ele nunca terá juízo na vida? Quando vai amadurecer de fato? – Seu olhar estava contrariado.

– Deixe-o, querido. Vai voltar a ser o mesmo rabugento de antes? Se for assim, vou repensar seu pedido. Não estou disposta a viver com um velho ranzinza ao meu lado. Deixe-o viver a própria vida e viva a sua. Acredite, ele aprendeu muitas lições nestes últimos meses, e suas ações corresponderão às de um homem renovado. Acredite! – e o abraçou com todo amor.

– Terá paciência comigo?

– Apenas se você se esforçar para se modificar. Sabe que o amor é capaz de tudo, não sabe?

– Espero, um dia, ser digno de seu amor, Gigi! – e a beijou novamente.

No hospital, Hector ainda se encontrava sedado, dormindo profundamente. Ao seu lado, seu verdugo ainda o acompanhava, tentando extrair o máximo de energias que lhe era possível. Assim agem os obsessores com suas vítimas, sugando-lhes a vitalidade com o intuito de lhes minar as defesas; desse modo, o assédio se intensifica. Hector percebia a presença incômoda a seu lado e, em dado momento, perguntou, já desdobrado:

– Por que sua insistência em querer minha morte? O que irá modificar no que já se passou? Não posso mudar o passado e, se minhas ações foram prejudiciais a você, apenas posso me redimir pedindo que me perdoe. Nada mais posso fazer! — e encarava-o sem medo.

— Não posso crer que isso esteja acontecendo! — disse com indignação. — Você armou uma emboscada, tirou minha vida de forma cruel e acredita que um simples pedido de perdão possa resolver toda a questão? Pensa que sou algum idiota?

— De maneira alguma, apenas penso que, para merecer esse tipo de morte, deve ter feito algo de tamanha gravidade, que me levou a agir dessa forma. Ou apenas o matei friamente porque desgostava de você? — A pergunta saiu como um petardo.

— O que pretende dizer? Que eu mereci isso? Quanta audácia de sua parte!

— Veja bem, não sei exatamente que ato ilícito você praticou, mas sei que não sou uma pessoa violenta, capaz de cometer um crime dessa natureza apenas para satisfazer meus instintos. Qual foi exatamente seu delito para que pudesse ter esse fim? — Hector fazia as perguntas como se induzido por alguém, pois elas vinham à sua mente de forma espontânea e natural.

Essa pergunta fez Manoel refletir por instantes. Ele sabia qual havia sido o feito cometido, apenas não queria recordar-se dessa parte da história. Sim, ele havia tirado a vida de um ser por motivos ignóbeis, por pura vingança, fosse como quisessem chamar. Porém, eles o haviam despedido, desprezando todos os anos de trabalho com aqueles negros deploráveis. Como os odiava! E mereciam toda a crueldade a eles imposta. Era assim que tinha de ser! Era seu trabalho como feitor! Não merecia seu triste destino, daí a vingança contra aquela família. Mas aquela negra traiçoeira quisera mudar o jogo, envenenando aquela criança estúpida. Era para ser aquela mulher, não o menino! Depois de tudo consumado, a culpa recaíra sobre aquela escrava inconsequente. Ele estava livre das acusações, e ela, presa. Assim tinha de ser! Porém, Gregório não aceitara seu destino e planejara a emboscada para tirar sua vida. E faria o mesmo com ele!

Hector percebeu que ele acessara todos os fatos e sabia tudo o que ocorrera, mas ele próprio pouca consciência tinha de tudo isso. Até que uma cena veio à sua mente, o momento exato da execução daquele homem por um tiro de seu próprio rifle. Ele havia executado aquele homem friamente, mas por que? Essa confusão mental durou pouco, pois algo aconteceu que modificou todo o quadro. Novos personagens espirituais surgiram no local e se aproximaram de Manoel, que tentou fugir, porém a energia amorosa que eles irradiavam o conteve.

— Chega de tantas maldades, meu filho querido. — disse uma entidade feminina que lhe direcionava um olhar cheio de pesar. — Até quando irá se manter refratário aos meus apelos? Não viu todo o mal praticado contra um inocente? O que ele lhe causou para despertar sua ira a tal ponto? Esse menino já se encontra em nova encarnação, buscando refazer seu caminho, coisa que nem você nem ninguém poderá impedir. Mas e quanto a você? O que espera que lhe aconteça? Acredita que poderá continuar exercendo essas ações e permanecer impune? Este jovem se arrependeu de seu ato equivocado, pagando por suas escolhas. Cada um recebe conforme dá! Porém, quando chegará a sua vez de se arrepender perante o Pai Maior? Seus delitos foram graves, não apenas contra aquele garoto, mas contra todos os seus irmãos de cor diversa apenas, mas que eram também filhos de Deus! Seus atos não poderão mais permanecer impunes, filho querido. É hora de rever seus feitos, pois só assim será merecedor de uma nova oportunidade. — Enquanto ela falava, todo o seu ser estava nimbado em luz. Manoel estava confuso; sabia de quem eram essas palavras, mas se recusava a modificar seus intentos. Hector, por sua vez, apenas observava tudo o que lá acontecia, sem palavras.

A entidade continuou:

— Tem um longo caminho a percorrer no sentido da conscientização de seus atos, mas estarei ao seu lado, auxiliando-o. É o que posso fazer por você, meu querido. Porém, a sua parcela cabe a você realizar. Deixe Gregório seguir sua vida. Ele reconheceu seus erros muito antes de retornar a uma nova existência, fazendo uma programação que reavaliasse suas ações indébitas. Sua companheira o auxiliou nessa empreitada e já retornou à pátria espiritual, com a certeza de que ele continua fiel aos seus planos reencarnatórios. Ele ainda tem tarefas a realizar e sua presença pode ser fator impeditivo. Não se comprometa ainda mais perante a lei divina. – Manoel começava a sentir que suas defesas se fragilizavam. Era sua mãe a lhe dizer todas aquelas verdades e, mesmo que estivesse relutante, teria de refletir em tudo o que ouvia. Porém, um cansaço extremo assomou e não tinha mais forças para discutir. Olhou para ela com ternura e disse:

– Estou tão cansado! Preciso pensar, mas não consigo! Ajude-me a decidir! – Seu pedido era uma súplica. A entidade sorriu-lhe e estendeu sua mão:

– Venha comigo, filho querido. Vou cuidar de você! – e, dirigindo-se a Hector, cada vez mais confuso, proferiu: – Faça sua vida valer a pena, meu querido. Essa é sua parcela a realizar nesta vida, pois só assim conseguirá se redimir de seu passado. Confie e siga em frente, é só o que posso lhe dizer. – e, com um sorriso, despediu-se levando consigo Manoel, o obsessor vingativo que agora daria uma trégua. Seria definitivo? Somente as ações que Hector empreendesse representariam sua real libertação.

Aos poucos, a sedação foi sendo eliminada, e ele abriu os olhos lentamente. De pouca coisa se recordava, acreditando ter vivido um pesadelo como tantos outros que o perseguiam nos últimos meses. Olhou em derredor e se deparou com o olhar sorridente de Débora.

– Como se sente, doutor? – e passou a examiná-lo com atenção.

– Parece que saí de uma cirurgia de doze horas, trabalhando exaustivamente. Meu corpo todo dói! – e tentou sorrir. – Onde está Sophie?

– Ela virá mais tarde. – Débora passou a lhe explicar tudo o que lhe acontecera e sobre a cirurgia que ela havia realizado. – Seu quadro está favorável, mediante tudo o que aconteceu nestes últimos dias. Poderá voltar para casa em breve.

– Obrigado, doutora. – foi a vez dele de retribuir. – Já conhecia seu trabalho e sei que fez o melhor. Estamos lhe dando muito trabalho nestes últimos dias.

– Creio que deva pedir uma promoção e, quem sabe, um aumento de salário. – brincou.

– Que tal aumento de trabalho? Estou precisando de uma assistente competente, que saiba administrar conflitos de forma adequada e tenha disposição para trabalhar. Que acha da oferta? Interessa? – disse Hector, preparando-se para retornar a sua profissão.

Débora abriu um largo sorriso e olhou com toda a admiração para ele.

– Convite aceito! Era o que pretendia quando vim para cá: trabalhar com o mais competente cirurgião do hospital. Achei que isso jamais aconteceria, após tudo pelo que passou. – e se arrependeu de comentar a história ainda recente. – Desculpe, não pretendi ser invasiva. Perdoe-me!

– Isso ficou no passado. Tenho hoje uma outra perspectiva para minha vida. Sei que Diana, onde estiver, irá me compreender. Minha vida tem que seguir em frente, e foi isso que Sophie veio para me ensinar. Quando poderei sair daqui?

– Já conheço essa história. Sabe que essa foi a primeira pergunta que seu irmão fez, assim que acordou da cirurgia? Só não dê tanto trabalho quanto ele, senão vou repensar sobre o convite. – e nesse momento a porta se abriu, e Sophie correu para perto dele, beijando-o com todo o seu amor.

– Você está bem, meu querido? Quando vai sair daqui? – Ela estava ansiosa.

– Assim que minha nova assistente permitir. – Essas palavras tiveram o impacto esperado, e todos aplaudiram.

– Vai voltar à prática da medicina? Fico feliz e orgulhoso, meu filho. Sabia que cedo ou tarde isso aconteceria. Como se sente? – Gilles estava de mãos dadas com Gigi, algo que não passou despercebido a Hector.

– Pai, enfim tomou a decisão mais sensata de sua vida. Fico feliz por vocês. Gigi, peço que tenha muita paciência com este senhor rabugento, que a amou por toda a vida, apenas não queria admitir. Cuide dele!

– É o que farei. Quanto a ter paciência, estou ainda refletindo sobre essa difícil virtude que a vida está tentando me ensinar há tempos. Talvez seja este o momento!

– Hector, querido, volte logo para casa! Estamos todos esperando-o! – disse Lucille.

Madalena se aproximou e seus olhos disseram tudo. Ele estava de volta, são e salvo! Ele apertou sua mão e a beijou.

– Obrigada, minha querida, por tudo! – e, olhando para Sophie, disse: – Por tudo! –Madalena sorriu, entendendo o que ele queria lhe dizer.

Philipe foi o último a entrar, já sob o olhar de reprovação de Débora.

– O que pensa estar fazendo, Philipe? Qual foi a orientação que eu lhe dei? Era para ficar em repouso, e isso significa sem movimentos excessivos. Doutor? – e olhou para Hector, como se lhe pedisse sua intercessão.

– Não vou me intrometer; estou aqui como paciente, não como médico! Seja firme com ele, Débora, caso contrário, ele não vai lhe obedecer. – e olhou para o irmão, com a emoção já dominando. – Faça o que ela pediu, meu irmão. Quero que esteja bem logo para podermos lhe mostrar o que encontramos! Temos um passeio para fazer até uma linda cachoeira, mas, antes, venha aqui; quero lhe dar um abraço! – Philipe, já com os olhos marejados, aproximou-se, abraçando-o. Hector disse ao seu ouvido: – Eu te amo, jamais se esqueça disso.

— Eu sei, jamais duvidei disso! — e olhava com todo o carinho para o irmão.

— Bem, sabe que eu o venci, certo? Sophie e eu encontramos a saída antes que você.

— Nada disso, queridos! Nenhum de vocês venceu, pois eu encontrei a saída. Bem, é certo que tive uma ajuda extra. — e olhou para Madalena. — Uma ajuda essencial; sem ela não estaríamos aqui. — Hector ainda não conhecia essa parte da história e, vendo seu olhar confuso, ela falou: — Outra hora eu conto tudo; agora quero saber quando faremos o passeio.

Gilles olhava todos com um ar furioso.

— Qual parte da história vocês ainda não entenderam? Não os quero perto da mina em hipótese alguma, fui claro?

— Estamos falando da cachoeira, pai, não precisa ficar tão irritado. Gigi, controle meu pai, por favor! — e Philipe sorria, divertindo-se com a situação. Olhou para a jovem médica e falou em tom solene: — Débora, estamos lhe devendo um almoço decente, desta vez sem algo que a perturbe. Quando contaremos com sua ilustre presença, assistente do meu irmão? Aliás, ele se esqueceu de dizer que sou eu quem aprovo as escolhas, portanto, terá que passar pelo meu crivo. Só depois poderá assumir seu novo cargo. Não é isso, Hector? — e deu uma piscadela para o irmão.

— Não sabia disso, mas devo dizer que sempre confiei no julgamento de Philipe. O que acha, doutora? Acredita que passará na avaliação dele? — e todos sorriam.

— Creio que vou aceitar o desafio. Mas, antes, ainda sou sua médica e peço que volte para casa e se comporte, senão amanhã estarei lá e eu mesma vou verificar como se encontra.

— Está me convidando para sair, doutora? — perguntou Philipe com um sorriso.

— Não, querido, estou dizendo que vou visitá-lo amanhã. Assim, podemos iniciar o processo de contratação. — Ela sorria para o jovem. – Bem, ainda estou em meu plantão. Voltarei mais tarde, doutor. – e saiu. Philipe a acompanhou e disse baixinho:

– Se prometer visitar a cachoeira comigo, já está contratada. – e beijou seu rosto.

– Se prometer se recuperar conforme minhas orientações, aceito! – e saiu.

Hector chamou o pai para perto e perguntou:

– Encontraram Rogério? Você efetuou o pagamento?

– Sim, pagamos o que ele pediu. E não, ainda não o encontramos. Mas esqueça isso. Ele já tem o dinheiro e, se for esperto, irá para bem longe. Não farei nada contra ele. Quero apenas que ele fique distante de todos nós.

– Não sei se será tão simples assim, pai. Era nítida a raiva extrema que ele nutre por nós. Talvez ele tente algo novamente. Ficaremos vulneráveis até quando? – Isso era algo a se pensar, mas Gilles já tinha tomado todas as providências cabíveis.

– Fique tranquilo, meu filho. Deixe essas questões comigo. – Não queria alertar todos sobre seus passos. Ele estava certo e já pedira que o encontrassem a todo custo. Ele não poderia ter desaparecido em questão de horas. Estaria oculto em algum lugar e o encontrariam. Só assim teriam paz!

Sophie ouvia a conversa dos dois e não quis interferir. Segurava a mão de Hector com todo o carinho. Em determinado momento, ele a encarou fixamente e disse:

– Ainda não lhe agradeci pelo que fez por mim! – disse ele com a gratidão no olhar.

– Faria isso tantas vezes fosse necessário! – e seu olhar traduzia todo o amor nele contido.

– Quem a enviou para perto de mim? Cheguei a desafiar Deus e seus desígnios, porém creio que Ele esteve presente, mesmo sentindo-o tão distante de mim. Sua presença fez com que eu me conectasse novamente com Ele e lhe agradeço por isso também. Fique comigo!

– Isso é um pedido?

– Sim, não sei se posso conceber minha existência sem você ao meu lado. Você me disse algo na mina que vou repetir: não sei se é loucura o que vou dizer, mas eu a amo! – e seus olhos estavam repletos de luz e paz, a mesma que ele julgara jamais conquistar novamente. – Aceita ficar ao meu lado pelo tempo que Deus nos permitir?

Sophie pensou no quanto aquelas semanas tinham impactado sua vida. Chegara com um propósito e encontrara outro muito diverso. Imaginou Berthe sorrindo a lhe dizer: – A vida se encarregará de lhe mostrar qual é seu verdadeiro propósito. Esteja atenta, é só o que lhe peço

Endereçou um pensamento de gratidão a ela, entendendo o que ela queria lhe dizer. Ela parecia já conhecer tudo o que iria acontecer.

– Claro, meu amor! – e o beijou com toda a paixão retida em seu coração.

Os presentes apenas sorriam, e alguns deles elevaram um pensamento ao Pai, agradecendo por todos os eventos transformadores que lá tinham se dado, modificando a vida de cada um dos que lá se encontravam.

Os dias passaram e Hector voltou para casa, para alegria de Sophie. Philipe retornou a seu trabalho junto ao pai, desta vez de forma leve e harmoniosa. Débora se tornou presença constante junto a ele, e o tempo diria o que isso se tornaria...

Gigi tomou uma resolução em sua vida e, desta vez, fez a opção pela qual seu coração clamava. Aceitou o emprego, colocando algumas condições para essa efetivação. E a negociação foi a contento. Sua nova função a deixaria apenas quatro dias da semana em São Paulo, e o restante, ficaria ao lado do seu grande amor. Viveria com intensidade tudo o que sempre desejara!

Gilles aceitou conversar com Mariane, que prometeu visitá-los assim que fosse possível. Falar com ela o fizera se libertar de um passado que há tanto tempo o atormentava. Gigi estava, agora, no centro de suas atenções. E tinha tantos planos a realizar com ela...

Lucille e Madalena viviam momentos de paz e serenidade. Tudo parecia, desta vez, caminhar com equilíbrio e sem Bertrand a assombrá-los. Em suas reuniões semanais, agradeciam os desígnios de Deus e pediam sua intercessão junto a ele. Que conseguisse reencontrar seu caminho de luz e evolução.

Rogério jamais foi encontrado e, dias depois de receber o dinheiro, ainda escondido no imenso celeiro onde tantos sofrimentos tinham sido vivenciados, ele encontrou seu destino de forma um tanto inusitada. Caminhando pelo local, pisou em uma pequena pedra, tropeçou e caiu sobre um tronco, fincando seu corpo em uma estaca de ferro, lá colocada para manter os escravos presos. Essa mesma estaca o levou de volta para o mundo espiritual. Coisas do destino? Ou quem sabe outra fatalidade? Seu corpo foi encontrado meses depois, quando Gilles decidiu derrubar aquele local, sepultando de vez toda a maldade lá cometida por invigilantes irmãos.

Sophie e Hector decidiram se casar e morar na casa-grande, local onde tudo se iniciou. Todos os momentos felizes, todos os dramas vividos, todas as situações conflituosas, todas as resoluções favoráveis, tudo lá se encontrava, impregnando o ambiente com suas energias, constituindo sua própria memória. Aquela casa era como um ser vivo, trazendo em seu íntimo toda a história vivida pelos personagens nesta e nas demais encarnações. Tudo ficara lá registrado. E, entre tantas recordações, ambos escolheram lá permanecer, vivendo seu sonho de amor, conquistado ao sabor do esforço contínuo para encontrar o próprio caminho de luz e de felicidade.

Em uma das reuniões feitas aos domingos, da qual todos participavam, tiveram a oportunidade de receber uma linda mensagem de esperança. Foi Gigi a intermediária e, ao término, todos estavam emocionados, em especial Hector e Sophie.

Diana lá estivera, incentivando todos a persistir em suas lutas contra as imperfeições ainda dominantes. O caminho era longo, dissera ela, porém todos já iniciavam a jornada fortalecidos pela esperança e unidos pelo amor. Sendo assim, como poderia dar errado?

Despedira-se amorosamente, deixando especial mensagem a Hector e Sophie : que seguissem seus caminhos com a certeza de que essa era a programação idealizada por eles e, quando retornassem, fruto do dever cumprido, muitas bênçãos lhes seriam concedidas. E um novo caminho os aguardaria... Qual seria? Só o tempo lhes responderia...

Sophie, com sua visão cada dia mais acentuada, pôde perceber as duas entidades que lá se encontravam e viu quando eles lhe acenaram com um sorriso. Diana e Kamau lá estavam, cada qual velando por um de seus tutelados, amores que o tempo jamais os faria esquecer, mesmo que o véu do esquecimento, tão essencial à continuidade das tarefas, os impedisse de recordar seus papéis...

Cada oportunidade é única e deve ser aproveitada com o aprendizado das lições... Isso significa "fazer a vida valer a pena".

Nossos companheiros, quando aqui retornaram, tinham uma proposta a ser colocada em ação, vivenciando novos papéis com o intuito de refazer os caminhos equivocados de outrora. Porém, a bênção do esquecimento os favoreceria, pois seria tarefa árdua e inglória cada qual recordar-se das mazelas praticadas, ou sofridas, podendo dilacerar-se pela culpa, ou vestir a túnica de juiz inquisidor. Deus sabe o que faz!

Lucille, Anne Marie no passado, teve infinitas oportunidades de aprender o significado das palavras "perdoar", "compreender" e "aceitar". Bertrand lá estivera e só se libertara quando percebeu que já havia sido perdoado por ela – mesmo sem que ela soubesse o quanto era imperioso perdoar. Libertara-se, e ele também! Patric, ou Francesco, a esperaria para dar continuidade ao seu planejamento! O tempo os uniria novamente!

Madalena, a doce Madá, a escrava Layla, capaz de envenenar Jules, tivera nessa oportunidade de encarnação a tarefa de vivenciar a mesma perda e não se revoltar com os desígnios de Deus, sempre infalíveis e justos. Tivera a chance de se redimir frente aos que tanto fizera sofrer, amando incondicionalmente a todos eles. E sendo amada na mesma intensidade!

Sophie, nossa escritora Claudine, capaz de registrar tantos feitos e viver um amor proibido com Kamau, a quem Bernardo, por vingança, decidira eliminar de seu caminho, presenciara silenciosamente sua morte e se reencontrara novamente com ele, agora como Gilles, cuja antipatia mútua teve de ser trabalhada com o perdão que liberta! Reencontraram seu caminho de paz, perdoando-se ambos dos deslizes de outrora!

Hector, o Gregório do passado, que amou com todas as forças Louise, Diana em sua atual encarnação, cometeu grave equívoco fazendo justiça com as próprias mãos. Teve a oportunidade de apaziguar seu coração pedindo perdão a seu verdugo, Manoel, a quem tirou a vida, e assim libertou-se da dívida maior que o impedia de prosseguir!

Philipe, o garoto mimado Jules, tinha ainda muito a aprender na arte de bem viver, de respeitar para ser respeitado, de amar para ser amado. Conseguiu compreender o verdadeiro significado da palavra "amor" quando teve a possibilidade de estar com Hector, o irmão tão amado e que a vida quase os separou. Aproveitou a oportunidade que a vida lhe concedeu, apaziguando seu coração e amando Madalena, ou Layla, que lhe tirara a vida em encarnação anterior – perdoar para ser perdoado!

No entanto, nada disso seria possível se o véu do esquecimento não estivesse presente, tendo todos a chance de reescrever sua própria história neste novo livro em branco, concedido
pela misericórdia divina!

Alguém duvida dessa verdade?

FIM

editora

Av. Porto Ferreira, 1031 | Parque Iracema
CEP 15809-020 | Catanduva-SP

www.**petit**.com.br | petit@petit.com.br
www.**boanova**.net | boanova@boanova.net

📞 17 3531.4444

📱 17 99777.7413

📷 @boanovaed

f boanovaed

▶ boanovaeditora

Acesse nossa loja

Fale pelo whatsapp